祕檔解讀

戴笠與軍統

TOP SECRET

Tai Li and Bureau of Investigation and Statistics

- Section II -

孫瀟瀟 著

開源書局 Kai Yuan Publishing House
民國歷史文化學社 Republic of China History and Culture Society

目錄

戴笠攝於 1936 年前後

資料來源：浙江省會公安局編印，《浙江省會公安局年刊(民國二十五年)》(1936)。筆者翻攝。

1 戴笠與上海南市太平里紅丸機關案始末

軍統舊人沈醉在〈我所知道的戴笠〉中說：

> 杜月笙和他的學生顧嘉棠在上海南市太平里大做紅丸、嗎啡，他〔戴笠〕知道了，也一直暗中保護。以後被人檢舉揭發出來，只把警備司令部副官長溫建剛拿去槍斃了，而真正的後臺老闆卻安然無事。[1]

沈醉提到的毒品案發生在1933年11月，是當年轟動一時的新聞，由於此案牽涉眾多軍政要員，國民政府對其內幕一直祕而不宣，而沈醉的回憶只有寥寥數語，也使人難窺全貌。過去由於史料缺乏，迄無著作對此案進行研究，現擬根據近年公布的原始檔案，輔以報刊記載及相關人士之憶述，粗略梳理此案始末，並對沈醉之說法提出質疑。

一、戴笠破獲紅丸機關

沈醉說，杜月笙和顧嘉棠在太平里製造毒品，一直受

1 沈醉，〈我所知道的戴笠〉，《文史資料選輯》，第22輯（北京：中華書局，1962），頁76。

到戴笠保護。筆者認為，這句話有兩點值得注意。

首先，杜月笙在滬上販毒牟利，具見各種史料，固然無可疑義，且根據現存檔案，顧嘉棠確為太平里製毒機關主犯，他是杜月笙的徒弟，很容易讓人聯想到杜月笙與本案有關。不過要證實杜月笙與太平里製毒機關有直接關係，尚有待於原始史料的發掘。

其次，顧嘉棠如要戴笠包庇製毒，應當是在 1932 年以後，因為此前戴笠只是蔣中正身邊的一名副官，根本不具備包庇製毒的能力。1932 年 4 月，戴笠被蔣中正委任為力行社特務處長，開始在上海等地放手發展特務組織，這才有了包庇製毒的可能。然而 1932 年正是蔣中正開始大力禁煙禁毒的年分，這時候包庇製毒意味著不識時務、逆風而行。

行文至此，有必要把國民政府之禁毒史稍作回顧。自清朝末年以來，中國盛行吸食鴉片之風，積久未能轉移，不僅敗壞風俗，更以此招致國家民族之奇恥大辱，而為外人所輕侮。民國成立之初，由於國家分裂，時局混亂，非但鴉片未能肅清，反因海洛因、嗎啡等新型毒品之製成，使煙毒更為氾濫。1928 年國民政府成立後，曾設立禁煙委員會，掌理禁煙禁毒事宜，然而禁令空疏，辦理未善。當時中國各地煙毒氾濫情形，以豫、鄂、皖、贛諸省最為嚴重，其中湖北漢口為華中運土中心，西南三省之煙土多由此分運他省，國民政府財政部遂於 1929 年在漢口設立清理兩湖特稅處，採取所謂「寓禁於徵」的辦法，一面宣傳禁煙，一面徵收鴉片煙稅，實際上是只徵不禁，導致煙毒問題日趨嚴重。

1932 年 5 月，蔣中正來到漢口，目睹毒氛彌漫，始知欲禁絕煙毒，必須改用切實有效的方法，乃採用國民會議議決之六年禁絕方案，分年漸禁，先在豫、鄂、皖、贛四省及毗鄰地區試辦，並頒布了一系列禁煙禁毒的法令。[2] 在這樣的背景下，1933 年 4 月頒布了〈厲行查禁麻醉毒品取締土膏行店章程〉，其中規定：

> 凡製造鴉片之代用品，如嗎啡、高根、安洛因，及其同類毒性物或化合物之機件工廠，應由各地政府、駐防軍隊嚴行查禁。一經發現，除將機件工廠及其製造品分別沒收銷毀外，並將所獲人犯依照軍法從嚴懲處。其私人財產，概行查明沒收，照章獎給舉發及承辦人員。[3]

同年 7 月，戴笠在呈給蔣中正的報告中，稱特務處對於蘇、浙兩省工作，自 7 月起擬集中力量檢舉貪汙。蔣中正接閱後，批示：「對各省鴉片開燈與特稅處弊端須切實偵查。」是為特務處介入禁煙工作之始。[4] 按 1933 年正是

---

2 賴淑卿，《國民政府六年禁煙計畫及其成效》（臺北：國史館，1986），頁 41-42。

3 賴淑卿，《國民政府六年禁煙計畫及其成效》，頁 404。

4 〈戴笠呈蔣中正報告〉（1933 年 7 月 7 日），《國防部軍事情報局檔案》，國史館 148-010200-0007。

戴笠特務事業的開拓期，而且他一向「忠心耿耿地執行著蔣介石的一貫政策」（沈醉語），以常理而言，他應該急於借禁毒之機在蔣中正面前立功邀寵才是，如謂其甘冒風險包庇顧嘉棠製毒，實在令人懷疑。

沈醉接著說，顧嘉棠的製毒機關「以後被人檢舉揭發出來」。沈醉大概不知道，檢舉揭發製毒機關的不是別人，正是戴笠。查戴笠於 10 月 5 日自南京致電南昌蔣中正報告：「現查滬市府所設大製造紅丸機關，月得利三百萬餘元，可否令憲兵團逮捕，乞示。」蔣中正接閱後，復電指示：「凡製造紅丸機關，不問何屬，應一律逮捕也。」[5]

所謂「紅丸」，是一種顏色粉紅、大小與黃豆類似的毒丸，含有毒性猛烈的海洛因，而美其名曰「戒煙丸」，與當時鴉片的別名「戒煙藥膏」一樣，都是由毒販、奸商製造出來的名詞。紅丸是明令查禁的麻醉毒品之一，故蔣中正嚴令戴笠破獲此一製毒機關。且由此後大量相關電文可知，戴笠提到的紅丸機關正是顧嘉棠所經營者，該機關位於上海南市中華路太平里，受到淞滬警備司令部參謀長蔣群及副官處長溫建剛的包庇，由於蔣、溫二人均係上海市長兼淞滬警備司令吳鐵城所任用，故戴笠在呈給蔣中正的電文中直言此案與上海市政府有關。[6]

---

5 〈蔣中正批示戴笠來電〉（1933 年 10 月 6 日），《蔣中正總統文物》，國史館 002-070100-00032-031。

6 夏咏南，〈淞滬警備司令部包庇紅丸毒品案紀略〉，《上海文史資料存稿彙編》，第 12 冊（上海：上海古籍出版社，2001），頁 264。

戴笠奉命後，又經過了一段時間的準備，最終於 11 月 18 日密派特務處書記唐縱會同駐滬憲兵第一團代團長兼第一營營長彭善後，於凌晨 2 時對紅丸機關進行了破獲，當場逮捕人犯二十名，並將房屋、機器、什物等一律封存。不過這二十名人犯係以經理陳哲民及職員王志成、朱德勝三人為首，幕後老闆顧嘉棠並不在內。[7]

二、各界要人紛紛說項

沈醉說，紅丸機關破獲後，「只把警備司令部副官長溫建剛拿去槍斃了，而真正的後臺老闆卻安然無事。」這句話給人的印象是：一、溫建剛是個無關緊要的小人物，最後當了代罪羔羊；二、後臺老闆顧嘉棠因有戴笠的包庇而安然無事。事實上，溫建剛是太平里紅丸機關的保護傘，絕非無關緊要。

溫建剛，廣東大埔人，雲南講武堂出身，曾任國民革命軍船舶運輸司令部司令、南潯鐵路警備司令、煙臺警備司令、南京公安局局長等職。1933 年 10 月 2 日，吳鐵城兼代淞滬警備司令，溫建剛出任副官處長。副官處是淞滬警備司令部內最活躍的一個處，溫建剛經常代表吳鐵城與各方交接，他與杜月笙也有特殊關係，在公共場所常以杜

7 〈戴笠電蔣中正〉（1933 年 11 月 26 日），《蔣中正總統文物》，國史館 002-090300-00063-306；〈上海破獲製毒機關〉，《大公報》天津版，1933 年 11 月 30 日；〈戴笠電蔣中正〉（1933 年 11 月 20 日），《蔣中正總統文物》，國史館 002-080200-00133-162。

月笙之老友自居，還不時代表杜月笙對一些失意官僚噓寒問暖、送錢送物，常做一些別人不敢做的事情。由溫建剛之經歷觀之，他在上海灘可謂是一個交遊廣泛、呼風喚雨的人物。[8]

關於溫建剛包庇製毒的內幕，知情者鄭應時曾透露：

> 1930 年左右，由於美帝國主義在中國大量推銷嗎啡、海洛英，日本帝國主義推銷紅丸，這就使一部分鴉片商人競相效尤。其中四川軍閥及鴉片煙商鑑於煙土運輸困難，就在宜昌、重慶一帶集資設廠，重金聘請日本技師，提煉嗎啡……但四川的提煉廠一般都因技術關係，只能製成一種黃嗎啡（俗稱「粗胚」，大約一千兩煙土可提煉一百兩「粗胚」），還需要運到上海再度加工，才能製成「白貨」（即普通的白嗎啡），這樣，就為上海鴉片商人開闢了一條發財新路。當時蘇州人華清泉（原是潮州土行的會計，積了一筆孽錢）夥同潮州人鄭芹初，以原有的「華利土行」為基礎，勾結上海警備司令部副官處長溫建剛在上海開設嗎啡制煉廠，收買四川的黃嗎啡來提煉白嗎啡。溫建剛見暴利當前，自以為有恃無恐，也就毅然答應。於是由華清泉拉線，鄭芹初出資，溫建剛撐腰，在上海南市開設了上海最大的一家嗎啡製煉廠。

8 夏咏南，〈淞滬警備司令部包庇紅丸毒品案紀略〉，頁 263。

> 而且一開始就生意興隆，獲利無算。
>
> 溫建剛所以敢於有恃無恐，是得到吳鐵城的同意，更得到杜月笙的支持的。吳鐵城為了包庇鴉片毒物有關的事情，還通過各方關說，取得了蔣介石的默許。溫建剛見事情已通天，也就更加大膽放手去幹了。[9]

鄭應時本是滬上電影界人士，因從小在上海長大，其先人又在「洋藥公所」活動，故對上海鴉片交易情形及溫建剛之經歷有所耳聞。不過鄭應時對紅丸機關案的內幕瞭解有限，其回憶文字中對本案起因、經過之敘述多有錯誤，其所謂溫建剛製毒係得到吳鐵城的同意、杜月笙的支持甚至蔣中正的默許云云，尤不知有何根據，其實這很有可能是溫建剛為了招搖撞騙而在故作大言，鄭應時卻信以為真了。

據戴笠調查，除溫建剛外，淞滬警備司令部參謀長蔣群也是包庇製毒的要角，關於蔣群之略歷，上海《新聞報》曾在其就任參謀長時有所刊載：

> 蔣氏號君年，贛人，江西武備學堂及保定陸軍學校畢業，為人任俠多才，軍學湛深，尤善屬文，為國民黨老同志。辛亥，與林主席及中委李協和、吳司令等起義九江，歷任江西軍政府幫辦、全贛學生軍北伐軍總

9 鄭應時，〈潮籍鴉片煙商在上海的活動及其與蔣介石政權的關係〉，《廣東文史資料》，第 21 輯（廣州：廣東人民出版社，1965），頁 19-20。

> 司令。民五，在粵任參朱慶瀾將軍幕，適張勳復辟難作，氏首先建議，主張迎總理及國會海軍南下，極為總理所器重，迭任大元帥府參軍、大本營參軍、建國軍憲兵司令等職。民十五，北伐軍出贛，孫傳芳重兵入潯，氏獨身任重要破壞工作，得收奇效，蔣總司令任氏為行營參事，擘畫頗多。近年家居休養，學德益進，吳司令欽其所學，特請其出任參謀長。[10]

由此可見，蔣群也是一個不容忽視的大人物，故當蔣群、溫建剛因紅丸機關案被牽出後，國民政府要員及地方有力人士為彼等求情者頗不乏人。且看下列事實。

蔣中正在 11 月 18 日紅丸機關破獲當天，一面電令參與破獲本案的上海龍華憲兵第一團代團長彭善後，將全部人犯、物品轉交上海市長兼淞滬警備司令吳鐵城，由該團會同押解南昌，[11] 一面致電吳鐵城，告以：「望即將人犯、物品全部負責送解南昌，並將溫建剛與蔣群二人由兄負責派專員解來，勿得延誤。」[12]

吳鐵城接電後，顯然對蔣中正的命令頗感意外，他曾復電聲稱，太平里破獲之處所雖然存有煙土，但並非製毒機關。蔣中正則根據特務處搜獲之紅丸製造機件，反駁了

10 〈吳市長昨晨就淞滬警備司令兼職〉，《新聞報》，1933 年 10 月 3 日。

11 〈蔣中正電彭善後〉（1933 年 11 月 18 日），《蔣中正總統文物》，國史館 002-010200-00098-002。

12 〈蔣中正電吳鐵城〉（1933 年 11 月 18 日），《蔣中正總統文物》，國史館 002-010200-00098-001。

吳鐵城的說法，他於 11 月 19 日再電吳鐵城，告以：「製造紅丸機件不能以存土為名搪塞，希即將蔣群、溫建剛押解來南昌行營審辦，勿得延誤。」[13] 與此同時，蔣中正致電南京憲兵司令谷正倫，告以：「上海紅丸案，請令彭代團長將人犯、物證逐件點交吳司令，並令彭代團長派兵會同其司令部人員押解南昌行營覆審澈辦為要。」[14] 稍晚，蔣中正又電囑谷正倫：「上海紅丸案人犯如已解京，則可不再交吳市長，即由兄派員負責直接押送南昌審辦可也。」[15] 凡此皆足見蔣中正對此案之關注與急切程度。

同日吳鐵城接到來電後，仍不願遵令押解蔣、溫二人，且再復蔣中正皓未、皓亥兩電，繼續聲稱太平里處所並非紅丸機關，請蔣中正重新考慮此事。[16] 這兩封電報遲至翌日中午尚未由蔣中正接閱，蔣中正卻已等得不耐煩，再電質問吳鐵城：「昨電飭將製造紅丸之機件、人犯與溫建剛、蔣群二人解贛，何以迄今未復？」並嚴令：「限五日內解到南昌，勿誤！」[17]

接下來兩天，吳鐵城又發哿酉、哿亥、箇戌三電，向

13 〈蔣中正電吳鐵城〉（1933 年 11 月 19 日），《蔣中正總統文物》，國史館 002-010200-00098-004。

14 〈蔣中正電谷正倫〉（1933 年 11 月 19 日），《蔣中正總統文物》，國史館 002-010200-00098-005。

15 〈蔣中正電谷正倫〉（1933 年 11 月 19 日），《蔣中正總統文物》，國史館 002-010200-00098-003。

16 〈吳鐵城電楊永泰〉（1933 年 11 月 20 日），《蔣中正總統文物》，國史館 002-080200-00432-003。

17 〈蔣中正電吳鐵城〉（1933 年 11 月 20 日），《蔣中正總統文物》，國史館 002-010200-00098-019。

蔣中正有所陳述，此時正逢「閩變」爆發，蔣中正忙於應付變局，無暇對吳鐵城來電一一回復。吳鐵城未接蔣之復電，乃更加坐立不安，他於 11 月 22 日再電蔣中正解釋，未將蔣、溫解往南昌係因憲兵方面無人接洽：「皓未、皓亥、哿酉、哿亥、箇戌各電諒邀鈞鑒，未奉核示，無任惶悚。前奉號電，飭將破獲太平里貨件、人犯及蔣群、溫建剛於五日〔內〕押解來贛，茲已限期已迫，故於今晨下令執行。因該項貨件查抄後，由憲兵營派兵留守保管，故先派員持令飭憲兵營長會同赴太平里查檢封存貨件，準備起解，乃該營長連日稱病，遷不見面，該營營附亦不肯負責接洽，本部派員逕往太平里查詢，亦為留守該處之憲兵拒卻，無法執行。惟職責所在，理合陳明，乞示祇遵。」[18]

憲兵方面拒絕與吳鐵城接洽，或與此前蔣中正電告谷正倫不必將人犯轉交吳鐵城有關，惟真實情況如何，由於缺乏憲兵方面的記載，不易得知。不過蔣中正顯然對吳鐵城的種種藉口不以為然，他於 11 月 22 日發出一件措詞相當嚴厲的「養申」電，提醒吳鐵城別想趁亂蒙混過關，稱：「命解蔣群、溫建剛來贛到案審辦，何以置若罔聞？希勿藉閩亂以期逃罪累，重負黨國之使命。限於五日內提解到贛，勿誤！」[19]

吳鐵城在蔣中正迭電催促之下，最終只有遵命照辦，

18 〈吳鐵城電蔣中正〉（1933 年 11 月 22 日），《蔣中正總統文物》，國史館 002-080200-00432-003。

19 〈蔣中正電吳鐵城〉（1933 年 11 月 22 日），《蔣中正總統文物》，國史館 002-010200-00098-031。

遂於 11 月 23 日由上海保安處長楊虎、公安局長文鴻恩會同遴派人員，率同幹練警隊，將蔣群、溫建剛押解南昌。紅丸機關經理陳哲民及職員王志成、朱德勝三名主犯也於 11 月 25 日由特務處會同憲兵押往南昌訊辦。[20] 吳鐵城以此案「辦理無狀」、「用人不慎」，不得不有所表示，他曾致電蔣中正懇請辭去本兼各職，「並請從嚴懲處，以贖罪辜」。蔣中正接電後，批示「慰留」。[21]

蔣群、溫建剛混跡官場多年，在國民政府內有著盤根錯節的人脈關係，自從二人被解往南昌後，便不斷有政府要員向蔣中正說項。

首先開口的是立法院院長孫科，他於 11 月 24 日致電蔣中正稱：「頃接蔣群、溫建剛電告，近奉嚴令押解南昌，實為萬萬不料之冤，請託轉懇緩頻，特電轉陳。乞先予詳查，然後定讞，至所盼禱。」[22] 蔣中正接電後沒有答覆，孫科乃於次日又發來一電稱：「關於蔣群、溫建剛案，昨已電達，旋晤嘯天、醒亞，方悉顛末。查蔣群係總理舊人，而亦頗有功績之同志，科知之甚深，年來過從尤密，每欲推挈，苦無機會。此次承鐵城約，任事淞滬，為時僅五十日，科敢保其必無違法之事，即小有差池之處，

---

20 〈吳鐵城電蔣中正〉（1933 年 11 月 23 日），《蔣中正總統文物》，國史館 002-080200-00432-003；〈蔣群、溫建剛奉蔣密令送京〉，《大公報》天津版，1933 年 11 月 25 日；〈戴笠電鄧文儀〉（1933 年 11 月 25 日），《戴笠史料》，國史館 144-010108-0003-033。

21 〈吳鐵城電蔣中正〉（1933 年 11 月 23 日），《蔣中正總統文物》，國史館 002-080200-00432-003。

22 〈孫科電蔣中正〉（1933 年 11 月 24 日），《蔣中正總統文物》，國史館 002-080200-00134-104。

請公於訓斥之餘，加以策勵，必能感激奮勉，以圖報稱。愚見如此，倘荷鑒納，至所感幸。」由此電可知，原來孫科昨日發電求情時，尚不知蔣、溫因何被押，他是今天始由上海保安處長楊虎（嘯天）和社會局長吳醒亞處瞭解事情原委的。他為了替蔣群求情，不惜把孫中山先生搬了出來，希望蔣中正看在蔣群是「總理舊人」且「頗有功績」的情分上網開一面。然而蔣中正接電後仍然未予答覆，此後即未見孫科再有求情函電。[23]

除孫科外，吳鐵城經蔣中正慰留後，也再託蔣的親信張群、楊永泰為蔣群、溫建剛求情。[24] 上海市商會主席王曉籟致電蔣中正，極言「溫建剛君生性硬直，對公甚表忠實」，請蔣中正早予釋放。[25] 與本案極有關係的杜月笙則致函楊永泰，直接聲稱：「太平里事件，蔣群、溫建剛兩兄無辜，情殊可憫，懇轉陳委座早予省釋。又該案內工人均受雇性質，久被羈押，清苦異常，並乞進言，早日開釋。」[26] 蔣中正接閱這類來電後，一概未予理睬。

23 〈孫科電蔣中正〉（1933 年 11 月 25 日），《蔣中正總統文物》，國史館 002-080200-00135-020。

24 〈張群電楊永泰〉（1933 年 11 月 30 日），《蔣中正總統文物》，國史館 002-080200-00135-145。

25 〈王曉籟電蔣中正〉（1933 年 12 月 13 日），《蔣中正總統文物》，國史館 002-080200-00138-074。

26 〈杜月笙電楊永泰〉（1933 年 12 月 27 日），《蔣中正總統文物》，國史館 002-080200-00429-125。

曾為溫建剛、蔣群向蔣中正說項的各要人

孫科

資料來源：五年來之廣東建設編纂委員會編，《五年來之廣東建設》（廣州：廣東建設廳編輯處，1931）。筆者翻攝。

吳鐵城

資料來源：編者不詳，《中國航空協會上海市徵募成績總報告》（1934）。筆者翻攝。

楊嘯天

資料來源：編者不詳，「上海市保安處幹部教導隊第一期同學錄」殘葉（1933）。于岳先生藏。

杜月笙

資料來源：編者不詳，《中國航空協會上海市徵募成績總報告》（1934）。筆者翻攝。

王曉籟

資料來源：海上名人傳編輯部，《海上名人傳》（上海：上海文明書局，1930），頁2。筆者翻攝。

三、戴笠主張嚴辦本案

除沈醉在回憶文字中暗指戴笠包庇杜月笙、顧嘉棠外，另一軍統舊人文強也轉引戴笠內弟毛宗亮的敘述，對此案有類似說明：

據毛宗亮告訴我說：「早在抗日戰爭前，在上海南市破獲一件販運毒品的巨案，是戴笠手下的人抄查出來的。如果上報，就會使杜賠本百萬元並大失面子，而且杜剛被全國禁煙委員會敦請為禁煙委員，就會丟官。處於如此尷尬的情況下，杜託楊虎說情，開了三十萬元支票相贈。戴不但將贓物發還，連同支票一同退回。杜摸不透戴的心思，反而增加了顧慮，於是又轉請他的法律顧問章士釗先生代邀戴赴宴，借機摸摸底說說情。戴又拒不應約，使杜感到十分難堪，準備在租界範圍內給點顏色給戴看看。不料正在劍拔弩張的時候，戴突然隻身訪章，聲明不收贈款，不應約赴宴，是為了與杜交知心朋友，保證對此事既不上報，也不洩露。如受款赴宴，則沒有不透風的牆，人言可畏，彼此都洗白不清。從此之後，杜認為戴豪俠可交，是一個奇人，結為拜把兄弟。」[27]

文強的敘述至少有兩個問題：

（一）戴笠早在 1927 年即經楊虎介紹與杜月笙結識，時相往來。同年夏，戴笠與杜月笙、楊虎在杭州西湖之濱的杜莊結拜為異性兄弟，杜月笙居長，楊虎居仲，戴笠最小，此有親歷者萬墨林的回憶可證。[28] 戴與杜、楊結拜之際，正是他開始單槍匹馬從事情報活動之時，他頗欲借重杜、楊二人在上海的地位，以開展其特務工作。三人結拜後，未必即有深交，但彼此一定是熟識的。然而文強

27 沈醉、文強，《戴笠其人》（北京：中國文史出版社，1980），頁 229。

28 萬墨林，《諜戰上海灘》（臺北：秀威資訊，2013），頁 17-25。

對此並不瞭解，故有所謂 1933 年後杜須託楊向戴說情，甚至轉請章士釗邀戴赴宴，而戴、杜由此開始「交知心朋友」云云，這都是與事實不合的。

（二）文強說戴笠對杜月笙與此案的關係「既不上報，也不洩露」，這與沈醉暗指戴笠包庇杜月笙、顧嘉棠是一致的。其實，戴笠向蔣中正檢舉本案之前，有可能已經透過特務處的偵查得知紅丸機關與顧嘉棠有關，如果他有意包庇，又何必檢舉呢？當然也有另一種可能，即戴笠檢舉之初僅知紅丸機關係由淞滬警備司令部包庇，當破獲之後，始知其主持者為顧嘉棠，於是礙於杜月笙的情面，開始亡羊補牢。關於此點，需要全面考察戴笠在案發後之處境，及由此處境所表現出的態度與言行，方能做出判斷。

案發後，戴笠非常明白，他作為本案檢舉人，已處在騎虎難下的形勢，一旦蔣群、溫建剛被判無罪，他必將負誣告之責，因此他對包括義兄楊虎在內的政府要員的說項不敢大意。11 月 25 日，楊虎由滬赴贛晉謁蔣中正，為蔣、溫求情，戴笠為此分別致電負責審辦本案的南昌行營調查課長鄧文儀及侍衛長宣鐵吾，請他們幫忙留意楊虎的態度與言行。其致鄧文儀電稱：「滬太平里嗎啡製造機關經吾人破獲後，滬上軍政聞人大震，日來大事活動，多方疏解，希圖機器發封，主犯釋放。今日楊嘯天已飛贛矣，敢乞注意其言行，隨時賜示為荷。」[29]其致宣鐵吾電稱：「楊嘯天為滬嗎啡製造機關破獲案，今日飛贛謁校座，請注意楊之言論，有以電示。」[30]

12月6日，戴笠前往南昌向蔣中正彙報有關閩變的情報，他也趁機向蔣中正報告了自己對紅丸機關案的見聞，並請對溫建剛處以極刑：

> 此次鈞座命令吳市長，將溫建剛、蔣群解來南昌，京、滬、贛一帶人心大快，道路歌頌，時有聽聞。生前天於南潯車上，聽見一商人模樣者向其座客云：「蔣群在九江、上海無惡不作，唯有蔣委員長才是青天，所以能將其逮捕，聽說不久要槍斃咧。」另一座客云：「不至槍斃，聽說有許多大姥官已經向蔣委員長保釋，馬上就可放出來了。」彼商人模樣者復云：「蔣群的老子做人不好，所以沒有善終，蔣群的哥哥是蔣群害死的，蔣群在九江有許多地皮，大都是侵占別人家的，他過去在家裡聚賭，是有公安局長為他看門的，蔣群不特是貪官，且是土豪」等情。事關民意，謹舉以奉聞。至於溫建剛素行反動，應即處以極刑。[31]

---

29 〈戴笠電鄧文儀〉（1933年11月25日），《戴笠史料》，國史館144-010108-0003-033。

30 〈戴笠電宣鐵吾〉（1933年11月25日），《戴笠史料》，國史館144-010199-0003-065。

31 〈戴笠呈蔣中正報告〉（1933年12月6日），《蔣中正總統文物》，國戴笠這番生動描述似有誇張附會之嫌，但無論其真實性如何，這件報告都再清楚不過的反映了戴笠此時的態度，即對蔣群、溫建剛窮追猛打，以坐實彼等包庇製毒之罪。當然戴笠也很清楚，蔣中正不會僅憑他的一面之詞尤其是道聽途說的「民意」就將蔣、溫繩之以法，如欲達到目的，最重要的是確鑿的物證、人證。

當製毒機關破獲之初，特務處曾搜出製造紅丸之原料、器具，但因名目不清楚，作為物證尚有不足。戴笠為此於 12 月 8 日致電特務處華東特派員吳迺憲，令其會同憲兵方面之王公遐「再往檢查，將其器具等逐一拍照繳存，並請密飭原報告人將製造情形與銷路詳行具報，專人送京為要，因總座對此點甚重視也。」[32]

12 月 10 日，戴笠致電鄧文儀，告以取證進展，並請嚴審本案，稱：「滬太平里製造毒品機關兼製紅丸一節已獲有物證，該機關原設法界，後遷來太平里，自民十八年即已開辦。此案務請詳行質審，因該犯人等甚狡黠也。各種證物准明日專員送上，社會對此案之辦理甚為重視，乞注意。」[33]

12 月 12 日，戴笠派特務處幹員唐光輝將太平里案證物送往南昌，並於次日再電鄧文儀，告以物證、人證之詳

史館 002-080102-00038-002。

32 〈戴笠電吳迺憲〉（1933 年 12 月 8 日），《戴笠史料》，國史館 144-010108-0001-054。

33 〈戴笠電鄧文儀〉（1933 年 12 月 10 日），《戴笠史料》，國史館 144-010108-0003-034。

情，及其對本案之意見：

特急，撫州總司令行營，鄧祕書雪冰兄，報密。文電奉悉。1、太平里案續獲證物已於昨派唐同學光輝送上矣，其中有協豐公司之帳簿多種，係自民十九即已開辦者，後因法租界當局厲行禁毒，該公司得華界警政當局之入夥，遂遷華界太平里，更名「洽記」，其職工發薪名冊明載自本年三月一日為始，所謂開辦僅四月者，實欺上之語也。2、該機關三樓確係製造紅丸之所，現有淋粉、咖啡精等之製造紅丸必需原料及烘盤、篩子等必需器具為憑。且原報告人可到庭作證，則製造紅丸之罪亦已成立。3、據查，在前次逮捕之二十人中，尚有公安局經常派駐之便衣警衛三人在內，刻正偵查其真姓名中。各犯均狡黠異常，不肯吐露真姓名與其職掌，弟意非嚴刑審究不可，乞注意。4、此案據鄙見，應有一般犯罪與特別犯罪之分，製造毒品應歸一般犯罪部分議處，至公務人員朋夥製造毒品，甚至有辱沒革命領袖之行為，應歸特別犯罪部分處置。故對未到案之製造主犯顧嘉棠應嚴令滬市府緝拿，已到案之陳哲民等罪犯應嚴刑審究其真姓名與職掌，分別槍斃與監禁。至於蔣、溫兩人實數罪俱發，應重嚴懲處，以正官心而肅紀律。吾人站在革命立場，應為領袖表揚功德於民而樹立其威信，蓋中外對此案均甚重視，吾兄革命健者，諒必表同情也。如何，尚乞電示。弟笠叩，元未。[34]

此為戴笠檔案中有關紅丸機關案最重要的一封電報，其中有兩點最值得重視：一、戴笠所謂「公務人員製毒，甚至辱沒革命領袖」，指的是溫建剛。據鄧文儀回憶，溫建剛平日招搖撞騙，到處信口開河，誇大其詞，被捕之前，就曾公開對外宣傳，將煙土加工為紅丸是「總部高級人員」要辦的，對於蔣中正的信譽跡近譭謗。[35] 因此，戴笠主張對溫建剛從嚴懲處，「以正官心而肅紀律」。二、戴笠明白建議「嚴令滬市府緝拿」製毒主犯顧嘉棠，並對已到案之製毒機關經理陳哲民等人嚴刑審究，可見並不存在沈醉、文強所指稱的戴笠包庇後臺老闆的問題。

四、戴笠繼續補提證物

此後一段時間，戴笠專注於應對「閩變」，未再過問紅丸機關案。不料閩變平定後，蔣中正竟於 1934 年 2 月 24 日致電戴笠責問：「前次上海嗎啡案，你說製造紅丸有憑證可呈，為何至今毫無影響？是否別有作用？希秉公澈底詳呈，不得含糊，否則當治誣告之罪。」[36] 3 月 7

34 〈戴笠電鄧文儀〉（1933 年 12 月 13 日），《戴笠史料》，國史館 144-010108-0003-032。

35 鄧文儀，《從軍報國記》（臺北：正中書局，1979），頁 202。

36 〈蔣中正電戴笠〉（1934 年 2 月 24 日），《蔣中正總統文物》，國史館 002-010200-00106-005。

日，蔣中正再電戴笠，嚴令七日內將紅丸案人證、物證詳行具報，否則必辦誣告之罪。

紅丸案已經過去三個多月，戴笠也在去年 12 月將人犯與物證解往南昌，如今蔣中正舊事重提，顯然戴笠提供的證據並不充分。人證方面，自本案發生以來，因原報告人擔心被告報復，一直沒有前往南昌參與質審。戴笠遂於 3 月 10 日電告吳迺憲，即令特務處上海工作人員王昌裕「設法將原報告人伴送入京，以便赴南昌對質，萬不可使該原報人有畏避情事。」[37] 物證方面顯得更為棘手，原有證據既然不足，只能設法尋找新的證據，當時吳迺憲在石炭港北標碼頭發現大批贓物，或與太平里紅丸機關有關，戴笠於同日晚間再電吳迺憲，切囑：「校座對太平里案究竟有無製造紅丸一節甚為重視，事關吾人之成敗，務請嚴密設法破獲石炭港北標碼頭地穴中大批之贓物，事若有成，且確與太平里機關有關者，當犒賞，否則原報告人務請轉知昌裕兄設法送往南京轉往南昌，以便對質一切。」[38]

37　〈戴笠電吳迺憲〉（1934 年 3 月 10 日），《戴笠史料》，國史館 144-010108-0001-015。

38　〈戴笠電吳迺憲〉（1934 年 3 月 10 日），《戴笠史料》，國史館 144-010108-0001-014。

王昌裕

資料來源：中國國民黨陸軍軍官學校編印，《中國國民黨陸軍軍官學校第三期同學錄》（1926）。筆者翻攝。

3 月 11 日，戴笠又電吳迺憲，令其繼續搜集本案證據，以免受誣告之罪，電稱：「校座近對太平里前案迭電催促補提憑證，以便澈底究辦。此事據弟推測，顯有人從中攻擊吾人做事不盡不實也，吾人對此案應速補提物證、人證，以證明該機關確係兼製紅丸者，以免受誣告之罪，並保持吾人既往之信譽。」並再度切囑：「此事應請嚴密破獲石炭港北標碼頭地穴中之存物，並將前之原報告人送往南昌質審，對原報告人吾人當予以絕大保障，並可予以獎金也。破案時如需要憲兵幫忙，弟可密電凌光亞兄撥兵援助，事須絕對嚴密，務乞三注意焉。至該石炭港之存物是否與太平里有關，乞即詳審示知。」[39]

3 月 12 日，吳迺憲遵照戴笠指示，派王昌裕帶本案原報告人赴京轉贛，人證問題至此解決。[40] 3 月 14 日，吳

39 〈戴笠電吳迺憲〉（1934 年 3 月 11 日），《戴笠史料》，國史館 144-010108-0003-031。

40 〈戴笠電吳迺憲〉（1934 年 3 月 13 日），《戴笠史料》，國史館 144-010108-0001-011。

迺憲致電戴笠報告謂：「滬製造紅丸機關已查明有數起，或有與前太平里案有關者，擬在日間破案。」[41] 次日，吳迺憲再電戴笠報告：「現查悉各紅丸製造機關多與前太平里嗎啡紅丸製造機關及上海保安隊前在北站所搜獲之紅丸案有關，擬即用淞滬警備司令部偵察〔查〕隊名義負責破案，以資究辦。」戴笠接電後，當即轉報蔣中正，並稱吳迺憲已由吳鐵城委以淞滬警備司令部偵查隊長之名義，請示可否以此名義破獲。[42] 蔣中正接閱後，批示「可」。[43] 至此，有關本案的餘波基本結束，此後戴笠檔案中未再出現與本案有關的內容。

本案各犯的結果：顧嘉棠未被法辦，其原因當與戴笠提供之物證不足有關；蔣群被判徒刑，翌年即被保釋；[44] 只有溫建剛不免一死，由南昌行營軍法處驗明身分予以槍決。惟溫建剛之死並非完全因為製毒販毒，據鄧文儀回憶，溫建剛被捕後，不僅聲稱製毒販毒係由高層授意，且在被押行營監獄聽候軍法機關審辦期間，仍然膽大妄為，竟將兩位姨太太接到南昌，常在監獄會聚，結果兩位如夫人爭風吃醋，在監獄內吵鬧起來。鄧文儀將此事報告蔣中

41 〈戴笠電蔣中正〉（1934 年 3 月 15 日），《戴笠史料》，國史館 144-010108-0003-035。

42 〈戴笠電蔣中正〉（1934 年 3 月 15 日），《戴笠史料》，國史館 144-010108-0003-036。

43 〈蔣中正批示戴笠來電〉（1934 年 3 月 16 日），《蔣中正總統文物》，國史館 002-080200-00154-084。

44 〈顧祝同電蔣中正〉（1935 年 10 月 10 日），《蔣中正總統文物》，國史館 002-080200-00458-239；夏咏南，〈淞滬警備司令部包庇紅丸毒品案紀略〉，頁 264。

正，蔣中正認為藐視軍法，莫此為甚，很快核定死刑。[45] 1934年9月4日，蔣中正電令行營軍法處長陳恩普：「溫建剛屢犯法規，在監又造謠煽惑，著即槍決。」陳恩普奉令後，於9月5日晚10時將溫建剛簽提執行。[46]

紅丸機關案主犯
顧嘉棠

資料來源：靜安小學合作社編印，《靜安半年刊》（1936）。筆者翻攝。

由於檔案有限，本案尚有諸多問題無法解答，如杜月笙是否與此紅丸機關有關？顧嘉棠何以未被法辦？吳鐵城曾致蔣中正數電為溫建剛辯解，其內容如何？王曉籟、杜月笙所謂蔣群、溫建剛無罪云云，有何憑證？等等。不過可以確定的是，戴笠未曾包庇紅丸機關及其後臺老闆，沈醉、文強的說法與事實有相當差距。

45 鄧文儀，《從軍報國記》，頁202。

46 〈蔣中正電陳恩普〉（1934年9月5日），《蔣中正總統文物》，國史館002-010200-00118-019；〈陳恩普電蔣中正〉（1934年9月6日），《蔣中正總統文物》，國史館002-080200-00441-042。

2　北平德勝門外七聖祠「箱屍案」始末

1981 年，前力行社特務處北平站站長陳恭澍在其回憶錄《北國鋤奸》中披露了一段的鮮為人知的祕史：1934 年春，特務處天津站捲入了一起發生在北平的「箱屍案」，由於案情重大，處長戴笠曾親自從南方趕來北平祕密處理。陳恭澍回憶：

> 二十二年秋，北平站擴大編組……正式建立行動單位，增補武器裝備……與北平站建立行動組的同時，天津站也成立了行動組，由王天木兼任組長，組員有七八人之多……天津的行動人員大都追隨過王大哥，全部是河南省籍的人。就分子的素質而言，顯著的與北平站不同，他們對於玩槍這一套，個個都有歷練……據我所知，天津站在天津日本租界曾完成過幾件工作，因為職責各有所屬，我並未參與其事，故而從略。就在這個時候，北平發生了一樁驚人的事件，還是由於戴雨農先生親自來北平處理，我才略有所聞，可是戴先生本人並沒有正面的對我提起這件事的內情。時間約在二十三年春，天木大哥奉派到張家口辦事去了，天津站的行動員在北平闖了大禍，鬧得滿城

> 風雨，成為最受注目的新聞。不久，北平偵緝隊宣稱破案，真相乃告大白，一件聳人聽聞的奇事，就此風消雲散……
>
> 至於怎麼會把北平的刑事案，和王大哥他們扯在一起，早年在北平出過一本寫實的社會小說「箱屍案」，就是影射這件案子……[1]

顯然時隔多年，陳恭澍仍然頗有顧慮，他除了承認箱屍案是天津站行動員闖下的大禍外，對其他細節都遮遮掩掩。關於此事，另一軍統舊人舒季衡的回憶則要直接許多：

> 天津站的特務們憑藉反動勢力，肆意妄為，竟於一九三四年在意租界綁架曾任熱河省主席湯玉麟的小孫女，訛詐勒索銀洋五萬元俵分。事發之後，激起天津士紳的憤懣情緒。蔣介石查知後，為緩和輿論的譴責，責令戴笠查處，戴不得不把王天木及有關特務調回南京禁閉，由陳恭澍繼任天津站站長。[2]

舒季衡曾在軍統天津站工作多年，他雖然沒有親歷1934年的箱屍案，但他的說明仍是值得重視的，惟考諸

1 陳恭澍，《北國鋤奸》（臺北：傳記文學，1981），頁122-126。

2 舒季衡，〈國民黨軍統局在天津的特務活動概況〉，《天津文史資料選輯》，第26輯（天津：天津人民出版社，1984），頁161。

原始檔案與報刊，可知天津站綁架的是前熱河都統姜桂題的孫女姜淑英，而非「湯玉麟的小孫女」。關於本案的來龍去脈，尚無著作進行全面梳理，本文擬利用原始史料對其進行發掘，並由此粗略探討特務處對於紀律案件的處理情形。

一、王天木之特務工作表現

戴笠來平處理「箱屍案」是由陳恭澍祕密接待的，陳恭澍回憶：

> 當時，我絕不知道此事與天津站有關。過後，戴先生隻身來平，事先打了一個親譯的電報給我，囑我替他開一個房間，誰也不要通知。
>
> 那天晚上，我陪戴先生在東長安街中央飯店隨便吃了點東西，又回到四樓預定的房間裡小憩。兩人對坐著也沒有說話，我預備辭出，好讓他一個人休息，可是戴先生總是挽留我多待一會，只見他仍在悄悄出神，突然間，又自言自語的說道：「人家為誰辛苦為誰忙嘛！」就這樣間歇的說了好幾遍。這可把我給弄糊塗了，簡直是一頭霧水，摸不著一點邊。心想：「他這麼說，究竟是什麼意思？」
>
> 後來，戴先生問起天木兄的近況，我說他去了張家口還沒回來，我們有半個多月沒見面了。戴先生又東一

> 句、西一句詢問天津站的工作情形，我知道的也都說了。看神色，聽話音，他對天津站那批行動員的動態顯得特別關切。我們聊了半天，多是旁敲側擊，好像故意的不觸及正題，戴先生也始終未曾透露他的意向，像似想要指派我替他做點什麼，可是欲言又止，下不了決斷。[3]

陳恭澍言辭閃爍，不僅沒把「箱屍案」的來龍去脈講清楚，反而使這件撲朔迷離的凶案更增添了幾分神祕色彩。到底是什麼原因，能讓戴笠這位叱吒風雲的特務首腦如此悵然若失？竟然說出「人家為誰辛苦為誰忙」這樣類似女子哀婉口氣的話？這句話又和「箱屍案」有什麼關係？這一切都要從戴笠與王天木交往的經歷說起。

王天木，吉林人，本名仁鏘，參加特務工作後，改名天木。日本士官學校出身。初在黑龍江督辦吳俊升部任職，嗣任西北軍參議，復在河南收編土匪，自任司令。王天木與戴笠早在 1930 年前即已相識，討唐戰爭期間，戴笠深入唐生智部駐地搜集情報，脫險後曾往北平投奔王天木，借毛衣禦寒，再返回南京。[4] 同年，第一師師長胡宗南率部駐開封，王天木與其組織「三民主義大俠團」。[5]

---

3 陳恭澍，《北國鋤奸》，頁 125-126。

4 戈士德，〈戴笠與周偉龍（上）〉，《中外雜誌》，第 31 卷第 5 期（1982.5），頁 136。

5 王天木，〈我所知道的藍衣社〉，《藍衣社內幕》（上海：國民新聞，1942），頁 119。

1932 年 2 月，王天木參加聯絡組，化名鄭士松，在天津活動，成為軍統特務組織開山鼻祖「十人團」之一。特務處成立後，王天木任天津通訊組組長，並協助建立北平通訊組，係軍統在平津方面的工作奠基人之一。[6]

九一八事變後，日本侵華野心愈益暴露，與此同時，國內各方反對南京中央之活動正此起彼伏、方興未艾。王天木及天津組處在此種背景下，以搜集日方情報為工作重心，同時密切關注馮玉祥、汪精衛「改組派」、胡漢民「新國民黨」、青年黨等各重要反蔣派的動態。現存特務處呈給蔣中正的情報檔案中，不乏由王天木報告的各方機密。

天津組除致力搜集情報外，在行動方面也頗有表現。1933 年 5 月 7 日，王天木與北平組長陳恭澍、組員白世維、戚南譜等人合作，在北平六國飯店擊斃勾結日本之失意軍閥張敬堯，開特務處制裁（暗殺）工作之先河。同年秋，特務處在天津建立行動組，由王天木兼任組長，王天木開始網羅故舊，充實天津單位之行動力量。[7]

王天木在天津迭有表現，漸為政敵注意，因此迭遭暗殺，屢瀕於危。6 月 30 日晚，王天木在天津總車站貨棧

---

6 〈戴笠呈蔣中正〉（1938 年 5 月），《蔣中正總統文物》，002-080102-00034-005；陳恭澍，《北國鋤奸》，頁 40-42。

7 陳恭澍，《北國鋤奸》，頁 124。據陳恭澍回憶，特務處天津行動單位建立於 1933 年秋，惟據軍統名冊記錄津站行動人員參加工作之年月，最早有 1933 年 8 月者，見戴笠呈蔣中正〈歷年殉難殉職病故殉法工作人員姓名擬卹清冊〉，《蔣中正總統文物》，國史館 002-080102-00035-002。

門口「被人擊二槍，幸未中」，[8] 事後查悉開槍者為「公安局之特務員及車站檢查旅客之班長李某」，[9] 緣於當時天津公安局係由東北人士控制，而非由南京中央掌握，故王天木將該局列為偵查對象之一，該局則對王天木的偵查活動有所反制。此外，青年黨特務隊長程志達亦曾兩次狙擊王天木未果，該人後於 12 月 4 日在北平鎮芳公寓遭特務處北平行動組擊斃。[10]

1933 年夏秋之間，特務處天津通訊組升格為天津通訊站，王天木因在津工作兩年成績出色，順理成章地出任了天津站長。[11]

1934 年 1 月，王天木的天津站執行了一次重大行動任務，沉重打擊了匿居租界的反蔣勢力。當時正值陳銘樞、李濟琛發動閩變，天津站偵悉閩方與胡漢民的「新國民黨」在義大利租界合辦有《民興報》，以宣傳彼等之主張，乃於 1 月 8 日派遣行動幹員數人闖入報館，將該報總編輯劉亞樵擊成重傷，旋即身死。劉亞樵又作劉亞喬，天

---

8 〈戴笠電蔣中正〉（1933 年 7 月 2 日），《戴笠史料》，國史館 144-010104-0003-045。

9 〈戴笠呈蔣中正報告〉（1933 年 7 月 7 日），《國防部軍事情報局檔案》，國史館 148-010200-0007。

10 〈戴笠呈蔣中正報告〉（1933 年 12 月 6 日），《蔣中正總統文物》，國史館 002-080102-00038-002。

11 據陳恭澍、舒季衡等稱，特務處天津單位建立之初即為天津站。惟據原始檔案，天津單位初為天津通訊組，查 1933 年 7 月 2 日戴笠致蔣中正之電，猶有「生處天津通訊組長兼行動指揮鄭士松」等語；再查天津通訊站最早出現於 1933 年 11 月 16 日特務處呈蔣中正報告孫殿英活動之電，見《蔣中正總統文物》，國史館 002-080200-00133-052。故天津單位由組改站當在 1933 年 7 月上旬至 11 月中旬間。

津人，時年三十四歲，曾任《華北新聞》、《華北晚報》及《正報》編輯，因素與反蔣派有關，遂罹殺身之禍。

本案發生次日，天津《益世報》曾詳誌經過情形云：

> 昨日晚九時半，義界六馬路與西馬路口值崗之九十六號義捕郭鳳池忽見自西馬路北端駛來汽車一部，該汽車為最新蓬式深藍色，車號黃牌一八四三，猶係去年舊照未換。駛過崗位後，向南馳去，在南首路旁河岸處略形遲徊，旋即折轉向東而去。未數分鐘，復由六馬路東端馳回，直抵《民興報》館前煞住。該汽車停閘後，即由車上躍下青年男子二名，車上似仍有數人守望，二男人下車後，直奔上樓，逕造編輯室。該報館所占為五樓五底，大門兩旁另有小房兩所，為夫役室，樓下右為營業部，左為印刷工廠，樓上前樓右方為電訊校對室，左前樓為編輯室，左後方為經理室，右後方為空室。街口第九十六號義捕正詫異該汽車間，忽聞有槍聲突作於該報樓上，砰拍五六響，嗣即見二男子急遽奪門而出，一躍登車，沿六馬路西端馳去，到街口轉而之北，即行不見。
>
> 九十六號巡捕急鳴笛示警，得左近義捕來集，遂趨該報館查視，則見該報體育編輯孫學禮僅著衷衣，滿面被血，以手扶額踉蹌下樓，見義捕至，高喊：「不好，快些救人！」經為雇車送往義國醫院。復至樓上查視，則見編輯室中尚有一本市新聞編輯劉亞樵，頭

部受傷甚重，血汩汩湧出，倒臥血泊中呻吟不決，經亦送往義國醫院。當槍聲大作時，樓下印刷室有工頭名朱壽彭者，年三十八歲，北平人，是日正值飲酒過量，手持文稿登樓，正欲請示，行至樓梯中段，聞聲大驚，欲逃不及，滾跌樓下，致右胯及膝關節均皆跌傷，一時人事不醒，亦由義捕送入醫院。

昨晚記者到義國醫院時，值三受傷者方運入院，三數看護由醫生指揮之下，正忙於裹扎。劉亞樵彈入前腦，血與腦漿迸流不止，口腔亦吐鮮血，以情形觀察，殆已絕望。孫學禮則左額及左手臂均負重傷，惟未全完失卻知覺。其工人朱壽彭酒已嚇醒，傷不甚重，對記者猶能詳道所遇。記者到六馬路該報調查時，見樓梯及編輯室中血跡點滴，數便衣義捕與該報兩三工作人員在內監守，門內外有巡捕數名逡巡，情形未脫嚴重。據聞當出事時，該報經理涂培元並未在館，行兇之二男子曾至經理室查視，見無人在內，即倉皇逃去。[12]

由這篇報導所描述的種種細節來看，如開槍者在行動之前曾對報館周圍環境稍事勘察、行動之際「直奔上樓，逕造編輯室」、行動過後「急遽奪門而出，一躍登車」等等，可以想見王天木指揮策劃之周詳與行動人員之訓練有

12　〈民興報被狙擊〉，《益世報》，1934 年 1 月 9 日。

素。再據《大公報》報導，本案「暴徒」自入室開槍以至「相率呼嘯而去」，為時不過兩三分鐘，更足證津站行動人員之處事迅捷。[13]

另據義租界工部局事後調查，「暴徒」所乘一八四三號汽車為日租界內某私宅之自用汽車，遂請日租界警署幫忙根究。嗣查悉該車號碼與北平軍分會委員魏宗瀚在天津日租界請領之號碼相同，惟此案發生前，該車已運往北平，且仍掛用天津號牌在北平行駛。案發後，義租界警探及日租界巡捕均曾至魏氏津寓查詢，時魏氏適在寓中，當經叫通平寓電話，由日巡捕直接向該車車夫詢問，據答該車及號牌均在北平。事後日租界警署人員再會同北平公安局親至魏氏平寓查看，發現該車果然停置平寓，「證明該匪徒等之車牌係出偽造」，[14] 由此又可見津站行動人員之手法老道。

南京特務處本部對津站此次行動頗為滿意，於 1 月 10 日以化名江漢清致電正在福建督師的蔣中正報告稱：

> 建甯總司令蔣鈞鑒，略密。據北平佳電，天津《民興報》為胡漢民派及閻逆在華北合組之機關，據報八日下午九時，閻粵及馬占山、馮玉祥之代表等在該報經理室開會，乃由津檢〔站〕行動組出動五人前往殺賊。至時，經理室已下然〔班〕，僅將總編輯劉亞喬

13　〈本市一兇案〉，《大公報》天津版，1934 年 1 月 9 日。

14　〈民興報兇殺案匪徒偽造車牌〉，《大公報》天津版，1934 年 1 月 12 日。

擊倒，槍傷腦部，理無生望，並擊傷謀抵抗之編輯等共六人。查劉亞喬二年前曾為馮玉祥駐津主辦《華北新聞》，此次隨余心清入閩，茲又北來活動。此次共計發彈十八粒，全體工作人員均安然退出。謹聞。生江漢清叩，灰亥印。[15]

由於津站行動人員不留痕跡，外界根本不知開槍者為誰。《益世報》僅在披露《民興報》之歷史與背景時稱：「《民興報》為兩月前新發刊者，日出兩大張，經理為涂培元，贛人，前曾充津華北新聞總編輯，初辦《民興》，與充《大中時報》劉月亭者合資，嗣劉辭出，歸涂一人經營，全館工作人員上下約二十餘，日印兩千份。此次肇禍原因一時雖未調查明白，但微聞有人疑該報與閩方有關，致遭某方之忌，傳聞如斯，姑並存之，用備一說可耳。」

《民興報》經理涂培元雖然僥倖未死，但經此一案顯然受驚不小，他在接受《大公報》記者訪問時，乃極力否認該報之遭遇與政治有關：「據報載，敝報含有政治背景，並謂敝報初辦，與前已停版之《民風報》劉月亭等合資，純屬無稽。按前者，敝報是否有政治作用，均有已往舊報可查，關於閩變通電及胡漢民氏八項主張，均較平津各報晚發表一日，但消息並未晚到，為因慎重發表，靜觀平津報界態度而定取捨，故轉日見各報均已發表，始敢揭

15 〈特務處（江漢清）電蔣中正〉（1934年1月10日），《蔣中正總統文物》，國史館 002-090300-00011-252。

載。況新聞與標題對福州方面多用『叛逆』等等字樣，報載謂與閩局有關，可笑之至。至後者，查《民風報》在第一次復刊時，經邀為要聞編輯，殆入館服務，知該報有政治作用，遂退而為幫忙性質，至第二次復刊而又停刊後，本人為辦報興趣所驅使，遂集合股本五千元，將《民風報》機器兌出而興辦《民興報》，報載敝報初辦時與劉月亭合辦者，又為傳聞失實也。敝報無辜而遭暴狙，殊為遺憾！」[16]

事實上，《民興報》與胡漢民派決非毫無關係，就在本案發生數天後的 1 月 14 日，胡漢民曾致函「新國民黨」要角鄒魯，指示在天津方面推進反蔣運動之辦法稱：

> 鳴宇等所擬宣傳預算為三千五百元，屬於《民興報》者為二千元。弟近閱《民興》等報，似無甚精彩。且此時公開辦報，在津滬一帶色彩不能鮮明，否則必遭禁忌，不准發行。即能發行，亦無從與各大報爭衡，而態度和平又失我撥款辦報之本旨。[17]

此函「鳴宇」即胡漢民祕密派往天津從事反蔣活動的裴鳴宇，他為「新國民黨」擬定的宣傳預算是 3,500 元，而《民興報》竟占 2,000 元之多，可見該報確是胡派在天

16 〈劉亞樵已因傷斃命〉，《大公報》天津版，1934 年 1 月 10 日。
17 陳紅民，《函電裡的人際關係與政治》（北京：三聯書店，2003），頁 163-164。

津乃至華北的宣傳重鎮。然而劉亞樵被刺身死後，胡漢民已無奈地意識到，在天津辦報反蔣，「色彩不能鮮明，否則必遭禁忌」，「而態度和平又失我撥款辦報之本旨」，故對《民興報》只好放棄資助。此後不久，《民興報》經理涂培元即感「環境困難」，決定將該報停刊，全體職工人員均於 1 月 21 日予以遣散。[18] 至此，在津站展開行動後不到半個月，胡派在天津的頭號宣傳機關就這樣煙消雲散了。

二、「箱屍案」之發生

1934 年 2 月「閩變」平息後不久，蔣中正以廈門地位重要、環境複雜，考慮由特務處工作人員兼任廈門公安局長，因令戴笠舉薦人選。戴笠鑑於王天木在天津的處境已極兇險，而出任廈門公安局長是個不錯的工作機會，遂決定為其調換工作，他於 2 月 12 日致電蔣中正，歷數王天木之優點，並詳細說明了他的推薦理由：

> 查廈門臺人甚多，動涉中日外交，又反動分子潛伏堪慮，非有熟諳外交、精明幹練者不能勝任，茲擬調用王天木同志前往，因：1、王曾居日本八年，對日人情形甚為熟悉。2、王主持特務工作，迭著勳勞，對

18 〈民興報昨已停版〉，《大公報》天津版，1934 年 1 月 22 日。

取締反動分子頗有辦法。3、王在華北因努力特務工作，樹敵甚多，迭遭青年黨暗殺未遂，理應另調公開工作，以圖減少目標，保障同志。至天津工作由該組原有四〔舊〕部負責，可能勝任。4、王好讀書，富於涵養，與陳主席必能相得。5、浙省警校留日留奧學生尚多投置閒散，可使得實驗機會。6、王在廈門可使福建情報站增強效力。7、現任浙省警校教官沈維翰係前京師警察廳警官訓練班畢業，曾任署長等職，經驗豐富，長於肆應，堪任督察長，以資助理。

戴笠甚至已經想好，如果蔣中正批准他的請求，他就為王天木改名「王治平」，以便對其身分進行保密。[19]

在戴笠極力舉薦之際，王天木也不負戴笠期望，又完成了一件轟動一時的行動案，這次的制裁對象是漢奸莊景珂。莊景珂，福建閩侯人，日本早稻田大學政治經濟科畢業，精通英語、日語，曾任河北交涉署交涉員、浙江高等法院院長等職，後在天津從事律師行業。據特務處偵查，莊景珂是主持所謂「華北國外交」的首要分子，且與偽滿洲國分子頻繁往返，將於溥儀稱帝時有所圖謀，遂決定對其進行制裁。

2月13日為舊曆除夕，當夜10時許，天津行動組組員四人身著灰色便衣，來到日租界仰止坊29號莊宅叩

19　〈戴笠電蔣中正〉（1934年2月12日），《蔣中正總統文物》，國史館002-080200-00147-086。

門，聲言「造訪莊律師有事」。先是當天白天，莊宅曾接英租界陳公館電話，謂晚上六、七點派人來接洽訴訟事務，惟屆時並無人來，現既有人叩門，還以為是陳公館的人。當時莊景珂正在三樓寢室內與家人祭神，遂由廚師開門，於是兩名行動員留在樓下把守，另外兩人直奔三樓，對莊景珂射擊四槍而去，莊景珂胸中兩槍，子彈透背穿出，臂部和右耳亦各中一槍，當即應聲倒地，不久殞命。開槍之際，莊宅門前值崗之巡捕雖然聽到砰然之聲，但與鞭炮聲雜混，根本不知有兇案發生，待其發覺後，乃急忙報告日本警署，於是日方幹警四出偵緝，而「暴客」四人早已遠揚。

日本警署對莊景珂之死頗為關注，於案發次日下午即派司法主任及特務長到莊宅看視法院檢察官勘驗屍體，後又大事緝捕，於 2 月 17 日抓獲了一名叫馬金科的嫌犯。馬金科又名馬雲生，為已故軍閥張宗昌之副官，張宗昌死後，與張宗昌之妾張義仁姘居。後張義仁透過莊景珂之妻曾花日介紹，與莊之助手王柱結成新歡，而與馬雲生感情破裂，馬雲生大為吃醋，曾於去年 11 月 2 日以鏹水澆燒張義仁面部，致其受傷，後經日本警署將其拘捕送往地檢處偵查時，雙方同意和解，由馬雲生出洋七百元為張義仁之醫藥費，從此斷絕關係。在和解過程中，莊景珂因其妻與張義仁相稔，遂援助張義仁向日本警署說項，馬雲生對此甚感氣憤，聲言報復，此後莊宅連日接到惡聲詬罵的電話，被認為是馬雲生所為。莊景珂既死，曾花日向法庭極言「誰都聽說馬雲生要報復」，馬雲生竟以殺人嫌疑被判處有期徒刑十五年，莊景珂案就此了結。

事實上，馬雲生與莊景珂之死毫無關聯，完全是被冤枉的，日本警署誤以莊景珂因辦案而結怨之仇人為偵破方向，故終不知此案之真兇為誰。[20] 而當時社會之輿論亦不乏與日本警署同一論調者，如南京司法行政部法官訓練所同學會主辦之《法治週報》即堅稱此案與政治無關：

> 前天津交涉員莊景珂二月十三日晚十時在天津被刺，主要原因仍在張宗昌之第五妾。張妾曾有姘夫二人，一號稱文流氓，一號稱武流氓，文武二流氓因爭風關係時相暗鬥，但文流氓因能力關係，常被武流氓暗算，文流氓不得已，聘莊景珂代表，與武流氓起訴，武流氓敗訴被囚，後改交罰款被釋。武流氓因此對莊異常懷恨，行刺之日，適莊在院中祭神，而張妾亦在莊之宅內，武流氓因此遂將莊刺死，而張妾聞武流氓至，遂跳牆逃去，否則亦將同時遇難矣。莊生前曾聲稱與某國甚接近，復謂彼在某社會團體亦甚有力。在肇事之初，對莊之行動曾調查一次，莊不但與某方無關，且在某社會團體中其此〔地〕位亦平平，其致死之因，純為武流氓所暗算。[21]

20　〈日租界明石街廢曆除夕之兇殺案〉，《大公報》天津版，1934 年 2 月 17 日；〈莊景珂被殺案獲一嫌疑犯〉，《新聞報》，1934 年 2 月 18 日；〈律師莊景珂被刺案〉，《大公報》天津版，1934 年 10 月 7 日。

21　〈名律師莊景珂被刺之原因〉，《法治週報》，第 2 卷第 10 期（1934.3），此文中「張宗昌之第五妾」即張義仁，「文流氓」指王柱，「武流氓」指馬雲生，「某國」則指日本。其所述情節雖與事實多有不符，但其反映出的社會輿論對此案的觀感卻值得重視。由此種輿論可以看出，莊景珂案當屬天津行動組執行的又一次乾淨利落的暗殺任務，行動員不僅在數分鐘之內即達成目的，且全身而退、「未彰痕跡」，可謂深得戴笠之心。故戴笠於 2 月 14 日獲悉案情後，甚表滿意，除去電嘉獎及先發獎金五百元外，並立刻將執行經過報告蔣中正。[22]

王天木沒有想到的是，莊景珂案雖然證明了他的行動能力，卻不可避免的對他的調職造成了影響。起初蔣中正接閱戴笠舉薦王天木擔任廈門公安局長之電，本已表示同意，並轉福建省政府主席陳儀知照。陳儀奉令後，亦於 2 月 16 日遵令致電戴笠轉令王天木、沈維翰來閩任職。[23] 可是蔣中正獲悉莊景珂案後，突然改變了主意，他致電陳儀：「廈門警長前電請委王同志，現因其別有工作，不能來廈，請勿發表，容緩再定。」[24] 蔣中正所謂「別有工作，不能來廈」，當指王天木在天津任務重要，無法擅離，也可能認為王天木會遭日方疑忌，不宜在日人麇集的

頁 40。

22 〈戴笠電蔣中正〉（1934 年 2 月 14 日），《蔣中正總統文物》，國史館 144-010104-0002-029。

23 〈陳儀電蔣中正〉（1934 年 2 月 16 日），《蔣中正總統文物》，國史館 002-080200-00148-035。

24 〈蔣中正電陳儀〉（1934 年 2 月 16 日），《蔣中正總統文物》，國史館 002-010200-00104-045。

廈門擔任公安局長。

王天木眼見調任公開職務的機會得而復失，內心必定是失望的，但他對蔣中正的決定不得違抗，只好繼續在天津留任。更讓王天木意想不到的是，僅僅二十幾天過後，剛剛為他立下大功的天津行動組組員竟甘作匪徒，闖下大禍，對前熱河都統姜桂題的孫女進行了綁架。

當時姜桂題三子姜勳成一家人居住在天津義大利租界，姜勳成有子女各一，子名大白，十二歲，女名淑英，才八歲。自姜桂題故去，後人因無職業，家境日衰，常靠典質度日。某日姜勳成典衣一襲，往賭場豪賭，匪徒認為姜家尚有資財自娛，必是家底殷實的富戶，於是把年方八歲的姜淑英當成了作案對象。

姜氏兄妹就讀於培植小學，該校離姜宅甚近，故姜淑英早去晚歸，習以為常，除陰雨外，向由姜宅車夫李升徒步接送。李升有時到校過早，即在傳達室略事休息，這一情況為匪徒得知後，因與該校差役有一面之緣，遂由兩人常來傳達室閒坐聊天，逐漸掌握了李升與姜淑英的活動規律。

3 月 9 日下午 3 時許，李升照例接到姜淑英，偕其回家，並代攜書報及什物。當經過三馬路北便道由東向西行走時，有一輛色彩鮮豔的汽車，頭東尾西停靠在路邊，姜淑英路過該車時，車門忽然打開，坐在車內之三人竟驟然將其拉入。李升見狀愕然，急欲登車奪回，卻被一名匪徒以槍頭猛擊，李升只一躲避之間，該車已向東馳去。李升在車後一面追趕，一面狂呼「有匪」，但該車飛速駛離，旋即無蹤。

姜淑英被綁後，姜家焦急萬分，立刻向義大利工部局報案，並照會各方會同偵緝，且為避免危及愛女之生命，要求當局暫請各報勿予披露，各報應其請求，隻字未載。

接下來，姜家連接匪徒三封來函、五次電話。3 月 9 日事發當晚，接到匪徒第一次電話，請姜家安心勿慮，略謂「少女必妥為照顧，絕無他虞。」3 月 10 日晚，接到匪徒第一次來函，係令姜家從速備妥大洋五萬元，至北平贖票，內稱：「女票現在北平，請派人赴北平西直門外三貝子花園內接洽贖票，並進行交款，接洽人著青布棉袍馬褂，頭戴紅結便帽，手中持信物以為標識。」函內並附有姜淑英一函，係致候其父母，並盼速贖之意。匪徒為隱藏其地址，並未經過郵局寄遞函件，而將該函存於交通旅館二樓 16 號，令姜家派人往取。3 月 12 日，匪徒再次來函，係催促付款，此函與第一次來函使用同樣方法，存於華中公寓 36 號，由姜家派人取來。3 月 14 日，匪徒第三次來函，此函由姜家從天津旅館取來，語意略謂：「一時窮困，請予接濟，過後充裕，必如數歸還。」

姜家接到來函及電話後，雖焦急萬分，卻因短時間內根本籌不到五萬元鉅款，一直未能派人前往北平接洽。其實姜家坐食山空，早已外強中乾，自 1922 年姜桂題故去後，其家於 1930 年冬將家產分為四股，每股分得亳州老家地畝四十餘頃，而亳州連年兵燹，所有資產因之損失過半。姜勳成在天津義大利租界有兩處房產，一處出租，一處自住，均於 1930 年冬在法租界儀品公司抵押借款，另在北平翠花胡同有住房一所，亦於 1932 年春售與他人。現時姜家拮据異常，所有生活花費均依賴亳州田地所出。綁匪來函後，姜家立即通知亳州方面，火速出售田地變現，迅速匯來，但因鄉間穀賤傷農，典賣並不容易，五萬元鉅款殊非「旦夕可辦」。

當時作案匪徒分為兩股，一股在天津與姜家接洽，一股在北平看押姜淑英，姜家正在籌款期間，天津方面有四名匪徒被捕，不料此事竟對北平方面的匪徒造成刺激，釀成了姜淑英被撕票的悲劇。天津四名匪徒被捕的關鍵，在於他們每次給姜家打電話均是以購物為名，在各處商店臨時借用，且匪徒大抵每發一函，必附一次電話。警署循著這些線索，於 3 月 14 日晚 6 時在稻香村捕獲三名匪徒，旋又在另一地點捕獲另一匪徒。經警署審訊，各匪對綁票之舉供認不諱，並稱女票已用汽車送往北平，而在北平之匪得悉案件已破，竟將姜淑英撕票滅口。

3 月 17 日下午 4 時許，北平德勝門外五路通一帶，某燒餅鋪學徒途經七聖祠，瞥見路旁有一無主之手提柳條箱，以為行人所失，乃攜往黃旗校場西義地開箱，不料此時又有駐守黃寺之陸軍第二師士兵兩名行經該處，意欲分肥。三人啟箱視之，不禁大驚失色，箱子裡竟赫然有一具少女屍體，三人恐招惹意外，相率他去。不久，有北郊區署第四所警察巡邏至此，發現死屍，遂回所報告，經巡長李俊馳往查看，只見被害少女年約八歲，短髮，面目腐爛模糊，身著青色絲葛棉襖、紅花絲葛棉褲、雪青色洋襪，未穿鞋，頸上繫有麻繩兩道，外附細繩五道，倒捆兩臂及右足，舌出目努，肛門突出，耳鼻口部皆有血跡流出，種種情形，與姜淑英頗為相似。少女屍體經法院檢驗後，於 3 月 18 日暫時掩埋，並招請屍親認領。

據天津《大公報》3 月 25 日報導，七聖祠箱屍案發生後，北平公安局曾根據線索捕獲嫌疑犯全山、張立山、胡漆氏三人，此三人即燒餅鋪學徒與第二師士兵，均非殺人棄屍之正兇。胡漆氏被捕不久即取保釋放，全山、張立山雖然貪圖小利，曾將屍體上的皮鞋和斗篷脫下典當，但與綁架撕票無關，故「官方對原兇犯，現仍加緊緝捕中」。

消息傳至天津，姜家急派管事王慎言前往北平，於 3 月 24 日由北平地方法院檢察官及公安局人員陪同驗看屍體，當時附近居民前往圍觀者亦達千餘人，辨認結果，女屍確為姜淑英，係遭麻繩勒斃氣絕。姜淑英為姜勳成之二妾所出，因天性活潑，極得上下鍾愛，失蹤以後，全家皆戚然寡歡，其母宿攖疾病，自愛女被綁，病勢加劇，至此聽說撕票，悲痛欲絕。這一駭人聽聞的「箱屍案」頓時轟動平津，天津《大公報》、《益世報》及上海《申報》、《新聞報》等主流媒體皆曾予以關注報導，造成了很大的社會影響，[25] 對戴笠而言，如何處理這件始料未及且無法

25 參見〈平德勝門外箱屍案昨日開棺重驗〉，《大公報》天津版，1934 年 3 月 25 日；〈姜桂題女孫被綁後被匪人在平撕票〉，《大公報》天津版，

彌補的工作過失，已成為擺在他面前的頭等大事。

三、「箱屍案」之善後

當 3 月 14 日四名匪徒被捕時，戴笠尚在福州處理閩變之餘波。他於 3 月 19 日返抵上海後，始接到北平方面來電報告稱：「天津王天木組員四人於寒（14 日）夜被津市公安局捕去，案涉天木，情節匪輕。」戴笠本來正應蔣中正電召，準備前往江西聽訓，他接到北平來電後，意識到關係重大，不得不向蔣中正請示暫緩江西之行：「生為澈查真相，並維持華北工作計，決即親往平津一行」，遂於當日由滬赴平處理相關事宜。[26]

戴笠抵平不久，箱屍已證實為姜淑英，這意味著天津行動組不僅綁票，而且濫殺無辜，這對戴笠的打擊可謂雪上加霜。據陳恭澍回憶，天津行動組肆行綁架前後，王天木正在張家口工作，對本案並不知情，然而王天木以天津站長兼行動組長，至少負有失察之責。戴笠想到不久之前，自己還向蔣中正舉薦王天木，備述其工作如何得力，此時不禁心情低落，因對北平站長陳恭澍接連感慨：「人家為誰辛苦為誰忙嘛！」

1934 年 3 月 25 日；〈姜桂題女孫淑英被綁撕票經過詳情〉，《大公報》天津版，1934 年 3 月 27 日；〈姜桂題女孫被害案匪犯已經捕獲〉，《益世報》，1934 年 3 月 27 日；〈北平箱屍案〉，《攝影畫報》，第 10 卷第 9 期，頁 5。

26 〈戴笠電蔣中正〉（1934 年 3 月 19 日），《蔣中正總統文物》，國史館 002-080200-00155-048。

關於本案之綁匪姓名及身分，當時報紙亦有披露，據上海《申報》及《新聞報》報導，3 月 14 日捕獲之四人中，首犯馬某，從犯牛殿元、甯時若、關嶽生（又作關崧生）三名，此外尚有嫌疑犯三人，分別是培植學校校役姚子明、該校販賣部職員褚某及姜宅汽車夫李綏賢，合計七人。除正犯馬某解往北平外，其餘諸犯均於 4 月 3 日中午由義大利工部局引渡河北省會公安局（原天津市公安局）。[27]

除天津方面之綁匪外，義大利工部局還於 3 月 28 日致電北平市公安局，略謂尚有餘匪在北平，請即從速協助緝拿歸案。[28] 惟日後各家報紙似未再提及北平餘匪之偵緝進展，其原因可以參考時任河北省會公安局局長甯向南的詳細回憶：

> 曾經當過熱河督統的姜桂題住在天津義大利租界裡，他的一個五六歲的小孫女突遭土匪綁票。贖票索價很高，姜家一時拿不出來，乃向義大利租界當局報案，要求天津市公安局協助逮捕票匪歸案。公安局經過偵察，在北平郊區發現女孩屍體，姜家也確認無疑。公安局經過多方努力偵察、追捕。終於捕獲土匪共七人，這七名匪徒都供認是綁架姜桂題孫女的票匪。按

27 〈綁姜孫女案犯引渡〉，《申報》，1934 年 4 月 4 日；〈殺害姜桂題孫女犯由平津公安局引渡〉，《新聞報》，1934 年 4 月 5 日。

28 〈姜桂題孫女遺骸定今晨運津〉，《益世報》，1934 年 3 月 29 日。

當時天津市的慣例，凡在各租界地（當時天津有義、日、法、英等租界地）內發生的搶案，均先在發案地警察署立案。如果盜匪由天津市公安局捕獲，須先引渡到出事租界地警察署，審訊對證，然後才引渡回公安局依法辦理。意租界警察署得知土匪已被逮捕時，即將這七人引渡到該署。在審訊中，七名土匪對綁架姜桂題孫女的罪行都供認不諱，但卻不承認是土匪，而聲稱他們是藍衣社的成員。這個口供使意租界的警察署長和領事大為震怒，警察署長說：「我是墨索里尼的黑衫黨，也從來沒有幹過這樣下流的壞事。」並向我提出，必須對這七個藍衣社成員按綁匪殺人罪依法槍決，否則將解往南京，由義國大使向中國外交部提出交涉。我當即答覆負責辦理。我於當日即去北平軍事委員會分會面見何應欽匯報這一案件的審理判決。何應欽聽後大吃一驚，命我將這七名要犯押送到北平，交軍委分會軍法外〔處〕嚴辦。

我前腳回到天津後，憲兵三團團長蔣孝先亦從北平來到天津公安局見我。開頭，他態度傲慢，盛氣凌人，責備我給藍衣社臉上抹黑！我一笑置之，我說：「我派人陪您去義大利租界警察署看看對這七個人審訊的情況吧！」他親耳聽到了這七個人聲稱自己是藍衣社成員的口供，當他從義警察署回來的時候，驕氣全消，頭也耷拉下來了，求我幫忙。[29]

時隔多年，甯向南的說法不乏細節錯誤，且所謂「藍衣社」是日本方面及各反蔣派對力行社的代稱，實際上並無此一組織，綁匪不可能自稱是「藍衣社的成員」。不過甯向南仍然提供了一個重要事實，即力行社方面對此案異常關切，力行社幹部、駐平憲兵第三團團長蔣孝先甚至親來天津質問。日後公安局方面未再披露有關「北平餘匪」之偵緝進展，或與力行社方面介入有關。

甯向南還回憶，後來七名綁匪均由北平軍分會軍法處依法槍決。但據《大公報》報導，馬登明、牛殿元、甯時若、關嶽生四名綁匪自從在天津被捕後，先解往北平軍分會軍法處審訊，嗣又解往南京中央憲兵司令部審訊，結果均判處死刑，於 7 月 21 日自南京解回北平，由憲三團驗明，於 7 月 23 日下午 4 時綁赴刑場，執行槍決，[30] 這裡將綁匪人數最終確定為四名，未再提及培植學校校役姚子明、褚某和姜家汽車夫李綏賢。

事實上，本案內情複雜，綁匪不止四名，而是八名，且未經報紙披露下場之四人並非之前盛傳的姚子明、褚某及李綏賢。戴笠曾於 7 月 1 日電令新任天津站站長陳恭澍稱：「天木之汽車夫金小軒所供，津案係另一車夫金師父

29 甯向南，〈餘恨未消話戴笠〉，《文史資料選編》，第 36 輯（北京：北京出版社，1989），頁 170-171。

30 〈槍決綁匪馬登明等四名〉，《大公報》天津版，1934 年 7 月 24 日。

所為，金現在津，請即設法誘捕解京質審。」[31] 此電所謂津案即指箱屍案，金小軒又作金少軒，是四名綁匪之外的涉案人員，這由 1940 年 3 月軍統局呈給蔣中正的「歷年殉難殉職病故殉法工作人員姓名擬卹清冊」中可以得知。該名冊載有因箱屍案而被槍決的八名工作人員的詳細資訊，[32] 茲整理如下：

工作地區	職別	姓名	存年	籍貫	出身	死亡經過
北平區	組員	金少軒	39	冀	行伍	綁架姜桂題孫女姜淑英，勒索五萬元，事泄殺死滅跡，在津被捕，解京訊明，呈准執行槍決。
北平區	組員	李永貴	28	豫	汽車夫	
北平區	組員	韋　弦	27	豫	行伍	
北平區	組員	羅景漢	22	豫	小學	
北平區	組員	馬登明	22	豫	行伍	
北平區	組員	朱殿元	29	豫	行伍	
北平區	組員	甯時若	27	冀	行伍	
北平區	組員	關嶽生	28	冀	行伍	

這份晚近公布的絕密名冊完整披露了箱屍案涉案人員的名單，再次證實了本案與特務處的關係。其中朱殿元一人，報紙載為「牛殿元」，馬登明、甯時若、關嶽生三人則與報紙所載並無差異，金少軒、李永貴、韋弦、羅景漢四人當係報紙沒有披露的「北平餘匪」。這八名綁匪均於 1933 年 10 月參加特務處工作，正是陳恭澍所說天津站奉命建立行動單位之際，其中五人隸籍河南、三人隸籍河北，則與陳恭澍所說天津行動人員「全部是河南省籍的人」略有出入。當時特務處將全國各地組織劃分為四

31　〈戴笠電陳恭澍〉（1934 年 7 月 1 日），《戴先生遺訓》，第 3 輯（臺北：國防部保密局，1954），頁 309。

32　〈軍事委員會調查統計局歷年殉難殉職病故殉法工作人員姓名擬卹清冊〉，《蔣中正總統文物》，國史館 002-080102-00035-002。

區，天津行動組隸屬華北區，此冊所載八名綁匪之工作地區「北平區」，當指華北區而言。[33]「呈准執行槍決」一語，則說明八名綁匪均是由蔣中正親自批准處決的。

關於金少軒、李永貴、韋弦、羅景漢被判死刑一節，未見公開機關的審判記載，特務處對此四人進行處置的依據，當係內部施行的〈考績獎懲條例〉，亦即軍統中人所稱的「家法」。該條例約於 1933 年公布，第九條為工作人員懲戒辦法，包括申誡、記過、罰原薪百分之二十（一次）、減原薪百分之十五、停職查辦與死刑六級，其中規定「敲詐或受賄情節重大者」處死刑。[34]

此外，戴笠為了維繫紀律，將天津站長兼行動組長王天木亦帶回南京扣押，經其向蔣中正婉轉陳詞，王天木被判「無期徒刑」，據陳恭澍回憶：

> 戴先生為了處理天木兄這件頗為棘手的事，著實傷透了腦筋。本來，如果不是戴先生想維護他，怎麼樣都好辦，因為戴先生意在保全王天木的生命，而又必須顧到國法與紀律，所以就為難了。據戴先生的機要祕書，也是我的好朋友毛萬里兄告訴我，戴先生寫報告給蔣委員長，曾考慮再三，全文僅數百字，從晚上寫到黎明，不但在措詞上字字推敲，就連所擬三項處置

33 孫雨聲，《亂世行春秋事：戴笠與中國特工（1897-1936）》（臺北：秀威資訊，2019），頁 108。

34 孫雨聲，《亂世行春秋事：戴笠與中國特工（1897-1936）》，頁 203-206。

辦法的排列順序，也煞費心機。

報告是戴先生自己用毛筆端楷恭書，首先扼要說明事件的真相，再列舉王天木的功績與才能，然後擬了三個處置辦法：第一，處死刑；第二，處無期徒刑；第三，戴罪立功。這個戴罪立功，事實上無此可能，所以列為最後，意在沖淡第一項的死刑，作個陪襯罷了。而戴先生的心意，則在於折中的「無期」，只要先保住王天木的性命，以後還有出頭的日子。蔣委員長批示下來，正是戴先生所期望的第二項擬議「無期」。[35]

北平箱屍案的發生與善後，對王天木個人及其與戴笠的關係均產生了深刻影響。王天木原本是特務處的重要幹部，因工作出色，極受戴笠重視，他因此案被判無期徒刑後，難免意氣沮喪，雖然他於 1936 年 12 月西安事變期間即被保釋，但與戴笠的關係已不復從前。1937 年全面抗戰爆發後，王天木先後在天津、上海任職，因經費問題與戴笠齟齬不斷，竟於 1939 年當了漢奸，開始協助汪偽特務大肆破壞潛伏在上海的軍統組織，走上了叛國投敵的道路。王天木日後的變節，固然有他意志不堅、昧於大義的原因，但他與戴笠及特務處之間的隔閡，未嘗不是因北平箱屍案而產生的。

---

35 陳恭澍，《北國鋤奸》，頁 126-127。

四、淺談特務處之風紀

北平箱屍案作為軍統成立初期發生的具有代表性的紀律案件，對於探討特務處的風紀也具有不容忽視的意義。軍統特務不法案件的具體經過以及軍統方面的相應處置，少有詳確的原始記載可供史家研究。箱屍案的可貴之處即在於相關史料留存完整，後人透過檔案、報刊以及不同當事人基於不同角度的回憶，可以略窺此案的全貌，並對軍統內部的紀律作風、獎懲規則有一直觀細膩的認識。

從箱屍案中匪徒作案的種種細節來看，其中不乏軍統執行任務的慣用手段。據沈醉回憶，當時特務處在上海租界對反蔣人士進行祕密逮捕，就一度採用「上海綁匪一套硬綁的辦法，由幾個特務以手槍威脅著將人強拉上汽車」，這與箱屍案匪徒強拉姜淑英上汽車以及用手槍逼退姜家僕人李升如出一轍。沈醉還回憶，特務處在上海也經常製造箱屍案，作為在特殊環境下殺人後處理屍體的方法：

> 這種方法就是將被害人擊昏後，進行屍體支解，再裝在箱子裡。這種箱子，有時用汽車裝出，拋到荒僻無人的地方，有時則提到馬路上，雇上一輛人力車拉到火車站或什麼旅館。由人力車拉走這種箱子時，送的人先跟在後面走上一段便溜走。等到拉到指定地點，拉車的見沒有物主跟來，有的便悄悄拉回家去，以為

發了洋財，等到打開一看，原來是一具屍體，結果往往弄得吃官司脫不了手。[36]

上述「移屍嫁禍」的方法與北平箱屍案的棄屍經過也是大同小異，區別在於，特務處在上海尚是對付政敵，在天津則是綁票、殺害了一名無辜少女。此案性質之惡劣、手段之殘忍，均足以說明，這些負有特殊任務、擁有特殊權限、具備特殊技能之人，所行多是非常之舉，如不加以規範，導之正軌，則其對社會的危害實比一般犯罪分子更為嚴重，只有嚴明紀律，從制度上加以設計，才能盡力避免偏差，將負面影響降到最低。

在軍統檔案公布以前，陳恭澍曾在回憶錄中就外界針對軍統「隨便殺人」的質疑有所解釋，他說：「事實上豈敢隨便，即使在規定的範圍與程式中，差一點也不行」，「凡是制裁工作，不是奉令執行，便是專案請示奉准的，絕對沒有想殺誰就殺誰的權力。」[37] 換言之，軍統對於需要暗殺之政敵尚且需要上級批准，更不會濫殺無辜了。陳恭澍是軍統行動幹將，他有意為軍統暗殺政敵甚至殃民不法的行動辯白，是毫無疑問的，但就〈特務處考績獎懲條例〉之制定及執行過程來看，陳恭澍所言也並非毫無依據。

蔣中正和戴笠對於特務活動的流弊自然心知肚明，故

36　沈醉，《軍統內幕》（北京：文史資料出版社，1985），頁 62。

37　陳恭澍，《北國鋤奸》，卷頭長白頁 18。

有〈特務處考績獎懲條例〉之制定，且制定之後，執行尚稱嚴格。首先因該條例而「殉法」的，是南京外勤工作人員蔡崇勳。蔡崇勳，湖南人，黃埔軍校出身，1932 年 12 月參加特務處工作，在特務處掌握的首都警察廳特務組擔任特務員。[38] 1934 年 3 月 2 日，蔡崇勳向下關天寶里居民辛小鄂出示了一張用軍事委員會公用箋書寫的函件以及首都警察廳的特別證，以漢奸嫌疑恐嚇辛小鄂，索詐一千元。事經首都警察廳特務組主任兼特務處南京通訊組組長趙世瑞偵悉後，於 3 月 5 日夜在劉軍師橋巧園小吃店門口將蔡崇勳與辛小鄂逮捕，搜獲鈔洋 642 元及其他證件，並於 3 月 6 日將事情始末電告戴笠。

戴笠接獲報告後，於 3 月 7 日轉報蔣中正，請將蔡崇勳槍決，以重紀律：「查特務工作人員首重廉潔與守法，該組名雖隸屬警廳，實由生處負責指揮，趙主任世瑞亦係生所保舉，現該特務員蔡崇勳既索詐有據，為整飭紀綱，厲行特務工作紀律計，俟陳廳長呈報到後，伏乞電令即行將該蔡崇勳槍決為禱。」蔣中正接閱報告後，認為戴笠只槍決蔡未免避重就輕，趙世瑞作為蔡之上級，對此亦應負責，批示：「非可槍決了事，特務主持之人應負責處分，否則用人無責任，只知槍決，則機關不能有進步也。」[39]

後經戴笠續電報告稱：「首都警察廳特務組自前主任

38 〈軍事委員會調查統計局歷年殉難殉職病故殉法工作人員姓名擬卹清冊〉，蔡崇勳條，《蔣中正總統文物》，國史館 002-080102-00035-002。

39 〈戴笠電蔣中正〉，1934 年 3 月 7 日，《蔣中正總統文物》，國史館 002-080200-00153-041。

方超奉准為駐外武官助手調往南昌訓練後，當由生保薦現任之趙世瑞接充。趙到任甫經月餘，而蔡崇勳欺騙詐財事實被其親自偵悉，迅速檢舉，趙於部屬之一切行動，似覺尚能厲行考察，奉電諭特務組主持之人亦應負責處分一節，合將破案經過補呈，擬乞免予議處。」經過此番解說，蔣中正始批准只將詐財有據的蔡崇勳槍決，而未追究趙世瑞的責任。[40]

蔡崇勳詐財案情節尚稱簡單，半個月後發生的北平箱屍案則要嚴重許多，特務處將涉案八人全部槍決，其執行紀律不可謂不嚴酷。查特務處自 1932 年成立至 1937 年全面抗戰爆發前，因違犯工作紀律而被處以死刑者僅有十一人，而箱屍案竟占八人之多，此案誠為特務處最為嚴重的一起紀律案件。[41] 戴笠為維繫工作紀律，在短短半年之內，不惜將兩起案件的九名工作人員處以極刑，確實在某種程度上收到了「以儆效尤而昭炯戒」的效果，由此亦可見，特務處人員決非可以不受任何限制，橫行無忌。

不過另一方面需要注意的是，軍統在特務處時期工作人員較少，所處環境單純，組織規模與業務範圍亦較有限，故紀律案件數量不多。迨至全面抗戰爆發，特務處升格改組為軍統局後，其人員激增，組織膨脹，所處環境之複雜程度亦今非昔比，業務範圍更廣泛擴張至敵後遊擊、

40　〈戴笠電蔣中正〉，1934 年 3 月 14 日，《蔣中正總統文物》，國史館 002-080200-00154-100。

41　〈軍事委員會調查統計局歷年殉難殉職病故殉法工作人員姓名擬卹清冊〉，《蔣中正總統文物》，國史館 002-080102-00035-002。

水陸緝私、警衛稽查、交通檢查、經濟檢查、貨運管理等方方面面，並為此吸納了為數眾多的江湖中人、幫會分子甚至地痞流氓，這些人素質參差，良莠不齊，使軍統發生紀律案件的概率隨之激增。因此，特務處對違紀工作人員的處理案例尚不足以說明軍統整個歷史時期的全般情況，軍統之風紀如何，對於殃民不法案件的基本態度、預防機制以及處置辦法又如何，仍需依據原始史料做進一步的考察。

3 戴笠策反粵艦事件之考證

1931 年，國民政府主席蔣中正與立法院院長、國民黨粵籍元老胡漢民發生「約法之爭」，導致部分國民黨粵籍中央委員從南京出走，與兩廣實力派陳濟棠、李宗仁等聯合，成立國民黨西南執行部及國民政府西南政務委員會兩機關，從此割據一方，維持半獨立狀態。此後數年中，西南兩機關雖表面上與中央和平共處，實則雙方在政治、軍事乃至特務活動方面的鬥爭都日趨激烈，形成寧粵對峙的局面。

1935 年 6 月，粵方陳濟棠所屬海琛、海圻兩艘巡洋艦突然宣布脫離西南當局，投效南京中央政府，關於此一重大事件的經過，《戴雨農先生傳》記載其內情云：

> 戴先生對兩廣的不聽中央約束，擅自不斷擴充軍費，懷有異謀，迭獲情報。民國廿四年六月，再偵知陳濟棠將原由青島調防南海的中央海軍海琛、海圻、肇和三艘巡洋艦扣留，編入其廣東海軍司令部，更調艦長，減發薪餉，引起三艦官兵的憤激。當即命令潛伏在廣東的陳滌同志（原為海軍軍官），藉其與海琛副艦長陳精文、海圻艦艦長唐靜海的友好關係，策動三艦棄暗投明，設法駛歸中央。當聯絡成熟，正準備待

機行動，忽被陳濟棠察覺，於六月十五日乘三艦猝不及防，突然以海空軍包圍黃埔江面，企圖一舉解決。正在危急之時，適風雨大作，飛機被迫停飛。海琛、海圻兩艦乃得乘機衝出虎門要塞，駛到香港附近海面停靠，肇和艦因為機件故障，未能及時相隨衝出。戴先生迅速呈報蔣委員長，由軍委會派海軍軍令處處長陳策攜款五萬元赴港，慰勞兩艦官兵，於七月九日率兩艦北上歸隊。[1]

《戴雨農先生傳》作為情報局出版品，係編者根據戴笠手令、書柬、訓詞等原始檔案及情報局內部編印之史籍，並訪問元老數十人纂修而成，其權威性自不待言。因此，現有著作在記述 1935 年「粵艦投效中央」事件時，幾乎無一例外援引了《戴雨農先生傳》的記載，使戴笠策反粵艦幾乎成了鐵案。

稍有不同說法的，是喬家才的《鐵血精忠傳》，他雖然也稱戴笠指示特務處港粵特別區區長邢森洲策反粵艦，但同時提出邢森洲「因在香港出面和兩艦接頭，公開活動，暴露身分，反而受到責備」，這條記載，頗值注意。[2] 筆者按照喬家才提供的線索去挖掘戴笠檔案中有關此一事件的原始文電，發現「戴笠策反粵艦」的說法不僅與事實不符，且與戴笠的真實意圖恰恰相反，實有加以糾

1 國防部情報局編，《戴雨農先生傳》（臺北：國防部情報局，1979），頁 40。
2 喬家才，《鐵血精忠傳》（臺北：中外圖書，1985），頁 84。

正的必要。

一、邢森洲在港粵之特務活動

力行社特務處自 1932 年 4 月成立後不久，鑑於西南地位之重要，即由邢森洲前往香港建立港粵通訊組，負責搜集西南情報。

邢森洲，字華山，廣東文昌人。辛亥之年，受孫中山先生之感召，在海南島參加同盟會學生軍。民國成立後，負笈北上，考入湖北南樓鐵道專門學校。未幾，因袁世凱危害民國，遂赴廈門學習中醫，後因川資困難，返回家鄉。1915 年 12 月，往南洋高棉、南圻各地開業，藉行醫鼓動僑胞討袁。嘗一人一騎行於金純埠峽谷，遇數名匪徒，手持刀斧，站立不走，其時馬倦難以疾馳，乃高歌緩行，示以泰然，匪徒竟相顧而散。1917 年，邢森洲由越南往暹羅，結識同盟會蕭佛成、陳美堂諸人，於是聯絡僑眾，贊助護法運動。1919 年秋，由曼谷到庇能。1920 年春，被推為益華學校校長。1922 年 1 月，當選中國國民黨庇能支部長，親往馬來半島各埠，鼓吹僑眾捐輸北伐軍餉。6 月，遭英國殖民當局逮捕，送往新加坡關押，後經孫中山先生拍電交涉，始於 12 月獲釋出境。隨即往上海晉謁孫先生，面陳南洋各地黨務情形，奉派為華僑宣慰員，返回南洋宣傳慰問僑胞，並設立國民黨各支分部。

邢森洲

資料來源：馮秀雄、陳容子合編，《阿公歷險奇蹟》（南京：新中國出版社，1947）。筆者翻攝。

1924 年 3 月，邢森洲返回廣州覆命，與黃埔軍校學生鄭介民、黎鐵漢、龔少俠、賀衷寒、胡宗南、潘佑強、桂永清、周復、葉維等人相識，參與組設「瓊崖改造同志會」。1926 年北伐開始後，擔任國民革命軍第一師黨務科長、後方留守處主任。1927 年 1 月，派任廣東省文昌縣縣長。1928 年 1 月，調任浙江省臺州屬六縣新政督察員。1932 年 5 月，參加特務處工作，時年 35 歲。

從邢森洲的個性及經歷來看，他膽大心細，鬥爭經驗豐富，且在南洋、港粵闖蕩多年，與南洋僑界、兩廣人士素有交往，熟悉當地政治及社會情形，這些都是他負責港粵特務活動的優勢。不過邢森洲之前從事的多是宣慰華僑以及地方行政類工作，並未接受過系統的特務訓練，且特務活動所講求的隱姓埋名、祕密潛伏，恰與邢森洲之前熟悉的公開宣傳工作相反，這些情形則又凸顯其不適合特務活動的一面。

或許正是由於邢森洲對特務活動的陌生，當其建立港粵單位之初，戴笠對其工作績效甚為不滿，曾指責他「所得情報浮泛而不切實」，遂於 1932 年 9 月密派特務處偵查科長鄭介民前往香港，指導邢森洲之工作。但是直至 1933 年 4 月，邢森洲的工作仍無起色，甚至被認為是「成績益壞」，於是戴笠將邢森洲調回南京，另派職務。[3]

在邢森洲離任前後，戴笠陸續調派粵籍幹員前往香港，打算另行建立西南工作之基礎，然而這些人同樣未能真正打開局面。先是 1932 年 6 月，戴笠密派吳迺憲、張炎元赴港，不料未及三月，二人即遭港英當局逮捕，戴笠急派鄭介民赴港營救，同時聘請律師辯護，最後張炎元於兩星期後獲釋，吳迺憲仍被判處監禁一年。[4] 1933 年 5 月，戴笠再派特務處通訊科長梁幹喬赴港從新布置，「務期於短期內樹立西南工作之基礎」，起初梁幹喬之活動頗有起色，曾將廣東全省無線電分局、分站及其呼號偵悉，送往南京研究，後來因身分暴露，遭粵方通緝，也不得不於 10 月初返回南京，未再返港活動。[5]

這些失敗的滲透案件，說明西南當局對南京方面的特務活動防範甚嚴，邢森洲之所以工作不力，並不完全是他個人的原因。因此，當 1935 年特務處將西南方面原有組

3　〈戴笠呈蔣中正報告〉（1933 年 7 月 7 日），《國防部軍事情報局檔案》，國史館 148-010200-0007。

4　李士嗹編校，《張炎元先生集》（臺北：自刊，1987），頁 31-32。

5　〈戴笠電蔣中正〉（1933 年 10 月 9 日），《蔣中正總統文物》，國史館 002-080200-00431-010。

織重新調整、成立港粵特別區後，仍以邢森洲為區長。[6] 就在邢森洲到任前後，港粵特別區又遭遇重大挫折，幾乎使該區工作「整個破產」，後因邢森洲苦心經營，乃得繼續維持，戴笠為此致電邢森洲，表示「至為感佩」，同時指示西南工作應注意之點，謂：「今日西南之工作首宜謀內部人事之安定，而後再圖工作之推進。」[7] 戴笠在同日發給邢森洲的另一封電報中還囑咐：「西南工作如多用埔校同學，恐難活動，因粵陳、桂系對埔校同學均有調查，極其注意也，故對西南工作人員之羅致，此點應請兄注意。」[8] 由此可知，戴笠認為西南工作在挫敗之餘，應小心翼翼、慎密將事，盡力避開兩廣當局的耳目，徐圖後舉。

同年 6 月，日本藉口「河北事件」向國民政府尋釁，企圖分離華北。此一事件緊張交涉之際，蔣中正正在成都追剿紅軍。6 月 12 日，蔣中正突接南京駐粵代表蔣伯誠急報，稱粵桂各方藉平津多故，欲趁機聯合發難。[9] 蔣中正對此甚為重視，急電武昌行營主任張學良、江西省政府主席熊式輝、航空委員會主任委員陳慶雲、軍政部次長曹

---

6 喬家才，《鐵血精忠傳》，頁 94。

7 〈戴笠電邢森洲〉（1935 年 4 月 29 日），《戴笠史料》，國史館 144-010104-0005-073。

8 〈戴笠電邢森洲〉（1935 年 4 月 29 日），《戴笠史料》，國史館 144-010110-0004-057。

9 〈蔣伯誠電蔣中正〉（1935 年 6 月 11 日），《蔣中正總統文物》，國史館 002-080200-00229-079。按蔣中正以「剿共期間及之後一切應付國難之重要改革，中央與兩廣有開誠合作之必要」，於 1934 年 6 月派蔣伯誠以「剿匪軍東路代表」名義，前往廣州會晤陳濟棠，並令久駐粵垣接洽。

浩森、駐贛預備軍總指揮陳誠等人嚴加戒備。

當時戴笠正在成都晉見蔣中正報告工作，他於6月12日獲悉粵桂聯合北犯的消息後，當即致電南京處本部副處長鄭介民，令其轉令各地工作人員加緊偵查：「粵陳有分路出兵反抗中央之企圖，事關緊急，請即電令粵、桂、港、滬、魯、陝、湘、贛、川、滇、黔各地工作人員嚴密偵查一切，隨時電告，對外並請飭令守祕。」[10] 另致電邢森洲，囑其「督飭各工作同志努力偵查一切，隨時電京報告為要。」[11]

6月13日，戴笠再電鄭介民並轉書記長李果諶、情報科長唐縱，告知應付當前局勢所應注意之各點：「1、粵陳反動日益暴露，西南情形請電促森洲兄飭屬加緊偵查，隨時電示。2、請即令京、滬、蓉各臺加多通報時間。3、請即電柯建安兄暫赴南昌策動江西工作，對贛州、萍鄉方面之工作須增派人員加強偵查力量。4、請即電令各地工作人員須注意反動派之活動與各地駐軍之情況，隨時查報。5、本處於接到各方之緊要之情報後，應立即用限即刻到電報告委座，並同時由本臺電弟。6、當此時局緊急之時，本處書記室、情報科、譯電股應日夜有人辦公，以免遺誤機要。」[12]

---

10 〈戴笠電鄭介民〉（1935年6月12日），《戴笠史料》，國史館144-010101-0001-034。

11 〈戴笠電邢森洲〉（1935年6月12日），《戴笠史料》，國史館144-010101-0001-031。

12 〈戴笠電鄭介民、李果諶、唐縱〉（1935年6月13日），《戴笠史料》，就在特務處加緊偵查之際，粵方「海圻」、「海琛」兩艘巡洋艦突然宣布脫離西南，投效中央，此一突發事件為本已緊張的情勢又增添了變數。

二、海圻、海琛投效中央之經過

先是，海圻、海琛與肇和三艦隸屬東北艦隊，駐山東青島，後三艦官兵因對艦隊司令沈鴻烈不滿，於 1933 年 7 月南下廣東，歸附陳濟棠。當時陳濟棠為西南當局委任之「第一集團軍總司令」，轄有「第一集團軍艦隊」，他將海圻等三艦另外編為「粵海艦隊」，使自成系統，用以羈縻。然而粵海艦隊究屬自外來投，陳濟棠雖有意借重，卻不敢信任，乃逐步更調三艦艦長，安插親信。即便如此，三艦駐粵兩年期間，陳濟棠心懷疑忌，始終不曾登艦檢閱。[13]

戴笠對三艦情形一直有所關注，當三艦歸附粵方之初，特務處即偵悉「三艦官兵日來鼓噪索餉，伯南〔陳濟棠〕派人嚴加注意」等情，並向蔣中正報告。[14] 戴笠鑑於三艦與陳濟棠的關係並不融洽，還曾運用廣東海軍舊將陳滌對三艦進行策反，據特務處（化名江漢清）於 1934

國史館 144-010101-0001-037。

13 許耀震，〈陳濟棠統治時期的廣東海軍〉，《廣州文史資料》，第 15 輯（廣州：廣東人民出版社，1965），頁 74。

14 〈戴笠電蔣中正〉（1933 年 8 月 14 日），《蔣中正總統文物》，國史館 002-080200-00430-016。

年 4 月 13 日向蔣中正報告策反之經過稱：

> 南昌，總司令蔣鈞鑒，豪密。據香港文電。據前中山艦長陳滌報告，粵海艦隊灰派代表譚某來港晤彼，云陳策君能恢復第四艦隊南來，三艦極為歡迎，或由陳設法將三艦歸附中央亦可，但須保留原有官兵。又云，海琛艦長現已由粵陳改委其親信充任，並由粵黃埔海軍學校學員補充粵海艦隊官兵三百餘名，因此彼等現對粵陳甚為不滿與不安云。特電呈，懇予鑒核。職江漢清叩，元午。[15]

特務處得與陳滌建立關係，極有可能與陳滌的侄兒陳策有關。先是 1922 年邢森洲赴滬晉謁孫中山先生時，即與陳策結交。[16] 陳策於 1929 年擔任海軍第四艦隊司令，駐廣東，後與陳濟棠發生矛盾，遭驅逐出粵，於 1934 年初投效中央，擔任軍事委員會第二廳海軍事務處長，其第四艦隊則全部落入陳濟棠之手，被改編為「第一集團軍艦隊」，故三艦代表譚某對陳滌說：「陳策君能恢復第四艦隊南來，三艦極為歡迎」，此外還透露了陳濟棠對三艦的壓迫情形。[17] 惟蔣中正接閱此電後，認為「陳滌與三艦

15 〈戴笠電蔣中正〉（1934 年 4 月 13 日），《蔣中正總統文物》，國史館 002-080200-00160-043。

16 馮秀雄、陳容子合編，《阿公歷險奇蹟》（南京：新中國出版社，1947），頁 7。

17 〈國民政府令〉（1934 年 4 月 4 日），《國民政府檔案》，國史館 001-

無關，不必重視」，特務處策反之事竟無果而終。[18]

此後，粵海艦隊與陳濟棠之間的矛盾愈演愈烈。1935 年 4 月，陳濟棠突然令飭粵海艦隊併入第一集團軍艦隊，由其自兼司令，並削減三艦薪餉，改大洋為小洋。為此，三艦官兵異常激憤，不甘繼續留在陳濟棠手下，一致表示「死也不死在廣東」。於是前海圻副艦長唐靜海、前海琛副艦長張鳳仁、海琛輪機長陳精文等人經過密商，決定脫離粵陳，帶艦出走，惟肇和艦正在修理主機，不能隨行。

海圻、海琛均駐廣州黃埔港，如欲脫離粵陳，須沿珠江行駛，經過陳濟棠控制的虎門要塞出海。當時兩艦並無珠海領航員，而虎門要塞裝有新舊大炮百餘門，且水面很窄，這些都成為兩艦出走的重大威脅，然而兩艦官兵去志已決，明知兇險異常，仍然義無反顧。6 月 15 日夜，唐靜海、張鳳仁、陳精文等人率領兩艦官兵，將海琛艦長陳浩等粵籍官兵軟禁後，準備駛離黃埔港，不料陳浩的勤務兵跳水逃跑，向第一集團軍艦隊副司令張之英報訊。後海琛起錨時，雙錨纏在一起，解脫頗費時間，故剛剛起航，即遭岸上機槍掃射。這時，海琛開炮還擊，壓制岸上火力，兩艦趁機駛離黃埔港，並迅速通過第二淺灘及車歪炮臺。[19]

032107-00030-045；張鳳仁，〈東北海軍的分裂與兩艦歸還建制〉，《（遼寧）文史資料選輯》，第 4 輯（瀋陽：遼寧人民出版社，1964），頁 62。

18 〈戴笠電蔣中正〉（1934 年 4 月 13 日），《蔣中正總統文物》，002-080200-00160-043；國防部情報局編，《戴雨農先生傳》，頁 40。

19 張鳳仁，〈東北海軍的分裂與兩艦歸還建制〉，頁 56-58。

陳濟棠聞訊後，自不甘心兩艦出走，乃派大隊飛機前往轟炸，並令虎門要塞防軍進行截擊。此時兩艦行至蓮花山江面，因潮退擱淺，鑑於粵陳來勢洶洶，乃用緩兵之計，佯稱內部意見分歧，已不打算出走，並致電陳濟棠，請派代表前來談判。陳濟棠接電後，復電准予兩艦「自新」，即令飛機停止轟炸，並派代表談判。6 月 16 日中午，因談判無果，陳濟棠復派飛機向兩艦投彈，落彈水柱高過艦樓，兩艦視線被遮，不能互見。正在危急時刻，忽然風雨大作，江面昏暗，陳濟棠之飛機不能飛行，兩艦則藉水漲擺脫擱淺，遂於午後 7 時直駛虎門要塞。兩艦行至距離要塞約八千公尺時，先發制人，開炮擊毀要塞之探照燈，並用全部砲火不斷向兩岸射擊。要塞在昏暗中還擊欠準，兩艦經過半小時砲戰，終於衝出虎門，經伶仃洋面到達香港附近海面停泊。[20]

最先向蔣中正報告兩艦離粵情形的是蔣伯誠與戴笠，蔣伯誠 6 月 16 日電稱：「昨夜虎門、黃埔已大戒嚴，制止船隻進口，昨夜港方開省輪船一律折回，因發覺海圻、海琛、肇和三艦有昨夜九時離粵北歸之可疑。」[21] 同日夜間 11 時，戴笠亦報告蔣中正：「頃接南京轉據香港銑

20 〈戴笠電蔣中正〉（1935 年 6 月 18 日），《蔣中正總統文物》，國史館 002-080200-00231-079；〈李尚銘電楊永泰〉（1935 年 6 月 18 日），《蔣中正總統文物》，國史館 002-080200-00231-004；賴祖鎏、劉達生，〈海圻、海琛、肇和三艦的投粵反粵〉，《廣東文史資料》，第 7 輯（廣州：廣東人民出版社，1962），頁 23；張鳳仁，〈東北海軍的分裂與兩艦歸還建制〉，頁 58-59。

21 〈蔣伯誠電蔣中正〉（1935 年 6 月 16 日），《蔣中正總統文物》，國史館 002-080200-00230-097。

卯電：粵陳頃調海陸軍包圍黃埔海面，解決海圻、海琛、肇和三艦，該三艦開砲抵抗，詳情續陳。」[22] 此外，香港電報局長李尚銘也向行營祕書長楊永泰報告了「黃埔與虎門之間發生特別變故」的情況。[23]

兩艦脫離粵陳後，因行止未定，遂成為各方爭相拉攏的對象。廣西李宗仁、白崇禧派代表來艦，略謂西南政務委員會不同意陳濟棠對三艦的處置，請兩艦不要離粵，只須停泊在西南沿海，西南當局即負責接濟；日本駐廣州領事田中也趕來香港求見兩艦艦長，意圖煽動兩艦投靠偽滿洲國。兩艦官兵對桂方予以婉謝，並重申脫離廣東之志，對日方則嚴詞拒絕，表示決不當漢奸，於是彼等皆絕望而返。[24]

最終，兩艦官兵決定回歸南京，兩位艦長唐靜海、張鳳仁派代表攜函訪晤李尚銘，託其設法懇請南京方面予以收容，時蔣伯誠在港，李尚銘即將該函轉交。[25] 6 月 18 日，蔣伯誠與「中央特派駐港宣傳指導員」陳其尤將唐靜海、張鳳仁之函轉報蔣中正，內稱：「國勢日蹙，我國以四分五裂之局，籌畫棊難，職等分屬軍人，不甘坐視，無如嘗膽有心，報國無計，惟有將圻、琛兩艦國家武器仍以

---

22 〈戴笠呈蔣中正〉（1935 年 6 月 16 日），《國民政府檔案》，國史館 001-071000-00002-011。

23 〈李尚銘電楊永泰〉（1935 年 6 月 16 日），《蔣中正總統文物》，國史館 002-080200-00230-059。

24 張鳳仁，〈東北海軍的分裂與兩艦歸還建制〉，頁 59-60。

25 〈李尚銘電蔣中正〉（1935 年 6 月 18 日），《蔣中正總統文物》，國史館 002-080200-00453-133。

交還國家，俾資整個籌應，至若個人利祿，在所不計」等語。蔣中正接閱後，於 6 月 20 日復電指示：「希切實撫慰兩艦員兵，可飭其開往廈門停泊候令。」[26]

三、戴笠對邢森洲之責備

兩艦離粵究竟是不是戴笠策反的結果呢？這個問題可以從特務處以戴笠名義於 6 月 18 日呈給蔣中正的電報中略窺究竟：

> 即到，成都，委員長鈞鑒：〇密。粵陳派海陸空軍包圍黃埔海面，因解決海圻等三艦，經已電呈在案。茲據香港筱未電稱，海圻、海琛兩艦於十六日下午七時，值風雨大作，飛機不能飛行，兩艦乘機駛過虎門砲臺，戰半小時後逃至香港附近海面停泊，肇和艦因械件損壞，未能逃出。查該三艦均不滿粵陳更調艦長及併入海軍司令部，致受姜西園及肇和艦長楊超侖之鼓動，聞將投效南京，有謂逃走時有日艦掩護，或北投偽國等語，除令詳查再行電呈外，謹聞。生笠叩，巧亥印。[27]

26 〈蔣伯誠、陳其尤電蔣中正〉（1935 年 6 月 18 日），《蔣中正總統文物》，國史館 002-080200-00231-080。

27 〈戴笠電蔣中正〉（1935 年 6 月 18 日），《蔣中正總統文物》，國史館 002-080200-00231-079。當日戴笠仍在成都，而此電自南京發，當係特務處以戴笠名義發電。

特務處的電報說的很明白，兩艦是受到姜西園和楊超侖的鼓動才出走的，此二人均為海琛等艦老長官，與特務處毫無瓜葛，由此可見，兩艦離粵與戴笠沒有直接關係。而且此電一會說兩艦「聞將投效南京」，一會又說兩艦「或北投偽國」，顯然對兩艦的意向毫不知情，如果是戴笠策反的，怎麼會特務處連兩艦的去向都搞不清楚呢？且據海琛艦長張鳳仁回憶，兩艦在香港停泊後，曾開會討論今後行止，由此亦可見兩艦直至成功脫離西南當局之控制後，仍未決定歸附何方。[28]

戴笠之所以沒有策反粵艦，並非一味反對此舉，而是認為時機未到，此點可以從他與邢森洲一連串的往來電報中得知。

6 月 19 日，戴笠連接邢森洲篠子、篠酉、巧寅各電，獲悉兩艦已與南京方面進行接洽後，即復電邢森洲指示：「海琛、海圻兩艦歸順中央事宜，既有蔣百〔伯〕誠與之接洽，吾人可不必進行，因該兩艦已脫險，善後問題由蔣百誠電請委座指示辦理較妥，此事無功可爭也。」[29] 戴笠擬電完畢，即由成都前往重慶視察當地工作。他沒有想到的是，邢森洲在未奉復電之前，竟已自作主張，隻身前往兩艦宣慰，並表明身分，自稱是代表「戴先生」而來。當時兩艦倉促出走，艦上缺乏燃煤和淡水，邢森洲復請陳滌

28 張鳳仁，〈東北海軍的分裂與兩艦歸還建制〉，頁 59-60。

29 〈戴笠電邢森洲〉（1935 年 6 月 19 日），《戴笠史料》，國史館 144-010101-0001-002。

在香港押出私有樓房一座，得港幣一萬元，以為兩艦補充煤、水之用。[30]

此外，邢森洲另代兩艦官兵致戴笠一電，請轉呈蔣中正，一面陳述經費困難，一面請派大員前來接洽，電稱：「職等暨全體員兵此次犧牲奮鬥，衝出虎門，志在效忠中央，各情諒達鈞聽。茲以水、煤缺乏五百噸，車油、伙食尚缺三千元，又各員兵家屬在省，於倉促中紛紛隻身逃港，尚乏川資北上，又受傷患兵七人留醫在港，尚乏醫藥等費，故職艦現暫泊於長灣洲待援甚急，擬晉辰駛入香港，晉夜航行入京受訓候命。萬懇鈞座就近派員指導，職等暨全體員兵誓絕對服從鈞座之命令，為安內攘外、復興民族而犧牲奮鬥，雖至死而不渝。」[31]

邢森洲這樣做，當然是希望進一步穩定兩艦官兵的情緒，使其早日投效中央，然而此舉實與戴笠的想法南轅北轍。戴笠是 6 月 19 日下午飛抵重慶後，始知邢森洲已經擅作主張與兩艦接洽的，他除將兩艦來電轉呈蔣中正外，並於當夜致電邢森洲稱：

限即刻到，香港，知密，森洲兄勛鑒：弟於未刻飛抵重慶，兩艦官長上委座一電頃由蓉轉來，刻已由有線電仍電蓉轉呈委座矣，此事想委座必有電指示蔣百

30　〈戴笠電邢森洲〉（1935 年 6 月 26 日），《戴笠史料》，國史館 144-010104-0005-040；張鳳仁，〈東北海軍的分裂與兩艦歸還建制〉，頁 60。

31　〈戴笠電蔣中正〉（1935 年 6 月 19 日），《蔣中正總統文物》，國史館 002-080200-00231-097。

〔伯〕誠先生就近辦理也。兄乎！兄之熱心黨國固令弟欽佩莫名，惟此次兩艦之來歸事，即成不僅吾人無功可言，且將受領袖之責罵也，蓋吾人工作與百〔伯〕誠不同，無論如何不可公開，即有所活動，亦應從間接接洽。今該兩艦官兵不僅知有兄，且知有「戴先生」，實大違特務工作絕對祕密之原則，而況該兩艦來歸，徒增粵陳對中央之惡感，實足促成粵陳之叛變，致妨礙四川剿匪之工作，而上暴日之大當，實為領袖所不願也！在目前情勢之下，吾人對於粵之陸海空軍只有密切聯絡，在時機未成熟之前，萬不可縱恿其隨便發亂，致妨礙領袖之大計也！今兩艦之事固非吾人所縱恿，但領袖未免懷疑耳，今後萬希注意！[32]

此電再次有力證明了粵艦投效中央與戴笠沒有直接關係，而且透露了此時戴笠完全無意策反的事實。1935年5、6月間，南京中央正處在多事之秋，日本接連在上海、平津等地挑起「新生事件」、「河北事件」和「張北事件」，而陳濟棠、李宗仁等地方實力派亦有趁機發難之說。在這種情勢之下，如果再對粵艦進行策反，便會「促成粵陳之叛變」，進而妨礙蔣中正「先安內後攘外」的「大計」，這正是戴笠無意策反粵艦的原因所在。而邢森

32 〈戴笠電邢森洲〉（1935年6月19日），《戴笠史料》，國史館144-010101-0001-029。

洲不顧政治環境，擅作主張，頗有弄巧成拙之虞，自然難獲戴笠的諒解。

兩艦與南京方面聯絡後，蔣中正初派海軍部政務次長陳季良前往香港接洽。後因陳季良與兩艦發生齟齬，再於 7 月 1 日改派陳策赴港收容。7 月 5 日，陳策抵達香港，登艦宣慰。7 月 9 日，兩艦離港北航。7 月 18 日，駛抵南京。至此，擾攘一個多月的粵艦歸順南京事件始告解決。

兩艦滯留香港期間，戴笠除令邢森洲隨時調查其情形外，並迭電告以特務工作之原則，其 6 月 25 日電曰：

> 限即刻到，香港，◯密，森洲兄親譯：迭電均已奉悉。……陳滌兄等已於昨晚晉京，刻正向陳處長策、朱廳長益之並汪院長各方報告中。此次對兩艦事，兄之熱忱弟甚欽佩，惟暴露吾人工作之祕密實屬大錯，誠恐因此次之暴露累及今後整個兩廣之工作與吾兄之活動也。刻已決定派幹喬、家焯兩兄來港暫代吾兄矣。喬、焯兩兄准明日自滬登輪，請即準備回京面談一切。電臺及辦事處所應否遷移，尚乞計及。至喬、焯兩兄之南來，在未到以前務乞嚴守祕密。弟雨叩，有未。[33]

此電披露戴笠不滿邢森洲的另一原因，即「暴露吾人工作之祕密」、「累及今後整個兩廣之工作」。按洩露祕

33　〈戴笠電邢森洲〉（1935 年 6 月 25 日），《戴笠史料》，國史館 144-010104-0005-039。

密為特務工作之大忌，〈特務處考績獎懲條例〉第九條第六款明文規定：「有意洩漏祕密者」處死刑，亦即不問原因為何，洩漏祕密皆為重罪。[34] 且如前述，戴笠認為西南工作在新敗之餘，「首宜謀內部人事之安定，而後再圖工作之推進。」[35] 邢森洲主動與兩艦接洽後，使基礎剛剛穩固的港粵特別區重新面臨被粵方發現並破壞的危險，「實屬大錯」。故戴笠決定將邢森洲再次調回南京，另派粵籍幹員梁幹喬、岑家焯接替其職。

6月26日，戴笠再電邢森洲曰：

限即刻到，香港，〇密，森洲兄親譯：有辰電奉悉。圻、琛兩艦日來經過種種之情形，弟已據情迭電呈報委座矣。弟日前赴川晉見委座時，奉諭特工人員事事應請示領袖，絕對秉承領袖之意旨以處理一切，元旦領袖在杭以「特工人員絕不許在政治上有何主張」為訓示之一，吾輩擁護領袖，應秉承領袖之意旨以從事也。此次對兩艦之事吾兄為一時情感之衝動與包圍，只知局部之利害而未顧及中央整個之利害，實屬錯誤。而況開支萬餘金，未得總處認可，遽爾支付，還要代表弟登艦宣慰，暴露吾人整個工作之祕密。兄不僅徒勞無功，實應負相當之責任也。墊付之款，俟兩

34 〈戴笠呈蔣中正〉（1933 年某月某日），《蔣中正總統文物》，國史館 002-080102-00034-002。

35 〈戴笠電邢森洲〉（1935 年 4 月 29 日），《戴笠史料》，國史館 144-010104-0005-073。

艦事不日定妥後再行設法補救……弟雨叩，宥未。[36]

6月27日，戴笠又電邢森洲曰：

限即刻到，香港，〇密，森洲兄勛鑒：宥午電奉悉。1、幹、焯兩兄因事延，致誤昨天船期，現決豔日離滬前來，兄俟其到時，交代清楚再行回京亦好。惟自經此次兩艦之事變後，吾人之工作、兄行動必為粵方所注意無疑，即伯誠等恐亦難免有所不滿也。吾人所任之工作完全為政治鬥爭也，事不簡單，萬懇顧慮周到，以免敗事。……弟雨叩，感未。[37]

戴笠在上述兩電中，除重申邢森洲不應「暴露吾人整個工作之祕密」及「只知局部之利害而未顧及中央整個之利害」兩點外，更透露出他無意策反的最根本原因，即「吾人所任之工作完全為政治鬥爭」，而蔣中正對特務處的要求是「絕對秉承領袖之意旨以處理一切」，「絕不許在政治上有何主張」。

按1934年12月22日，特務處因組織擴展，人員激增，曾在杭州召集幹部舉行工作會議，至12月29日閉會後，蔣中正適由溪口來杭州，戴笠因請蔣中正對與會人員

36 〈戴笠電邢森洲〉（1935年6月26日），《戴笠史料》，國史館144-010104-0005-040。

37 〈戴笠電邢森洲〉（1935年6月26日），《戴笠史料》，國史館144-010104-0005-038。

予以召見。[38] 1935 年 1 月 1 日，蔣中正應戴笠之請，對與會人員進行講話，強調了兩點，一是絕對服從命令，二是不許自作主張，此即戴笠所謂「元旦領袖在杭以『特工人員絕不許在政治上有何主張』為訓示之一」的出處。[39] 戴笠一向對蔣中正言聽計從，也要求下屬嚴格貫徹蔣的主張，邢森洲卻在短短半年之後就違背蔣的意旨，自然令戴笠大為不滿。此外，特務處經濟拮据，長期以來入不敷出，而邢森洲為補充兩艦經費，在未得許可之前就「開支萬餘金」、「遽爾支付」，此舉也令戴笠耿耿於懷。

邢森洲接閱戴笠來電後，曾復電有所辯解。戴笠則於 6 月 30 日再電稱：「兩艦事現可說告一段落矣，吾人多一次失敗，即多一次教訓也。兄如有功，弟固與有榮焉，兄如有罪，弟當共同擔負。為功為罪，請容日回京面議可也。」至於邢森洲墊付的一萬元，當戴笠得知南京方面已派陳策攜款五萬元赴港接洽後，即令鄭介民與陳策商談發還。[40]

綜合上述各電來看，戴笠無意策反粵艦及其責備邢森洲之原因是多方面的。

首先，1935 年春夏之交，國內外政治形勢複雜，對

---

38 〈戴笠呈蔣中正報告〉(1934 年 12 月 29 日)，《國防部軍事情報局檔案》，國史館 148-010200-0007。

39 〈蔣中正講詞〉(1935 年 1 月 1 日)，《總統蔣公思想言論總集》，第 13 卷(臺北：中國國民黨中央黨史委員會，1984)，頁 5-8。

40 〈戴笠電邢森洲〉(1935 年 6 月 30 日)，《戴笠史料》，國史館 144-010104-0005-035。

南京中央而言，當時並非策反粵艦的最佳時機，如強行策反，雖然表面上可以加強南京方面的武力，但也可能因此刺激兩廣當局，釀成嚴重的政治後果，威脅蔣中正的統治。

其次，蔣中正將特務工作視為輔助政治的工具，關於暗殺、策反之類重大行動，只許特務人員奉命行事，而嚴禁其自作主張，邢森洲雖未策反粵艦，但他與粵艦接洽之舉難免讓蔣中正懷疑特務處是在擅自行動。

以上兩點係就蔣中正之政略層面而言。

第三，特務處港粵單位針對兩廣當局的活動屢經挫折，一度有全軍覆沒之虞，故港粵特別區建立伊始，基礎尚未穩固，需要先行設法在香港立足，再徐圖發展，而邢森洲「為一時情感之衝動與包圍」，在與兩艦接洽時坦露了自己與戴笠的身分，不僅嚴重違犯特務處的紀律，更使剛剛穩定下來的港粵區重新面臨被破壞的巨大風險。

第四，邢森洲向兩艦接濟之款項，雖然未得上級認可，但無疑屬於因公開支，這筆花費要由本已經濟拮据的特務處負責彌補。

第五，邢森洲與蔣伯誠分別聽命於戴笠與蔣中正，為兩個互不統屬的獨立情報系統，雖然二人的工作不完全重合，但均負有搜集西南情報之責，自兩艦離粵後，蔣伯誠即積極介入，充當兩艦與蔣中正聯絡的橋樑，邢森洲在此種情形下與兩艦接洽，難免被認為是在與蔣伯誠爭功，蔣伯誠是否會因此在蔣中正面前對特務處有所指摘，也是戴笠不得不考慮的問題。

以上三點係就戴笠及特務處之工作層面而言。

四、結語

軍統中人晚年提及戴笠，常稱歎其「料事識機」之天賦，《戴雨農先生傳》對戴笠策反粵艦的虛誇之詞，大概就是這種思想的產物。其實戴笠之所以能長期得到蔣中正信任，固然有其在特務工作方面的出色表現，而他對「領袖大計」的理解、對政治環境的把握，更是他受到蔣中正青睞的重要原因，關於此點，日後戴笠將之總結為「秉承領袖意旨，體念領袖苦心」。

另就事件本身而言，蔣中正獲悉兩艦離粵及邢森洲與兩艦接洽之舉後，並未因此對戴笠有所斥責，而且立即派遣大員前往接洽，且在粵艦駛抵南京之前，始終對此事保持高度關注。就這些事實來看，蔣中正對粵艦投效中央還是樂見的，戴笠對邢森洲的責備，未嘗不是他擔心被蔣責問而產生的「神經過敏」。但戴笠一再強調的特務工作為政治服務這一原則，向為人們所忽視，透過審視戴笠對邢森洲的責備之詞，有助於人們理解這類重大特務活動的內在邏輯。

4 戴笠、張學良買賣房屋趣史

1932年4月力行社特務處成立後，在南京徐府巷3號成立處本部，簡稱「乙處」，另在雞鵝巷53號成立處長辦公室，簡稱「甲室」。1933年夏，特務處因人員增加，乙處遷至鼓樓四條巷6號。1935年2月，南昌行營調查課併入特務處，特務處人員又激增一倍有餘，原有辦公處所再度不敷使用，遂於1936年遷至曹都巷。

軍統元老魏大銘曾說：「特務處搬到曹都巷，不知原來是什麼大院宅或公家機構，老房子好幾進，地方甚大，四周圍牆甚高，門禁森嚴。」[1] 另據若干知情者回憶，魏大銘提到的大院子是張學良贈送給戴笠的。王天木說：「二十四年，張學良把南京一段寶貴地皮贈給戴笠。」王業鴻說：「特務處南京新街口明瓦廊洪公祠對面辦公室的地皮、房屋也正是張（學良）將軍贈送的。」文強說：「張學良將軍與戴笠的私交很厚，將他原作辦事處的所在地洪公祠房屋及地皮都送給戴笠。這樣，戴才有了較寬敞的辦公房屋。」毛鍾新說：「曹都巷在紅〔洪〕公祠對面，那片地皮是張漢卿先生送給戴先生，報准領袖撥款建屋為處本部，搬入曹都巷已快要抗戰了。」[2]

1 魏大銘，〈評述戴雨農先生的事功（上）〉，《傳記文學》，第38卷第2期（1981.2），頁42。

2 陳恭澍，《藍衣社內幕》，頁65。此書雖署名陳恭澍著，實由王天木代為捉刀，見黃美真編，《偽廷幽影錄》（北京：中國文史出版社，1991），鄧葆光的說法最為詳細：「戴笠利用復興社特務處長的地位，先與張學良的機要處長黎天才交朋友，進而結拜成把弟兄。通過黎的關係，又和張學良交上了朋友。張把洪公祠一號一幢獨立的大片花園平房，交給戴笠作復興社特務處辦公處所。這座獨立的老式花園平房，占地約六十畝，有兩個大廳和大小一百多個房間，另有東西兩個大廣場。洪公祠一號的北向大門是唯一的出入口，東面為明瓦郎〔廊〕，南面為秣陵路，西面為豐富路，北為洪公祠小巷，四面有高高的圍牆團團圍住，成為一座與世隔絕的特務機構。」[3]

以上五人均稱張學良曾將房屋贈送戴笠。所不同者，王天木未說房屋地址，文強謂洪公祠，王業鴻謂洪公祠對面，毛鍾新謂曹都巷，鄧葆光謂洪公祠 1 號。按洪公祠在曹都巷北不遠處，特務處之辦公處所占地甚大，大概其門牆毗鄰曹都巷，正式通訊地址則為洪公祠 1 號，故若干軍統舊人亦稱曹都巷房屋為洪公祠房屋。

另查曾任軍統局第一處訓練科副科長的李修凱曾於 1942 年前後根據內部檔案整理〈十年來工作大事記〉，內中記載「二十五年三月二十三日，價購南京曹都巷房屋。」[4]

頁 26；王業鴻，〈戴笠的起家〉，《文史資料存稿選編》，第 14 冊（北京：中國文史出版社，2002），頁620；文強，《戴笠其人》，頁200；毛鍾新，〈為戴笠先生白謗辯誣〉，《中外雜誌》，第 30 卷第 2 期（1981.8），頁 63。

3 鄧葆光，〈軍統領導中心局本部各時期的組織及活動情況〉，《文史資料選輯》，第 86 輯（北京：文史資料出版社，1983），頁 172。

4 重慶市檔案館整理，〈軍統十年大事記（1932 年 -1941 年）〉，《檔案史料與研究》，1993 年第 4 期，頁 21。

此條有兩點值得注意：其一、謂曹都巷房屋為價購，與贈送之說不同；其二、謂價購之時間為 1936 年，與王天木提到的 1935 年不同。

筆者透過查閱近年來公布的戴笠文電，發現上述諸說頗能得到原始檔案的印證，惟有若干細節與事實不合，茲梳理如下。

查戴笠在 1933 年 3 月長城抗戰期間，曾赴北平活動，當時即與張學良所部東北籍幹部有所聯絡，他於 3 月 19 日呈給蔣中正的報告中說：「現任平軍分會之參事黎天才即李北海，向任張之政治特務處長，參與張之機密，東北將領多重視之，現與生甚洽，擬不日偕其趨謁鈞座。」[5] 此即鄧葆光所說戴笠「先與張學良的機要處長黎天才交朋友」。惟當時張學良以熱河失守，辭去北平軍分會代委員長職務，旋於 4 月赴歐洲考察，故戴笠與張學良在當時尚無接觸。

1934 年初，張學良自歐返國，擔任豫鄂皖三省剿匪總部副司令。後張部東北籍幹部與力行社社員合組「四維學會」，於 5 月 9 日成立，以蔣中正為會長，張學良為副會長。該會自籌備以至成立期間，戴笠一直奉蔣中正之命參與其事。[6] 4 月 10 日，戴笠曾就該會籌備事宜晉見張學良，並與張之幹部王卓然、王化一、黎天才等人共策進

5 〈戴笠呈蔣中正報告〉（1933 年 3 月 19 日），《戴笠史料》，國史館 144-010101-0002-006。

6 干國勳，〈關於所謂復興社的真情實況（下）〉，《傳記文學》，第 35 卷第 5 期（1979.11），頁 85。

行，此當為戴笠與張學良直接接觸之始。[7]

同年 7 月，戴笠接任南昌行營調查課長及豫鄂皖三省總部第三科長，蔣中正於 7 月 31 日特電張學良及三省總部經理處長閔湘帆告知：「三省總部第三課經費自七月分准由戴笠領取，該課事務亦暫由戴笠處理可也。」[8] 時張學良已是總部代總司令，成為戴笠名義上的直接長官，兩人的聯繫遂日漸增多。

1935 年 2 月，南昌行營及豫鄂皖三省總部結束，新設武昌行營，以張學良為行營主任。當時蔣中正命令戴笠將南昌行營調查課遷往武昌，而將三省總部第三科改隸武昌行營。戴笠奉命後，認為調查課與第三科均為特務處掌握的公開單位，任務相同，應即進行合併，以便統一指揮，其名稱仍以第三科為宜，且應「直屬委員長與行營主任之下，俾得單獨行使職權。」[9] 他將此一設想向蔣中正、張學良進行陳述，很快獲得批准。[10]

2 月 28 日，戴笠致電張學良表示感謝，並請允准原任三省總部第三科副科長陳紹平繼續擔任武昌行營第三科副科長，代其在鄂主持一切，電稱：「聞三科托庇保留，直屬主任辦公室，俾工作得進行無阻，殊深銘感！惟職因

---

7 〈戴笠電蔣中正〉（1934 年 4 月 12 日），《蔣中正總統文物》，國史館 002-080200-00160-036。

8 〈蔣中正電張學良、閔湘帆〉（1934 年 7 月 31 日），《蔣中正總統文物》，國史館 002-010200-00116-087。

9 〈戴笠電張學良〉（1935 年 2 月 22 日），《戴先生遺訓》，第 3 輯，頁 172。

10 〈戴笠電楊永泰〉（1935 年 2 月 22 日），《戴笠史料》，國史館 144-010105-0002-005。

京中有事，不克常川留鄂，為工作指揮便利計，擬乞准予照前南昌行營調查課成例，委任陳紹平同志為第三科副科長，以便職不在鄂時，由陳同志代理一切，是否可行，謹乞鑒核。」張學良接閱來電後，很快同意了戴笠這一人事請求。[11]

正是在此前後，由於原調查課人員分批前往南京特務處本部工作，使得特務處之辦公處所頓形緊張，亟須尋找新的房屋。先是張學良擔任全國陸海空軍副司令時，在曹都巷建有行轅，[12] 惟其此後甚少來京，戴笠遂打起該處行轅的主意。1 月 20 日，戴笠自南京給武昌張學良呈寄了一封航函，探詢曹都巷房屋事。不知什麼緣故，張學良似乎沒有回復該函，戴笠遂於 1 月 25 日深夜再給張學良擬了一封電報，稱：

> 急，武昌，副司令張鈞鑒，雲密。違教月餘，殊深仰慕，號日航函諒已呈閱。關乎曹都巷房屋事敢乞迅賜電示，以便定妥為幸。職戴笠叩，有亥。

戴笠擬完電稿，開始反復推敲字句，他總覺得「以便定妥」四字不甚合適，於是在電稿末尾又給甲室書記毛萬里下了一道手令：

11　〈戴笠電張學良〉（1935 年 2 月 28 日），《戴先生遺訓》，第 3 輯，頁 172-173。

12　〈張副司令昨夜來津〉，《大公報》天津版，1931 年 4 月 30 日。

萬里：「以便定妥」四字通否，盼改正。

毛萬里讀過原稿，認為「以便定妥」四字確實有欠恭敬，遂改作「俾便遵循」，始將此電發出。[13] 從這一細節來看，戴笠給張學良的擬電雖細微之處亦字斟句酌，不肯放鬆，這說明至少在表面上戴笠對張學良這位直屬長官還是很尊重的。當然，這也反映出戴笠對於購買曹都巷房屋的急迫之情。張學良接到戴笠來電後，於 1 月 28 日復電戴笠，告以曹都巷房屋相關事宜，惟原電未見。1 月 30 日，戴笠再電張學良詢問房屋價格：「勘午電謹悉。曹都巷房屋事荷蒙詳示，甚感，但未審售價若干，敢乞再賜查示。」[14]

特務處甲室書記
毛萬里

資料來源：行政院國軍退除役官兵輔導委員會計畫委員會編印，《生命的光輝》（1968），頁 35。筆者翻攝。

13 〈戴笠電張學良〉（1935 年 1 月 25 日），《戴笠史料》，國史館 144-010112-0005-080。

14 〈戴笠電張學良〉（1935 年 1 月 30 日），《戴笠史料》，國史館 144-010112-0005-081。

2 月 11 日，蔣中正電召張學良往牯嶺聽訓，張學良隨即前往，至 2 月 15 日下午飛回漢口。張學良在牯嶺期間，戴笠曾往謁見，[15] 雙方當就曹都巷房屋事有所商談，張學良告知戴笠，關於該處房屋買賣事宜，係由留居北平的東北籍人士高紀毅具體負責。高紀毅為張學良親信，曾任北寧鐵路局局長，後辭職，在平閒居。起初，戴笠擬派特務處幹部林桓前往北平與高紀毅接洽，後因林桓事忙，改由副處長鄭介民辦理此事，戴笠於 3 月 12 日致電張學良，請其在高紀毅處為鄭介民「賜電介紹」。[16]

3 月 15 日，戴笠致電鄭介民，告知曹都巷房屋已獲張學良同意出售，請其在平與高紀毅接洽此事：

> 特急，北平，肝密，介民兄賜鑒。……曹都巷房屋，張副司令已允賣給吾人，聞何部長曾出價五萬元，副司令之意，現買〔賣〕給吾人終須增加千元左右，以便轉挽，惟此須與在平之高紀毅磋商。前本擬請林桓兄北上與高接洽，刻正由張副司令電高為兄介紹，請兄密與高磋商為荷。弟笠叩，刪巳，杭。[17]

15　〈戴笠電張學良〉（1935 年 2 月 20 日），《戴先生遺訓》，第 3 輯，頁 172。

16　〈戴笠電張學良〉（1935 年 3 月 12 日），《戴先生遺訓》，第 3 輯，頁 173。

17　〈戴笠電鄭介民〉（1935 年 3 月 15 日），《戴笠史料》，國史館 144-010112-0002-059。

此電透露了一個鮮為人知的趣事，原來早在戴笠找張學良買房之前，軍政部長何應欽也看上了這處行轅，想出價五萬元買下，惟張學良不知出於何種原因，並未同意。現在張學良決定把房屋賣給戴笠，如被何應欽得知，必然會有意見，因此張學良請戴笠在何應欽出價基礎上「增加千元左右」，以免何應欽誤會。此外，張學良知道戴笠的特務處經濟拮据，還特別允許他分期付款，由此足見張、戴關係的不同尋常。[18]

3 月 17 日，鄭介民復電戴笠，告知曹都巷房屋事已與高紀毅洽妥，惟「該屋契據聞已於九一八之變遺失」，尚需「向市府補領契據」。戴笠於次日接電後，復電鄭介民，一面對其辦事效率表示嘉許，一面囑其與高紀毅繼續商談，應由對方負責把契據補辦齊全後，「我方方可承買」。[19]

戴笠對張學良的偏私感念於心，決定在張學良開價基礎上再加一千元，亦即最終以五萬二千元購買，以表謝意，付款方式係先付半數，再於四個月內付清餘款。3 月 26 日，戴笠致電特務處負責經費之庶務股股長張冠夫，令其將辦理案件及南昌行營調查課結餘之款提出，「湊足二萬六千元，即由中行匯平，交介民兄收」，此外再以戴笠名義出具一張二萬六千元的借據，期限三個月，須「具

---

18 〈戴笠電鄭介民〉（1935 年 3 月 23 日），《戴笠史料》，國史館 144-010112-0002-058。

19 〈戴笠電鄭介民〉（1935 年 3 月 18 日），《戴笠史料》，國史館 144-010112-0002-056。

名蓋章」，「固封交交通員，帶交介民兄」。[20] 同日，戴笠另電鄭介民告以上述各情，並囑「是項產業之戶名不可用弟私人名義」，請妥為另擬。[21] 至此，有關曹都巷地產的買賣事宜基本擬定。

透過對原始檔案的梳理，可知曹都巷房屋是張學良賣給特務處的，而非贈送，軍統內部流傳已久的說法並不準確。此外，購房時間是 1935 年，而非 1936 年，王天木所述準確，反而是李修凱根據檔案整理的〈十年來工作大事記〉中的說法有誤，這有可能是特務處購房後，經裝修整理，至 1936 年始遷入辦公，李修凱遂誤以為 1936 年購買。

另據軍統元老阮清源回憶：「據戴先生說，平日與張學良之私交甚好，本局於成立之初經費困難，戴先生曾徵得張學良之同意，將彼之上海寓所作抵押，支應本局經費。」[22] 此事在檔案中亦有記載，查 1936 年 11 月 27 日戴笠致張冠夫電，有「曹都巷房屋押款事，通商京行報告滬行不能押八萬元」等語，只不過此時曹都巷房屋已由特務處承買，阮清源所謂徵得張學良同意云云或係誤記。

張學良晚年接受訪談時，曾不止一次地說：「我和

20 〈戴笠電張冠夫〉（1935 年 3 月 26 日），《戴笠史料》，國史館 144-010111-0002-060。

21 〈戴笠電張冠夫〉（1935 年 3 月 26 日），《戴笠史料》，國史館 144-010111-0002-061。

22 阮清源訪問紀錄，《健行月刊》，第 260 期（1979.3），頁 112。

戴雨農兩個人關係很好。」[23]「戴笠跟我很好，相當好。」[24] 從他賣房給戴笠一事來看，說他們二人關係甚篤確不為過，阮清源所謂二人「私交甚好」以及文強所謂二人「私交很厚」一類說法亦非虛語。可惜的是，曹都巷這幢見證張、戴二人特殊友誼的建築，僅僅由特務處使用了一年多。迨 1937 年全面抗戰爆發後，特務處撤離南京，西遷長沙、武漢、重慶等地，曹都巷房屋交由南京區長錢新民保管，「南京淪陷前，被全部燒毀，夷為平地。」[25]

---

23 張學良口述，張之丙、張之宇訪談，《張學良口述歷史訪談實錄》，第 4 卷（北京：當代中國出版社，2014），頁 1271。

24 張學良口述，張之丙、張之宇訪談，《張學良口述歷史訪談實錄》，第 5 卷（北京：當代中國出版社，2014），頁 1503。

25 鄧葆光，〈軍統領導中心局本部各時期的組織及活動情況〉，頁 176。

5　孤島彈痕錄：戴笠、周偉龍與軍統上海區的抗日活動（上）

1937 年 7 月全面抗戰爆發後，力行社特務處上海區擴大組織編制，調整工作重心，在淞滬會戰期間開展了一系列抗日活動。同年 11 月上海淪陷，戴笠指示上海區全區特工潛伏孤島，繼續抗戰，上海區廣大工作人員遵奉此一指示，在區長周偉龍率領下與日偽當局展開了為期一年的激烈鬥爭，他們秉持對黨國的忠誠、對民族的熱愛，躡險履危，拋頭灑血，為全面抗戰初期的歷史寫下了光輝燦爛的一頁。

關於戴笠、周偉龍領導軍統上海區從事地下抗日活動的情形，除拙著《軍統抗戰史稿》外，迄無專書進行全面敘述，惟拙著出版較早，未能參考晚近公布的戴笠文電，不免粗淺錯漏之處。現擬重新運用原始檔案，輔以報刊、出版品之記載，配合當事人之回憶，對這段被人忽視且亟待梳理的歷史進行還原，冀能進一步釐清史實，並略談此一抗日活動的意義。

一、全面抗戰爆發前的特務處上海區

近代以來，上海成為中國政治、經濟、文化中心，有

「遠東第一大都市」之稱，國內外各方政治力量及其情報機構均在此扎根。戴笠素來重視上海方面的工作，早在力行社特務處成立以前即派翁光輝等人在上海活動，其本人亦經常親往上海有所布置。特務處成立後，開始在上海建立外勤組織，其主要任務是針對國民黨內的反蔣派以及包括中共在內的其他黨派開展情報、逮捕、暗殺等特種工作。[1] 由於史料缺乏，特務處在上海方面的組織概況長期未能釐清，茲以近年公布之原始檔案為主，輔以相關史料，梳理全面抗戰爆發以前特務處上海區之沿革情形，並簡述該區區長周偉龍之略歷。

1. 上海區之沿革

1932 年 4 月特務處成立後，按照〈特務處組織大綱〉及〈特務處組織系統表〉之規定，上海設特別偵查組，組長 1 人、偵查員 11 人，[2] 並以翁光輝為首任偵查組長。[3] 同年 9 月起，特務處陸續將全國各地之偵查組改稱通訊組或通訊站，直屬偵查員改稱直屬通訊員。於是上海偵查組改稱上海通訊組，以陳紹宗為組長，另設上海特別組，由翁光輝、徐昭駿負責，此外尚有直屬通訊員馬明初、陳國

---

1 沈醉，《軍統內幕》，頁 40-41。

2 參見〈特務處組織大綱〉、〈特務處組織系統表〉相關條目，《國防部軍事情報局檔案》，國史館 148-010200-0007。

3 國防部情報局編，《戴雨農先生年譜》（臺北：國防部情報局，1976，再版），頁 28；陳恭澍，《上海抗日敵後行動》（臺北：傳記文學，1981），頁 14。

琛、姜穎初、甘唯奇、余靖芳、周樹美、高罩白等人。[4]其後，又改以翁光輝為上海通訊組組長。

翁光輝

資料來源：中國國民黨陸軍軍官學校編印，《中國國民黨陸軍軍官學校第三期同學錄》（1926）。筆者翻攝。

1933 年 7 月，翁光輝因違犯特務處工作紀律，由戴笠呈准蔣中正撤職禁閉。[5]在此前後，特務處將各地組織作大幅調整，全國劃分為四區，各區以特派員負責，其中華東區轄江蘇、浙江、福建三省及上海、南京，以余樂醒為華東區駐滬特派員，[6]化名金鳴三。[7]同年 9 月，余樂

4 國防部情報局編，《國防部情報局史要彙編》，上冊（臺北：國防部情報局，1962），頁 15。按 1932 年 10 月 5 日戴笠致蔣中正電有「頃據上海偵查組翁光輝支電稱」等語，則上海偵查組改稱上海通訊組當在 10 月以後，參見《蔣中正總統文物》，國史館 002-080200-00058-040。

5 〈戴笠呈蔣中正報告〉（1933 年 7 月 7 日），《國防部軍事情報局檔案》，148-010200-0007。

6 據《國防部情報局史要彙編》，上冊，頁 15 記載，1934 年成立華東、華中、華南、華北四區，各區以特派員負責。按 1933 年 7 月 7 日戴笠呈蔣中正報告，內稱鄭介民為「華北特務工作特派員」；再按 9 月 30 日戴笠致蔣中正陷申電，有「華東區駐滬特派員余樂醒」等語，則四區及特派員設立之時間當在 1933 年夏秋之際。

7 沈醉，《軍統內幕》，頁 41。

醒調任杭州特務警察訓練班主任教官，由吳迺憲接充特派員。[8] 12 月，被處禁閉之翁光輝迭書表示悔悟，經戴笠呈准蔣中正，准予釋放，仍由特務處任用。[9] 同月，特務處掌握上海公安局警士教練所訓育主任一職，由吳迺憲兼任。[10]

至遲在 1934 年 1 月，上海通訊組改稱上海通訊站，下轄一、二、三，三組，及上海行動組，仍隸屬華東特派員辦公室，該站及各組負責人均不詳。[11] 2 月，特務處掌握淞滬警備司令部偵查隊，以掩護華東區之活動，由吳迺憲兼任隊長，於 2 月 22 日到差，[12] 其後吳迺憲調任他職，由翁光輝接任警備部偵查隊長。[13] 11 月 1 日，特務處設置上海分臺，簡稱滬臺，臺址位於老西門。[14]

1935 年，特務處將華東區及特派員名義取消，另設

8 〈戴笠電蔣中正〉（1933 年 9 月 30 日），《蔣中正總統文物》，國史館 002-080200-00125-018。

9 〈戴笠呈蔣中正〉（1933 年 12 月 6 日），《蔣中正總統文物》，國史館 002-080102-00038-002。

10 〈戴笠電蔣中正〉（1933 年 12 月 18 日），《蔣中正總統文物》，國史館 002-080200-00139-055。

11 〈特務處民國二十三年一月分經常、特別費收支對照表〉，《國民政府檔案》，國史館 001-023330-00002-001。

12 〈警備部偵查隊長吳迺憲昨日到差〉，《申報》，1934 年 2 月 23 日。

13 葉元璜，〈翁光輝的一生〉，《麗水文史資料》，第 3 輯（麗水：中國人民政治協商會議麗水縣文史資料委員會，1986），頁 192。翁光輝接任警備部偵查隊長之時間未見記載。按 1934 年 8 月 22 日戴笠致周偉龍電，內稱「王克全赴滬，已電吳迺憲兄予以協助矣，請即電告王即赴警備司令部偵緝〔查〕隊訪吳可也」；再按 1935 年 5 月 24 日戴笠致蔣中正電，內有「本月魚日電令上海警備司令部偵查隊翁光輝」等語。據此，翁光輝接任當在 1934 年 8 月至 1935 年 5 月之間。

14 蘇聖雄主編，《諜報戰：軍統局特務工作總報告（1937）》（臺北：民國歷史文化學社，2021），頁 133；〈電訊單位歷年工作總報告書〉，《國防部軍事情報局檔案》，檔案管理局 A305050000C/0024/1784/1071。

上海特別區，[15] 簡稱滬區。已知該區工作人員有區長王新衡、書記曾澈、助理書記黃謨、譯電員徐慎言、直屬通訊員孫可之、羅實、吳瑾中、第一組組長王昌裕、組員盛世凱、王祿儀、第二組組長鄒湘等人。另有上海直屬通訊員秦承志、上海行動組組長趙理君。[16] 同年 11 月 1 日，上海郵電檢查所成立，該所由特務處薦派秦承志、姚公凱為所長，劃歸滬區指揮。[17] 11 月 18 日，上海分臺為避日方注意，由老西門遷往法租界。[18] 同年，翁光輝不再擔任警備部偵查隊長，由王兆槐接任。[19]

1936 年 12 月初，戴笠擬調西北總部代理第三科科長江雄風為滬區區長，旋因西安事變爆發未果，改由梁幹喬接任。[20]

1937 年 1 月 9 日，滬區區長梁幹喬調任特務處本部書記長，由第一組組長王兆槐暫時代理區長。2 月 21 日，特務處本部第二科副科長周偉龍調任滬區區長，王兆槐解除代理職務，仍任第一組組長。[21] 是年，滬區下轄三個

---

15 國防部情報局編，《國防部情報局史要彙編》，上冊，頁 15-16。

16 〈特務處二十四年年終總考績擬請增薪人員名冊〉，《國民政府檔案》，國史館 001-023330-00002-005。

17 〈金斌呈蔣中正，二十六年上半年郵電檢查工作報告〉，《國民政府檔案》，國史館 001-014000-00002-004；蘇聖雄主編，《諜報戰：軍統局特務工作總報告（1937）》，頁 21。

18 〈電訊單位歷年工作總報告書〉，《國防部軍事情報局檔案》，檔案管理局 A305050000C/0024/1784/1071。

19 〈王兆槐〉，《軍事委員會委員長侍從室檔案》，國史館 129-220000-0015。

20 〈戴笠電江雄風〉（1936 年 12 月 2 日），《戴笠史料》，國史館 144-010110-0005-069。

21 蘇聖雄主編，《諜報戰：軍統局特務工作總報告（1937）》，頁 28。

小組及外事小組。[22] 第一組組長王兆槐，第二組組長周迅予，程慕頤、沈醉曾任第三組組長，劉戈青曾任第三組代組長。[23] 外事組亦稱第四組，組長顧子載。另掌握上海郵電檢查所，亦稱郵電檢查組，由所長秦承志任組長。[24] 另設上海行動組，組長趙理君、副組長許建業，趙理君於 5 月 7 日調任四川行營第三科第二股股長，由許建業繼任組長。[25]

2. 周偉龍之略歷

周偉龍，字道三，湖南湘鄉人，1903 年生。[26] 早年擔任湖南陸軍第三混成旅上尉參謀，負責譯電工作，以聰明強記，到職僅用一個星期即將電本明碼熟記，時任旅長謝國光與周偉龍有通家之誼，見其身材魁梧，且工作得力，對其頗為青睞。1923 年，謝國光部在韶關改編為建國湘軍第三軍，周偉龍任該軍少校參謀。1926 年，周偉龍經

---

22 國防部情報局編，《國防部情報局史要彙編》，上冊，第一篇第二章，附表六。

23 〈特務處二十六年分各級工作人員功過賞罰考核表〉，《蔣中正總統文物》，國史館 002-110702-00029-001。

24 王方南，〈我在軍統十四年的親歷和見聞〉，《文史資料選輯》，第 107 輯（北京：中國文史出版社，1987），頁 143。

25 蘇聖雄主編，《諜報戰：軍統局特務工作總報告（1937）》，頁 29。

26 此據侍從室人事登記卷之記載，《軍事委員會委員長侍從室檔案》，國史館 129-010000-0719。再據軍統人事檔案記載，周偉龍生於 1899 年，見特務處二十六年分內外勤工作人員總考績名冊，《蔣中正總統文物》，國史館 002-110702-00030-001。另據毛鍾新說，周偉龍生於「民前十一年」亦即 1901 年，見戈士德，〈戴笠與周偉龍（上）〉，頁 135。劉植根亦稱周偉龍生於清光緒二十七年亦即 1901 年，見〈我所知道的周偉龍〉，《湘鄉文史資料》，第 3 輯（湘鄉：中國人民政治協商會議湖南省湘鄉市委員會，1988），頁 56。

謝國光保送，入黃埔軍校第四期學習。畢業後，歷任第十三軍少校特務營長、唐山軍警稽查處長、討逆軍第五路唐生智部中校憲兵營長等職。

1929 年 12 月，討唐戰爭爆發，戴笠深入唐部駐地搜集情報，一度身陷險境，乃策反周偉龍助其脫險，二人由此締交，並相約後死者為先死者治喪。1931 年 12 月，蔣中正下野，戴笠奉命成立聯絡組，周偉龍於 1932 年 1 月參加該組工作，在武漢活動，成為軍統特務組織開山元老「十人團」成員之一。[27] 同年 4 月特務處成立後，周偉龍歷任武漢偵查組組長、武漢通訊站站長、漢口警察第九署署長等職。

1934 年 2 月，特務處成立湖北特稅密查組，周偉龍任組長。[28] 4 月，特稅密查組改稱禁煙密查組，隸屬南昌行營禁煙督察處總監察室，負責考核調查禁煙督察處及所屬分處、緝私專員有無貪汙舞弊情事，周偉龍仍任組長。1935 年，周偉龍檢舉禁煙督察處緝私室主任兼巡緝團團長邱開基有違法瀆職行為，該案牽涉人員眾多，案情複雜，延宕年餘仍懸而未決，最終不了了之。該案審理期間，周偉龍因有誣告之嫌，被關禁閉，至 1936 年 12 月西安事變後始獲釋，改任特務處本部第二科副科長。第二科主管司法及行動事項，為特務處核心部門，科長一職長期

27 戈士德，〈戴笠與周偉龍（上）〉，頁 136-137。

28 〈戴笠電周偉龍、邢森洲〉（1934 年 3 月 12 日），《戴先生遺訓》，第 3 輯，頁 424。

由戴笠自兼，周偉龍得任副科長，足見戴笠對其工作能力之認可及信任之深。[29]

關於周偉龍之個性，軍統元老毛鍾新評價為：「既頡頏傲世，復飛揚跋扈，天馬行空不受羈絆，特務處中，只服戴笠一個人。」[30] 又說周偉龍每見戴笠，輒誠惶誠恐，但一離開戴笠，「便神采飛揚，睥睨一切，生殺由心，言莫予違。」[31] 按特務處在 1937 年年終給周偉龍的評語是「負責努力，能力甚強，情報、行動兩項成績均甚優異」，但也指出他「個性甚強」，由此可知毛鍾新對周偉龍的批評是有依據的。[32] 惟戴笠對周偉龍的個性頗為欣賞，曾稱讚他「富血性」。[33] 周偉龍此種性格特點在其日後領導滬區活動的過程中頗有體現，對其個人之榮辱乃至滬區之成敗亦均產生或多或少的影響。

二、全面抗戰爆發後滬區的抗日活動

上海地處長江入海口，為南京的門戶，因戰略地位重要，久為日軍覬覦。淞滬會戰期間，日軍收買大批漢奸流

29 黃康永等口述筆記，朱文楚採訪整理，《軍統興衰實錄》（杭州：浙江大學出版社，2014），頁 17。

30 戈士德，〈戴笠與周偉龍（上）〉，頁 137。

31 毛鍾新，〈罵人與做事的藝術——戴笠別傳之七〉，《中外雜誌》，第 31 卷第 6 期（1982.6），頁 122。

32 〈特務處二十六年分內外勤工作人員總考績名冊〉，《蔣中正總統文物》，國史館 002-110702-00030-001。

33 〈戴笠電黎鐵漢轉宣鐵吾〉（1934 年 3 月 13 日），《戴笠史料》，國史館 144-010199-0002-099。

氓，刺探國軍軍情，甚至與來襲敵機聯絡，提供國軍砲兵陣地和高級司令部等轟炸目標，而中方在上海的黨政軍組織權責不一，防範措施非常疏漏，如何有效發動地方的人力物力，協助正規軍抗戰，並防制日軍漢奸的間諜活動，實為當務之急。因此，戴笠於 8 月 17 日由南京趕赴上海，同時抽調特務處南京、上海單位工作人員統一行動，一面開展搜集軍事情報、偵捕漢奸敵諜等特務工作，一面以搶運軍械、突擊敵軍、輸送物資等方式協助正規軍作戰，滬區作為特務處在上海最重要的外勤單位，亦積極參與到上述各項工作中。

滬區為因應全面抗戰爆發後上海的情勢緊張，首先在原有組織基礎上擴大編制：當時虹口為日本領事館及海軍陸戰隊所在地，亦為日僑麇集之所，滬區遂於 7 月 29 日在虹口及鄰近之閘北設組，由通訊員沈醉調任虹口組長，周志成調任閘北組長；8 月 1 日，在吳淞設組，由直屬通訊員程慕頤調任組長；8 月 5 日，在浦東設行動組，由招商局護航總隊隊附陳致敬調任組長。[34]

特務處並為滬區增設電臺，配屬各組工作：8 月 5 日，成立虹口、江灣、吳淞三個分臺，分別以裘聲呼、朱執中、秦治洲為負責人；8 月 9 日，成立浦東分臺，以周勳為負責人，上述四臺均有直流二瓦特電報機一架。8 月 11 日，成立上海二臺，以沈似仁為負責人，工作人員

34　蘇聖雄主編，《諜報戰：軍統局特務工作總報告（1937）》，頁 30。按招商局護航總隊為特務處掌握的公開單位。

三人；上海分臺改稱上海一臺，以楊震裔為負責人，工作人員二人，上述二臺均有交流十五瓦特電報機一架，與南京總臺直通。[35]

1. 搜集軍事情報

滬戰前後，特務處本部調整工作方針，開始著重搜集敵我雙方軍事情報：國軍情報方面，特務處於 7 月 10 日通令全體外勤單位，切實查報抗戰以來我軍調赴前線部隊之言行與作戰情形；敵軍情報方面，特務處於 8 月 15 日通令全國各站組，開展對日情報工作，凡是有關敵軍之編制、實力、戰略戰術與作戰情形均應隨時查報；復於 8 月 20 日再擬定偵查綱要，分飭平、津、青、滬、港、粵等區站組嚴密偵查日軍對華政策及其海陸軍當局與各派系之意見。[36]

特務處的命令，滬區自然要遵辦，然而滬區在抗戰以前一貫以國民黨反蔣派以及其他黨派的活動為偵查重點，對日情報則因缺乏路線，只能輾轉從日本在華特務組織運用的漢奸口中瞭解一些日軍侵華的企圖及其軍事調動、裝備運輸等情形，想在短時間內轉變工作重心並不容易。[37]滬戰爆發前夕，滬區為加強布置對日工作，曾增設虹口、閘北等組，然而這些臨時建立的單位由於基礎薄弱，工

35 蘇聖雄主編，《諜報戰：軍統局特務工作總報告（1937）》，頁 133。
36 蘇聖雄主編，《諜報戰：軍統局特務工作總報告（1937）》，頁 47-50。
37 沈醉，《戴笠其人》，頁 20。

作成績並不理想。加以虹口等組成立後，旋有 8 月 9 日「虹橋機場事件」發生，當地居民眼見戰爭將至，遂紛向公共租界及法租界遷避，[38] 特務人員處在此種環境下，其活動亦大受影響。迨至滬戰爆發，「這些臨時建立的小組，有的被日本特務抓去，有的被趕了出來。原因是當別人紛紛遷走時，軍統特務才搬進去，自然很容易引起日本特務與漢奸的懷疑，而無法立足下去。以後只能依靠原來在這些地區居住的五、六個人供給一點情況。」[39]

8 月 17 日，戴笠親來上海，對滬區情報工作指責甚多。面對戴笠的指責，區長周偉龍首當其衝，他每接戴笠電話便立刻緊張，時常對著電話說：「戴先生，我沒面目見你，如果地下有個洞，我立刻鑽進去。」[40] 其後虹口淪陷，虹口組房屋被毀，組長沈醉攜帶電機撤退，周偉龍曾嚴令其返回虹口繼續潛伏，惟戴笠認為這樣做無異於讓沈醉白白送死，遂令周偉龍改派沈醉搜集戰地情報。[41]

戴笠自知滬區對日情報工作起步較晚，基礎較差，因此他對沈醉等人的撤退並不感到意外，亦未過多表示不滿。真正讓他感到苦惱的，是滬區對獲取難度較小的戰地情報亦甚少報告，他在來滬前夕，就曾致電滬區第一組長兼警備部偵查隊長王兆槐責備稱：「滬戰日來甚為劇烈，

38 〈滬市緊張情形宛如一二八前夕〉，《大公報》上海版，1937 年 8 月 13 日。

39 沈醉，《戴笠其人》，頁 20-21。

40 戈士德，〈戴笠與周偉龍（上）〉，頁 138。

41 沈醉口述、沈美娟整理，《魔窟生涯——一個軍統少將的自述》（北京：人民文學出版社，1987），頁 68-70。

但京中所得前線戰報甚少，甚至八十八師黃旅長陣亡，報紙已有登載，而本處尚無所報。兄為警備司令部之偵查隊，平日取得公開名義之掩護，工作應容易推進，因便於聯絡也。奈兄在此滬戰緊張之〔時〕，消息異常隔膜，甚至司令部方面之消息亦不清楚，如此工作，問心何忍？」他叮囑、勉勵王兆槐說：「此次中日戰事，固為我中華民族生死存亡之交，但亦為我領袖領導下革命團體生死成敗之所繫也，吾人在此時期應如何不避艱險，努力工作，以報領袖與黨國，亦即所以自求生存之道也。」「萬望兄以身作則，立即激勵所屬同志，不畏難，不怕死，毋分晝夜，努力工作，情報務期確實而迅速，聯絡尤須密切，司令部參謀處派專員聯絡，隨時報告情報於兄。」[42]

事實上，上海方面情報遲滯，一方面係因滬區工作不力，另一方面也與特務處本部各單位溝通不暢有關。戴笠曾於 8 月 17 日責備祕書室華東股稱：「本日日艦到滬之情形，已由滬區與毛書記人鳳通電話報告，何以我華東股迄未接頭，此本處各部分工作不相關聯之過也。」[43]

戴笠為了改變戰地情報不靈的現狀，下令滬區增設若干戰地調查組，偵查江灣、寶山、吳淞、羅店、瀏河、楊行等前線戰況及敵情，[44] 同時通令接戰地區各單位，凡地

42 〈戴笠電王兆槐〉（1937 年 8 月 16 日），《戴先生遺訓》，第 3 輯，頁 149-150。

43 〈戴笠手令〉（1837 年 8 月 17 日），《戴先生遺訓》，第 2 輯（臺北：國防部保密局，1952），頁 3。

44 軍事委員會調查統計局編，《先烈史略稿》，貳輯（重慶：國民政府軍事委員

區淪陷，必須設法潛伏，不得隨軍撤退，否則當以軍法嚴懲。[45] 於是滬區工作人員冒險前往戰地偵查，不乏因此殉職者：滬區行動組組員黃日高前往北新涇、小菜場偵查漢奸活動，於 9 月 5 日被日機炸傷殞命；[46] 滬區通訊員朱雲飛、陳時忠前往真茹西北偵察敵情，於 10 月 26 日同遭日機轟炸殉職。[47] 與此形成鮮明對比的，是放棄責任的丁武林與蔣芝蘭：丁武林為滬區通訊員，於 10 月 23 日臨陣潛逃，由特務處分令通緝；蔣芝蘭為滬區江灣組組長，亦不遵命令擅自退卻，且毀棄電機、密本、文卷等物，對上級謊稱毀於砲火，其行為對特務工作及戴笠個人威信造成嚴重影響，經戴笠呈准蔣中正，於 11 月 9 日處以極刑。[48]

黃日高

資料來源：國防部情報局編印，《本局殉職殉難先烈事蹟彙編》（1965），頁 34。筆者翻攝。

會調查統計局，1946），頁 181-182；沈醉、文強，《戴笠其人》，頁 23。

45 國防部情報局編，《戴雨農先生年譜》（再版），頁 77。

46 蘇聖雄主編，《諜報戰：軍統局特務工作總報告（1937）》，頁 34；國防部情報局編，《本局殉職殉難先烈事蹟彙編》（臺北：國防部情報局，1965），頁 34。

47 蘇聖雄主編，《諜報戰：軍統局特務工作總報告（1937）》，頁 34；國防部情報局編，《本局殉職殉難先烈事蹟彙編》，頁 41。

48 軍事委員會調查統計局編，《先烈史略稿》，貳輯，頁 181-182。

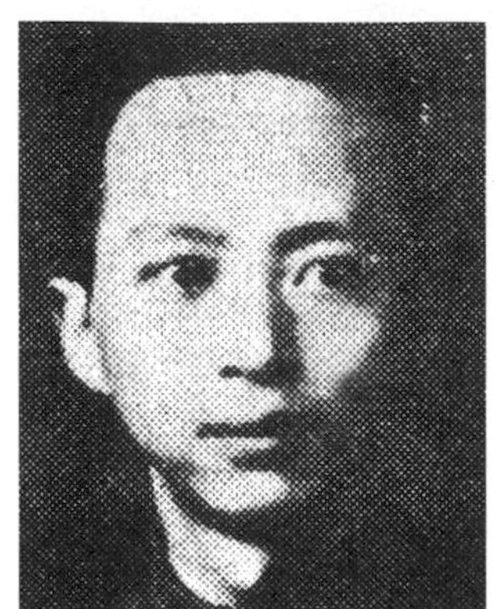

朱雲飛

資料來源：國防部情報局編印，《本局殉職殉難先烈事蹟彙編》（1965），頁 41。筆者翻攝。

在戴笠嚴厲督責下，自 8 月下旬至 10 月下旬兩個月間，由滬區搜集的戰地情報逐漸增多，其中若干重要情報曾由戴笠轉呈蔣中正，如：8 月 23 日，報告浦東等地敵機投彈轟炸及我軍於張華濱等地迎擊敵軍情形。10 月 7 日，報告滬區吳淞組偵查之敵我雙方在蘊藻濱一帶激戰情形。10 月 18 日，報告滬區虹楊組偵悉之敵軍在楊樹浦路韜朋路等地備戰情形。10 月 20 日，報告滬區吳淞組偵悉之敵派遣軍司令部地址以及敵軍在寶行公路等地之部署情形。10 月 22 日，報告滬區滬西組偵悉之申新九廠、申新二廠、統益紗廠、新裕一廠等紗廠因戰事被迫停工情形。10 月 23 日，報告滬區虹楊組偵悉之楊樹浦路等處敵軍軍情。10 月 24 日，報告滬區虹楊組偵悉之我軍在楊樹浦一帶轟炸敵軍營房情形。[49]

---

49 〈戴笠電蔣中正〉，《蔣中正總統文物》，國史館 002-090105-00002-459、002-090200-00033-297、002-090105-00002-373、002-090105-00002-372、

另一可以說明滬區對日情報工作漸有起色的，是特務處工作總報告的記載：滬區1937年共計搜集政治、黨務、軍事、匪情、黨派、不法、日偽、漢奸、社會、經濟、國際情報6,517件，其中日偽情報3,067件、漢奸情報600件，合計3,667件，占總數的56%。[50] 這顯示日偽、漢奸情報已在滬區全部情報中占有相當大的比重，如果再考慮到滬區大規模開展對日情報工作始於抗戰爆發以後，可以想見這類情報幾乎都是滬戰之後搜集的，這說明滬區經過一段時間的調整，在對日情報工作方面已取得相當成績。

2. 偵捕漢奸敵諜

全面抗戰爆發後，日軍積極收買漢奸，化裝深入內地活動，組織便衣隊，製造地方糾紛，企圖煽惑民眾，擾亂社會治安；且多方鼓勵並庇護奸商及日韓浪人偽造鈔票，收買金屬，販運日貨，企圖擾亂市場，破壞我國財政金融；又密派奸細竊取我國政府機關之機密文件，種種特務活動，不一而足。特務處針對日方詭謀，亦迭令各區站組嚴令防範，並對每一漢奸案件隨時指示偵查路線與制裁方法。[51] 淞滬會戰期間，經滬區偵悉並逮捕之漢奸有崔鵬飛、蔣玉鑫、王烈明等人。

崔鵬飛、蔣玉鑫受日本特務機關職員桑田之命，來租

002-090105-00002-371、002-090105-00002-370、002-090105-00002-369。

50 蘇聖雄主編，《諜報戰：軍統局特務工作總報告（1937）》，頁63。

51 蘇聖雄主編，《諜報戰：軍統局特務工作總報告（1937）》，頁48。

界作漢奸活動，經滬區偵悉後，由特務處駐滬特務隊先後將崔、蔣兩犯捕獲，轉解偵查隊訊辦。據崔犯供稱，其親戚陳石田素與桑田在虹口合夥營業，因此其與桑田亦友善。滬戰初起，桑田派崔、陳兩犯來租界作漢奸活動。其時崔、陳得其同鄉張老五報信，得悉業已淪陷之虹口密勒路新順興米棧尚有很多存米，未曾搬出，乃串通桑田設法盜賣，由崔犯冒充老闆，蔣犯、張犯冒充夥計，均由陳犯領至白渡橋等候，再由桑田接入虹口，向敵軍司令部簽出派司後，將米棧存米七十餘石盡數出售給敵軍。此外，崔、陳兩犯並代敵軍兜售毒品，購辦卡車，其犯罪事實非止一端。此案除陳石田、張老五兩犯在逃外，崔鵬飛、蔣玉鑫兩犯經特務處呈准蔣中正予以槍決。[52]

王烈明供職我國海關，為敵方報告進口軍火數目。由滬區掌握的郵檢所檢獲該犯來信及通行證等，於 9 月 14 日逮捕，移解警備部訊辦。[53]

此外有案可稽的還有針對法捕房華籍探員竇蕁的行動。先是 9 月 23 日，戴笠即獲悉竇蕁有漢奸嫌疑，曾下令調查。[54] 10 月 13 日，周偉龍致電戴笠報告，謂已偵悉竇蕁確有「出賣軍情事實」，戴笠接閱後，批示「派員跟蹤，如至華界，即予祕密制裁。」[55] 惟此案未見再有報

---

52 蘇聖雄主編，《諜報戰：軍統局特務工作總報告（1937）》，頁 108-109。

53 蘇聖雄主編，《諜報戰：軍統局特務工作總報告（1937）》，頁 115。

54 〈戴笠手令〉（1937 年 9 月 23 日），《戴笠史料》，國史館 144-010113-0005-049。

55 〈戴笠批示周偉龍報告〉（1937 年 10 月 16 日），《戴笠史料》，國史館

告，後事不詳。

另據時任蘇浙行動委員會調查組組長文強回憶，他曾奉戴笠之命冒充國民黨元老李烈鈞的堂侄李文範，與日軍駐滬特務機關長楠本實隆及其黨羽森政一接頭，其目的在以假情報騙取鉅款，並尋找機會制裁楠本等人，戴笠曾派滬區王兆槐、趙理君等人協助他，最終成功騙取敵方四十萬元活動費，制裁行動則因楠本等人聞風逃逸而失敗。[56]

按淞滬會戰期間，特務處確曾針對楠本實隆開展反間諜工作，但記錄在冊的參加反間工作的人員只有劉澄宇、夏振燮、嚴靈峰三人，而無文強。據特務處 1937 年分各級工作人員功過賞罰考核表記載：

> 有在滬任國際工作並在敵方擔任情報之德人伏勞姆者，由其翻譯李漢臣之介紹，與我工作人員夏振燮認識，過從甚密。十月間，伏勞姆為敵方向夏振燮進行桂方之活動，當派劉澄宇、夏振燮、嚴靈峰等多人佯與伏勞姆及敵方駐滬特務機關長楠本所派之森政一作多次之接洽，以探敵情。最後敵方要求夏等收集太湖土匪，先後共取得敵方之活動費二十萬零三千元。[57]

144-010106-0002-044。

56 文強，〈八一三抗戰中的反間諜鬥爭〉，《抗日風雲錄》，下冊（上海：上海人民出版社，1985），頁 98-120。

57 〈特務處二十六年分各級工作人員功過賞罰考核表〉，劉澄宇、夏振燮、嚴靈峰條，《蔣中正總統文物》，國史館 002-110702-00029-001。

劉澄宇、夏振燮、嚴靈峰因參加本案有功，曾於 11 月由特務處發給特獎一次。案特獎為級別最高之賞格，當年特務處有工作人員 3,609 人，合計全年曾獲特獎者不超過 10 人，果如文強所言成功騙取敵方四十萬元，則其功勞當在劉澄宇等人之上，特獎名單內斷無漏列之理。尤可注意者，特務處之全年功過賞罰考核表內，除有獲特獎者外，並表列獲臨時加薪、獎金、記功、嘉獎等級別較低之賞格者名單甚詳，惟均無文強在內，故其所述之真實性值得懷疑。

3. 搶運軍械

滬戰爆發之初，國軍在浦東倉庫內尚存有手槍、步機槍、迫擊炮以及飛機器材等軍械，戴笠命令招商局護航總隊長喻耀離會同滬區第一組組長王兆槐、上海行動組組長許建業二人祕密搶運，並設法處理庫存汽油，以免資敵。[58]

當時有六艘敵艦停泊在黃埔江中，不時向浦東開炮，另有敵機不斷向浦東及南市轟炸，給搶運帶來很大危險。喻耀離奉命後，先於 8 月 16 日偕王兆槐、許建業冒險前往浦東偵察倉庫位置，而後發動碼頭工人五百名，向招商局請撥拖駁三艘，又持戴笠函件請駐在浦東的砲兵團掩

58 上海行動組原以趙理君為組長、許建業為副組長，趙理君於 1937 年 5 月 7 日調往四川工作，由許建業升任組長。參見蘇聖雄主編，《諜報戰：軍統局特務工作總報告（1937）》，頁 29。

護，於 8 月 18 日夜間開始行動。行動時，由喻耀離率領護航總隊官兵分組領隊，王兆槐亦率領特務處幹部沈醉、陳邦國、陳步雲、鍾鑄人、劉耀等人親自鋸開了倉庫鐵鎖，眾人一連偷運三夜，幸未被敵發覺，除有四人在敵軍濫炸下受傷外，其餘未受損傷。最終成功將倉庫內的軍械大部搶運滬西，交給軍事當局轉運南京，將米、麥、豆、油之類物資散發給居民，另將搶運不及的汽油予以焚燒。[59]

王兆槐

資料來源：國民大會秘書處，《第一屆國民大會代表名錄》（1961）。筆者翻攝。

4. 轟擊敵艦

滬戰爆發後，日軍海上部隊陸續增援，雲集黃埔江內之敵艦多達二十餘艘，以出雲號為旗艦，由敵軍第三艦隊司令長谷川清在艦上指揮，白天以密集艦砲向我軍閘北陣

59 王兆槐訪問紀錄，《健行月刊》，第 152 期，頁 190；喻耀離，〈幾番歷險舊萍蹤〉，《中外雜誌》，第 22 卷第 1 期（1977.7），頁 40；國防部情報局編，《戴雨農先生傳》，頁 69；喬家才，《鐵血精忠傳》，頁 127-129。

地射擊，入夜則有潛伏在國軍陣地內的漢奸用手電筒為敵軍指示目標。國軍砲兵雖亦到達戰場，在彭浦鎮放列，但因觀測不良，不能與敵艦砲火抗衡。

據國軍第八十八師師部參謀主任張柏亭回憶：該師師長孫元良鑑於敵艦對我軍之威脅，考慮由浦東方面或黃埔江面轟擊出雲艦，以破壞其指揮體系，遂命第二六二旅參謀主任謝晉元策劃有關技術問題。謝晉元奉命後，因與滬區第一組組長王兆槐是黃埔四期同學，有金蘭之交，遂找王兆槐商議。[60] 經二人研究，決定用快速小火輪拖曳特種爆炸物，駛近出雲艦停泊之匯山碼頭三、四百公尺處施放。準備就緒後，於 8 月 19 日由南市十六鋪附近出發，依照預定計劃進行，不料執行人員有欠沉著，施放過早，以致未能命中目標，僅炸毀碼頭部分設備，三名執行人員因撤退不及，遭敵軍射擊殉國。並稱：「當時匯山碼頭發生大火，報章騰載，大快人心，謝同志的計畫雖未能達成，但已震駭敵軍，獲致精神效果，其後敵酋不敢再在該艦駐節，而黃埔江內敵艦也遠向楊樹浦以東江面移動，艦炮射擊一時陷於沉寂。」[61]

但據日軍戰史記載，當滬戰爆發前夕，出雲艦靠泊於臨近日本總領事館的日本郵船碼頭，而非匯山碼頭。8 月

---

60 喬家才，〈抗日情報戰（十）〉，《中外雜誌》，第 22 卷第 4 期（1977.10），頁 43。

61 張柏亭撰，黎東方註，〈八一三淞滬會戰回憶〉，《傳記文學》，第 41 卷第 2 期（1982.8），頁 19-20；張柏亭，〈八一三淞滬戰役親歷記〉，《傳記文學》，第 45 卷第 2 期（1984.8），頁 16。

16 日，出雲艦仍錠泊該處，當晚，國軍江陰區江防司令部快艇大隊隊附安其邦、史一〇二號魚雷快艇艇長楊敬端親率該艇，冒險進至南京路外灘附近，向出雲艦連放兩枚魚雷。事後江陰區江防司令歐陽格曾致電蔣中正報告，謂兩枚魚雷均命中敵艦，「登時轟聲震天，周圍各宅玻璃概行粉碎，出雲亦受重傷，惟因該號水底裝有防雷網，未致沉沒。」[62] 8 月 17 日出版的《申報》亦報導：「昨晚 9 時許，忽有巨聲發自江面，響徹雲霄，聲震天地，外灘附近房屋均被震動甚劇。事後調查，係我方放射某項爆炸物轟炸敵艦出雲號，因該艦周圍設有防禦魚雷網，故未命中，頗為可惜。」又云：「停泊浦江之指揮敵軍作戰之敵出雲旗艦，昨晨 11 時半被我轟炸機投彈受傷，下午 8 時半於炮火猛烈中，又被我某項爆炸軍器擊中船身一部，負傷極重，敵急加修理，旋於 11 時向下遊移泊公和祥碼頭江心。」[63]

8 月 18 日晨，出雲艦潛移至公和祥碼頭對面二號、三號浮筒拋泊，進行修理，日軍除在四周使用兩層電網防禦外，更派小軍艦、小火輪多艘進行掩護，以防國軍襲擊。迨至 8 月 19 日晨，出雲艦又悄然向東移駛，漸次前往楊樹浦方面拋停，敵軍為掩護該艦，有一艘輕巡洋艦在公和祥碼頭前停泊，另有小型砲艦二艘於每晚 8 時後駛泊

62　〈歐陽格電蔣中正〉（1937 年 8 月 18 日），《蔣中正總統文物》，國史館 002-090200-00034-129。

63　〈敵軍海陸空大舉反攻，我軍迎頭痛擊各路勝利〉，《申報》，1937 年 8 月 17 日。

於外灘公園水上飯店附近，待天明後再開回原處。8 月 21 日上午，出雲艦修理完竣，進行試機，一度駛至招商局中棧碼頭，旋又駛回公和祥碼頭對面二號浮筒。此後，出雲艦於白晝往往駐泊二號浮筒附近江面，晚間則由其他敵艦隨護，在黃埔江往來巡視，其駐泊處所每晚遷移。

由上述記載來看，出雲艦在 8 月 13 日至 19 日先後駐泊於日本郵船碼頭、公和祥碼頭等處，並未前往匯山碼頭，且該艦自 8 月 16 日晚遭國軍魚雷快艇擊傷後，其警戒大為增強，此後一段時間未聞再遭襲擊。故張柏亭所謂轟擊出雲艦的行動迄未得到原始史料的印證，關於此次行動的時間、地點以及具體經過等仍有待於相關史料的發掘，至於張柏亭是否將海軍轟擊敵艦之事誤記為謝晉元、王兆槐所主持，也值得懷疑。

5. 突擊敵軍

滬戰爆發後，戴笠為發動地方人力、物力協助國軍作戰，於抵滬之初，即指派余樂醒、張業、阮清源、文強、周迅予、劉戈青等人分別前往川沙、南匯、奉賢等縣實地調查可能用作協助正規軍作戰之民眾武裝實力，這些人大都擔任過滬區幹部。[64] 其後戴笠又與上海官紳、工商各界人士聯絡，於 9 月組織蘇浙行動委員會。該委員會直隸於

64 國防部情報局編，《忠義救國軍誌》（臺北：國防部情報局，1962），頁 7；文強，〈戴笠領導的抗日別動隊和反間諜鬥爭〉，《八一三淞滬抗戰》（北京：中國文史出版社，1987），頁 72-73。

國民政府軍事委員會，由戴笠任書記長，負實際責任，內設機要、總務、偵諜、軍事、技術、調查、交通通信、宣傳八組，幾乎全由特務處工作人員兼任組長，其中偵諜組長由滬區區長周偉龍兼任、總務組長由滬區第一組組長王兆槐兼任。

蘇浙行委會下設別動隊，從事對敵突擊破壞工作，以劉志陸任總指揮，全部官兵一萬餘人，下轄五個支隊及一個特務大隊，第一支隊長何行健、第二支隊長陸京士、第三支隊長朱學範、第四支隊長張業、第五支隊長陶一珊、特務大隊長趙理君。其中第四支隊及特務大隊之官兵多為特務處在京滬一帶原有之情報及行動人員，特務大隊長趙理君曾任上海行動組組長。[65]

別動隊是未經訓練的民間義從，淞滬會戰期間損失慘重。10 月 26 日，四支隊奉命自滬西挺進蘇州河北岸與日軍作戰，因敵前強渡，孤立無援，全部陣亡潰散，支隊長張業僅以身免。11 月 9 日，國軍棄守上海，第五支隊長陶一珊奉命率領該支隊及二、三兩支隊各一部協防南市，戴笠派周偉龍送到麵包兩萬個，命令陶部固守。11 月 13 日，戴笠又命陶一珊放棄陣地，向法租界撤退。五支隊進入法租界後，即被法方解除武裝，該部至此瓦解，也有一部分官兵趁機化整為零，轉入地下活動。[66]

滬戰結束後，別動隊殘部大都由蘇浙行委會軍事組長

---

65 國防部情報局編，《忠義救國軍誌》，頁 8。

66 國防部情報局編，《忠義救國軍誌》，頁 11。

俞作柏率領，撤退至安徽省祁門縣歷口鎮整編，僅一支隊挺進浦東及有少量人員潛伏上海，由滬區聯絡指揮，繼續從事抗日活動。[67]

6. 援助四行孤軍

滬戰末期，國軍第八十八師五二四團團附謝晉元率領「八百壯士」堅守四行倉庫，受到上海市民熱烈擁護，紛紛饋贈慰問品。據軍統元老喬家才轉引王兆槐之回憶稱，由於日軍包圍，市民慰問品往往無法送入倉庫，後來有人得知王兆槐與謝晉元私交甚厚，遂將慰問品送至薩坡賽路王宅，由王夫人王持平設法分批送入倉庫，直至交通完全斷絕。王宅內尚有一條電話線與四行倉庫相通，由王持平守候接聽，一面將倉庫內的消息轉報戴笠及有關各方，一面將外部消息告知謝晉元。四行孤軍撤守後，戴笠以電話通知王持平馬上離開住宅，以策安全，王持平奉命後，最初搬到翁州飯店，不料又接戴笠通知，謂翁州飯店為漢奸開設，於是再度撤離，始轉移至安全地帶。[68]

以上為滬戰爆發後滬區從事對日工作之梗概。是年底，特務處針對滬區全年工作情形進行檢討，其中列舉對日工作的優缺點與改進計畫，優點包括日偽漢奸之一般活動有具體報告、敵軍在滬軍事行動尚能隨時注意查報、漢

67 〈戴笠電周偉龍〉（1937 年 12 月 1 日），《戴笠史料》，國史館 144-010109-0001-102。

68 喬家才，《戴笠和他的同志》（臺北：中外圖書，1985），頁 19-20。

奸活動之情形多有報告以及頗能注意漢奸之制裁；缺點包括工作人員欠缺反間諜能力及國際人員在滬之活動欠注意；其改進計畫則為設法打入偽組織集團及敵之間諜機關、加緊偵查敵方軍事動態及其侵華計畫與策劃等項。[69]

三、上海淪陷初期滬區之工作任務與組織人事

1937 年 11 月淞滬會戰結束，上海華界被日軍占領，公共租界和法租界則處在日軍包圍之下，被稱作「孤島」。當時日本尚未向英美法等列強宣戰，不能公開侵入租界，於是包括特務處滬區在內的各方抗日志士均匿跡租界之中，繼續堅持抗日救亡。日方則不斷對租界當局施加壓力，曾提出應在公共租界最高行政機構工部局和法租界最高行政機構公董局中添用日籍特別副處長、職員和董事，共用租界行政管理權，並應彈壓界內一切排日抗日之宣傳和行動，同意日本警憲進入租界，企圖迫租界就範。

租界當局為維護自身利益，曾在淞滬淪陷當天宣布「保持中立態度，在中日戰爭中不偏袒任何一方，對雙方在租界內的權益一視同仁。」但在日本強大的軍事包圍與政治壓力下，亦不得不進行一定程度的妥協，限制一些公開的抗日活動，逮捕一些激烈的抗日志士。但在另一方面，租界當局也希望利用中國人民抵制日本的滲透，因此

69　蘇聖雄主編，《諜報戰：軍統局特務工作總報告（1937）》，頁 74-75。

有時又對上海的抗日活動表示默許，使孤島的形勢變得複雜而微妙。[70]

在這種特殊環境下，周偉龍以滬區區長兼任蘇浙行動委員會上海辦事處主任，對上化名陳任重，對下化名寧致遠，率領全區人員祕密潛伏，在孤島從事地下抗日活動。[71] 11 月 22 日，已撤退至南京的戴笠致電周偉龍，告以蔣中正對他的期許，借此為其打氣，勉勵其繼續堅守：「兄在負責之情形已面陳校座，並力言兄之忠貞與湖南民族性之優良，校座頗現欣慰。」[72]

11 月 28 日下午，日軍由公共租界工部局警捕陪同，接收國民政府交通部直轄的上海有無線電報局，並稱嗣後電報須經日方檢查，方准收發，自當晚起，上海與全國各處之公眾電信交通即完全阻斷。[73] 戴笠在報端閱悉此事，特電周偉龍囑咐：「吾人今後通訊端賴自己電臺，故對電臺之地址與掩護，須隨時注意其祕密」，並再次勉勵他：「大上海已完全失陷，今後一切端賴吾兄計畫策動，萬希兄膽大心細，嚴密進行，危難見忠貞，患難識知己，此其時矣！」[74]

---

70 唐培吉，《上海抗日戰爭史通論》（上海：上海人民出版社，2015），頁 50-51。

71 戈士德，〈戴笠與周偉龍（上）〉，頁 138；戈士德，〈戴笠與周偉龍（中）〉，《中外雜誌》，第 31 卷第 6 期（1982.6），頁 143。

72 〈戴笠電周偉龍〉（1937 年 11 月 22 日），《戴先生遺訓》，第 2 輯，頁 11。

73 〈滬電報局昨停工〉，《大公報》上海版，1937 年 11 月 29 日。

74 〈戴笠電周偉龍〉（1937 年 12 月 1 日），《戴笠史料》，國史館 144-010109-0001-102。

1. 滬區之工作任務

滬區之工作任務係按照特務處 1938 年工作計畫綱要中關於敵占區單位之規定，以如下五項為主：

一、凡在敵人占領地區，自以偵查敵軍實力與行動、敵方飛機、軍實之駐屯地帶、敵人所指使之漢奸組織及其活動與敵方之一切軍事、政治、經濟、文化等措施為主要工作對象。

二、在敵軍占領區域，組織行動小組，隨時襲擊敵人，炸毀敵人飛機，焚燒敵軍軍實、糧秣，破壞鐵路、橋樑，截斷電杆、電線，擾亂敵人後方，製造有利於我方之空氣，散放不利於敵之謠言，務使敵人不得安枕，時在恐怖環境中生活。

三、選派幹員參加漢奸組織，或收買漢奸中之動搖分子，或聯絡尚有民族觀念而被迫為漢奸之人員，設法施行分化工作，務使該偽組織自行瓦解或無法建立強固之基礎，並加緊對首要漢奸予以祕密制裁，使一般為漢奸者知所戒懼。

四、在敵軍占領區域內，調查民眾態度與傾向，用一切有效方法激發人民愛國情緒，使之憎惡日人，利用各種機會領導民眾及地方團體反抗敵軍及偽組織之措施，如抗捐抗稅、拒絕偽組織所派遣地方官吏等，並隨時組織工農群眾，實行罷工，反對徵調，破壞敵方工商企業，使敵無利可圖。

五、在敵人占領區域內，偵查各國在華使領僑民對中日戰爭之態度，聯絡並運用外僑為我刺探敵方消息，設法製造國際糾紛，加深國際上對敵之仇視。[75]

根據上述規定，滬區除在上海地區搜集敵偽組織一切動態與靜態情報、制裁敵偽要員外，並聯絡指揮別動隊殘部在浦東、蘇南及太湖地區開展游擊活動，破壞敵軍倉庫、橋樑、道路等軍事設施，同時在市區開展鋤奸工作。

2. 滬區之組織人事

滬區內勤部門為安全起見，化整為零，分為十四個辦公處所。區本部設在法租界愛棠路愛棠新村 2 號，是一棟兩層樓的西式洋房；會計及人事辦公處所設在法租界拉都路興盛里 17 號，是一棟兩層樓的弄堂房子；特務處派在上海負責接濟附近各單位工作經費的總會計，租住在法租界麥陽路 71 號；此外電臺、交通住所及與外勤單位之聯絡站等大都散居於法租界西愛咸斯路、蒲石路、巨籟達路、海格路等處，其具體地址不詳。[76] 接頭處按照不同性質和層次，地址甚多，其中很重要的一處係以經商為掩護，大門緊鄰繁華街道，周偉龍取名為「納麗」洋行，掛有招牌，雇一猶太人為經理，「只負責擺擺樣子，並不管

75 蘇聖雄主編，《諜報戰：軍統局特務工作總報告（1937）》，頁 179。
76 鄭修元，〈滬濱三次歷險實錄〉，《暢流》，第 41 卷第 6 期（1970.5），頁 10-11；戈士德，〈戴笠與周偉龍（上）〉，頁 138。

事」，實則作為周偉龍接見重要人員的處所。此外滬區所轄各組亦自設接頭處，嚴禁發生橫的關係。[77] 滬區設立重要掩護地址須報請戴笠核批，周偉龍曾想在北四川路開設咖啡館，因戴笠認為「無適當人材，又不能發生多大作用」，最終未准設立。[78]

滬區之編制，按照特務處 1937 年工作總報告所載之「各地內外勤工作人員分布概況圖」顯示共有 205 人，此一人數居全國各單位之冠，甚至比處本部還多。據此，如謂全面抗戰爆發後滬區已成為特務處首屈一指的外勤單位當不為過。[79] 滬戰爆發後，滬區人事頻繁調整，[80] 如第一組組長王兆槐因在滬不能立足，於 12 月 11 日另調他職；[81] 再如虹口組組長沈醉等人亦因軍事失利，調往南京報到。[82] 在現有史料的基礎上，想要全面掌握滬區的人事更迭情形並不容易，僅能就不同時期分別言之。

關於上海淪陷之初滬區之人事情形，最重要的參考史料是《特務處二十六年內外勤工作人員總考績名冊》，該冊記載特務處工作人員姓名、年齡、籍貫、出身甚詳，雖未註明造冊時間，但就其內容來看，反映的正是 1937

77　戈士德，〈戴笠與周偉龍（中）〉，頁 144。

78　〈戴笠電周偉龍〉（1938 年 3 月 6 日），《戴先生遺訓》，第 2 輯，頁 111。

79　蘇聖雄主編，《諜報戰：軍統局特務工作總報告（1937）》，頁 38。

80　王方南，〈我在軍統十四年的親歷和見聞〉，頁 143-144。

81　蘇聖雄主編，《諜報戰：軍統局特務工作總報告（1937）》，頁 33。

82　沈醉口述，沈美娟整理，《魔窟生涯——一個軍統少將的自述》，頁 71。

年底至 1938 年初的人事情形。[83] 該冊表列滬區工作人員 181 人，未列入有公開職務或兼職、不由特務處支給生活費或津貼者，亦未列入各地助手運用之眼線與擔任義務通訊者，如再減去已調職及停職、僅人事關係暫留滬區者 50 人，合計 131 人，茲將這部分名單迻錄、整理如下。

職別	姓名	年齡	籍貫	出身
區長	周偉龍	38	湖南	中央軍校四期
書記	劉　健	31	湖南	長沙第一師範
助理書記	王芳蘭[84]	30	湖南	勞動大學
	周子楨	31	湖北	中央軍校七期
	胡尚武	29	湖南	湘潭中學
文書	王湘蓀	26	浙江	浙江警校特訓班
司書	何海淵	23	浙江	浙江警校特訓班
	陳鴻起	30	浙江	中央軍校特訓班
辦事員	蕭淑英	25	浙江	第二中學
會計	段毓田	25	山東	會計訓練班[85]
譯電	王世英	30	浙江	江山師範講習所
	華念雄	31	浙江	中學
交通	龔文正	29	湖南	私塾
	蕭　超	29	浙江	小學
	蕭傑英	33	山東	幹訓班
	何方瑛	31	江蘇	浙江警校特訓班乙班
	冀琅珠	25	湖南	中央軍校軍官班
	謝挹峰	30	浙江	上海警察學校
	吳志恭	29	河南	中央軍校特訓班
	薄湧培	27	浙江	警士教練所
	吳永臣	25	江蘇	教導隊

83 該冊阮清源條備註「已被捕」，按阮清源係於 1938 年 1 月 23 日被捕。

84 即王方南。

85 按特務處為養成外勤各區站組及有關公開機關之財務管理人員，自 1936 年開始在南京舉辦會計人員訓練班。參見《國防部情報局史要彙編》，中冊，頁 104。

職別	姓名	年齡	籍貫	出身
直屬通訊員	顧德鈞	36	江蘇	中央大學
	周志城	36	江西	中央軍校五期
	葉霞翟	23	浙江	浙江警校正科三期
	康　恩	35	浙江	上海法學院
	林之江	31	浙江	中央軍校六期
	梅光培	53	廣東	美國芝加哥大學
	方　曉	33	浙江	中央軍校六期
	張　也	32	湖南	中央軍校五期
	姚凱如	25	湖北	中央軍校特訓班
	陳天儒	26	浙江	中央軍校特訓班
	方元勳	28	浙江	中央軍校特訓班
試用通訊員	王德明	29	浙江	小學
	夏萬興	36	江蘇	鎮江私塾
	牛俠全	34	浙江	中學
	陳　強	30	湖南	軍官補習班
	金行政	28	江蘇	朝陽大學
	張　藩	32	江蘇	上海大學
	梁耀西	29	江蘇	私塾
	曹志忠	31	河南	教導總隊
	張振清	30	浙江	農業講習所
	邱道祥	28	江蘇	蘇州附小
	馮成章	32	廣東	中山大學
	金海波	30	江蘇	大夏大學
	巴杜洛夫	34	俄國	
	戴鴻凱	39	浙江	浙江大學
	高錫生	28	江蘇	高小
	張　和	27	浙江	高小
	楊玉林	30	江蘇	初中
	周文彬	29	江蘇	軍士連
	姚士那夫	38	俄國	
	張樹勳	32	湖北	中央軍校
	薛　雪	30	江蘇	市五小學
	楊金林	31	浙江	金華中學
	馬德春	29	浙江	第二中學
	卜龍海	27	江蘇	私塾
	徐金文	25	江蘇	私塾
	段小和	30	江蘇	小學
	鍾崑山	31	江蘇	軍校入伍生
	許文耐	29	浙江	第一中學
	邵阮之	28	江蘇	小學
	高謙霖	28	江蘇	小學

職別	姓名	年齡	籍貫	出身
第一組組長	阮清源	29	浙江	廬山軍官訓練團
副組長	阮兆輝	32	廣東	中央軍校六期
司書	時壽彭	25	浙江	中學
通訊員	羅　實	34	湖南	中央軍校六期
	張錫榮	40	浙江	北平交通大學
	朱嘯谷	32	浙江	中央軍校
	時壽彰	28	浙江	震旦大學
	陳世瑾	31	雲南	軍校高級班
	范廣珍	42	浙江	政治偵探學校
	魏　飛	32	浙江	上海法學院
	潘宗嶽	37	江蘇	舊制小學
	畢高奎	24	浙江	中法國立工學院
	宋崇九	23	江蘇	小學
	盛世凱	30	江蘇	浙江法政學校
	劉道魁	34	江蘇	持志學院
	裴可權	22	浙江	杭州高中
	顧子載	30	江蘇	大同大學
試用通訊員	竺華雲	38	廣東	暨南大學
	袁筱易	35	浙江	交通大學
	李劍秋	30	江蘇	復大附中
	黃祝民	29	江蘇	蘇州中學
交通	余徵祥	25	江蘇	私塾
第二組組長	蔣孝廷	30	浙江	中央軍校
通訊員	曾九如	32	江蘇	中央軍校
	劉根生	29	江蘇	中學
	蔣孝忠	30	浙江	浙大附中
	林正倫	29	廣東	中央軍校七期
	李華白	24	浙江	統計局通訊訓練班
	熊子浩	30	江蘇	中央軍校四期
	程慕頤	31	浙江	浙江警校正科二期
	張若萍	32	四川	中央軍校
	曹以誠	29	江蘇	揚州中學

職別	姓名	年齡	籍貫	出身
第三組組長	盛志成	32	江蘇	蘇州福音女中
通訊員	曹志忠	29	江蘇	蘇州中學
	曾林軒	32	江蘇	無錫中學
	嚴旺甫	35	江蘇	南大附中
	潘海庚	28	浙江	浙大附中
	潘敬芝	30	江蘇	高小
	劉鎮中	28	江蘇	中央軍校特訓班
	毛仿梅	28	浙江	吳淞公學
	許仁寶	28	江蘇	私學
	惠　強	27	江蘇	小學
	李天柱	30	浙江	小學
	李　斌	35	江蘇	小學
	錢齊靈	28	江蘇	中學
	郭銀華	30	江蘇	私學
	曹效賢	32	江蘇	小學
	周希良	31	江蘇	高小
	朱金寶	29	浙江	小學
	葛盤英	32	江蘇	中學
第四組組長	王辛盤	37	江蘇	中央軍校六期
通訊員	李逸少	31	廣東	中央軍校特訓班
	沈志衍	24	浙江	蘇州東吳中學
	徐晉元	28	安徽	東北講武堂
	黃公俠	33	江蘇	無錫中學
	施含邱	32	江蘇	無錫中學
	張書坤	25	江蘇	中學
	沈志剛	27	浙江	初中
	劉　允	30	浙江	小學
	吳星南	28	浙江	小學
	黃祖燃	26	江蘇	小學
高級情報組組長	劉方雄	29	浙江	江山師範
通訊員	劉戈青[86]	26	福建	暨南大學
	朱岑樓[87]	30	湖南	湖南大學
	王祿儀	26	廣東	上海法政學院
	羅靜芳	25	江蘇	南開大學
	王晉成	28	浙江	第四師範
	李　亮	30	浙江	大夏大學
	曾中砥	34	湖南	中央軍校六期

86　原件作「劉弋青」，誤。

87　原件作「朱琴樓」，誤。

上列名單雖不完整，但已反映 1937 年底 1938 年初滬區人員構成之大略情形。以出身劃分，滬區出身國內外各大學及專門學校者 27 人，占 20.61%；出身各軍校、軍隊、軍事機關及其附設之班隊者 34 人，占 25.95%；出身警校、警士教練所及特務處在警校附設之訓練班者 10 人，占 7.63%；出身中等學校及相當於中等教育之講習所者 29 人，出身初等學校及私塾、私學者亦 29 人，各占 22.14%；另有 2 名俄籍人員出身不詳。與特務處平均水平相比，出身大學者比例略高，出身軍校者比例持平，出身警校者比例較低，出身中等教育者比例略低，出身初等學校者比例較高。其具體情形如下表：[88]

	全部	國內外專門大學	軍官學校	警官學校	中等學校	初等學校
特務處人數	3,609	552	933	572	885	372
占比	100%	15.3%	25.85%	15.85%	24.53%	10.32%
滬區人數	131	27	34	10	29	29
占比	100%	20.61%	25.95%	7.63%	22.14%	22.14%

再以年齡劃分：滬區 21 至 25 歲之工作人員有 18 人，占 13.7%；26 至 30 歲 65 人，占 49.6%；31 至 35 歲 37 人，占 28.2%；36 至 40 歲 9 人，占 6.9%；41 至 55 歲 2 人，占 1.5%。其中 16 至 25 歲所占比例明顯低於特務處平均水平，26 至 30 歲之比例較高，31 至 35 歲之比例持平，36 歲以上之比例亦明顯較低。其具體情形如下表：[89]

88 蘇聖雄主編，《諜報戰：軍統局特務工作總報告（1937）》，頁 39。

89 蘇聖雄主編，《諜報戰：軍統局特務工作總報告（1937）》，頁 40。

	全部	16 至 20 歲	21 至 25 歲	26 至 30 歲	31 至 35 歲	36 至 55 歲
特務處人數	3,609	101	674	1,034	1,012	788
占比	100%	2.80%	18.68%	28.65%	28.04%	21.83%
滬區人數	131	0	18	65	37	11
占比	100%		13.74%	49.62%	28.24%	8.40%

再以籍貫劃分：滬區籍貫江蘇者 51 人，占 38.93%；浙江 48 人，占 36.64%；湖南 11 人，占 8.4%；廣東 7 人，占 5.34%；其餘湖北 3 人，山東、河南各 2 人，安徽、江西、四川、福建、雲南各 1 人，另有俄籍 2 人。其與特務處全部工作人員籍貫分布情形之對比如下：[90]

	全部	浙江	江蘇	湖南	廣東	其他
特務處人數	3,609	626	391	354	247	1,991
占比	100%	17.35%	10.83%	9.81%	6.84%	55.17%
滬區人數	131	48	51	11	7	14
占比	100%	38.93%	36.64%	8.40%	5.34%	10.69%

綜合上列資料來看，滬區工作人員之數量居於特務處各內外勤單位之首，可謂實力雄厚，但人員素質與特務處整體水平相比並無明顯優勢，僅出身大學者比例略高，而出身警校及特務處舉辦之訓練班者並不多。比較突出的特點則有兩方面：年齡上以 26 至 35 歲的青年為主力，這些人較具工作經驗、社會閱歷相對豐富，既不似年輕人之浮躁浪漫，亦不似年長者之因循保守；籍貫上則以江蘇、浙江人最多，兩者合占全區人數的 75% 以上，此因蘇浙兩

90　蘇聖雄主編，《諜報戰：軍統局特務工作總報告（1937）》，頁 41。

省人員對上海社會情形熟悉、便於潛伏活動，此外湖南人亦占有相當比例，且多任內勤工作，此當與區長周偉龍隸籍湖南有關。

除編制內之人員外，滬區還控制了近十座祕密無線電臺，[91] 其中上海境內各臺及其工作人員可考者如下：

職別	姓名	年齡	籍貫	出身
滬一臺主任報務員	楊震裔	33	江蘇	南洋無線電校
報務員	錢山門	20	江蘇	杭州電訊班
滬二臺主任報務員	沈翊鈞	25	浙江	杭州電訊班
報務員	周志英	18	浙江	杭州電訊班
	程錫金	20	江蘇	杭州電訊班
滬三臺主任報務員	文　彥	25	湖南	杭州電訊班
報務員	王希平	20	江蘇	杭州電訊班
浦東一臺主任報務員	周　勳	25	浙江	杭州電訊班
浦東二臺主任報務員	張自行	20	浙江	杭州電訊班

上述各臺皆隸屬特務處本部主管電訊業務的第四科，與處本部直接通報，彼此不發生橫的關係。業務方面，各臺受第四科與滬區雙重指揮，一般通訊業務由滬區區長指定專人督導，有關機務方面的技術問題則由第四科辦理，不受滬區節制。[92]

91 戈士德，〈戴笠與周偉龍（上）〉，頁 138。
92 陳恭澍，《上海抗日敵後行動》，頁 3-4。

6　孤島彈痕錄：戴笠、周偉龍與軍統上海區的抗日活動（中）

四、滬區行動工作之艱難開展

滬戰結束後，國軍西撤，國府在上海的統治權喪失，政治形勢驟變。當時日軍除對租界當局施壓外，還實施「以華制華」的毒計，企圖扶植並操縱漢奸，以達到其全面統治上海的目的，遂於 1937 年 12 月 5 日在浦東扶植漢奸蘇錫文成立偽上海大道市政府，是為上海最先出現的傀儡政權。

除蘇錫文這類首惡外，其他形形色色、大大小小的民族敗類也見風使舵，紛紛投入日軍懷抱，上海的漢奸活動日漸猖獗。誠如當時《大公報》所評論的：「有少數頭腦簡單的人，或者平日素不安分之流，不顧抗戰最後勝利之究屬於誰，以為國家勢力，一時達不到上海，就不管認仇作父，鑽到木屐底下，幹起混水撈魚的勾當，想在此中榨取些非分之財，安享其眼前一時的快樂。」[1]

按照特務處工作計畫綱要之規定，須「加緊對首要漢奸予以祕密制裁，使一般為漢奸者知所戒懼」。而蔣中正

1　〈孤島彈痕錄上〉，《大公報》香港版，1939 年 1 月 8 日。

亦親自指示戴笠在滬布置行動人員，授以制裁漢奸、破壞敵方陰謀之一切任務。[2] 11 月 23 日，戴笠首次向周偉龍轉達了蔣中正的命令：「頃奉校座面諭，聞傅筱庵、陳中孚均有出任滬市維持會會長之息，對此漢奸應根本制裁等因。務請吾兄查明，積極設法制裁為要。」[3] 11 月 27 日，戴笠再次電令周偉龍：「上海之漢奸活動吾人必須設法制裁」，「滬上工作務請兄力求推展為幸」。[4]

1. 蘇浙行動委員會別動隊殘部之瓦解

戴笠對上海特務活動之分工，係以滬區負責情報之搜集與編審，而以蘇浙行動委員會上海辦事處負責聯絡指揮別動隊殘部，從事制裁、暴動、突擊、破壞等活動。[5] 因此，周偉龍想要開展鋤奸工作，首先要對別動隊殘部進行調查與聯絡。

別動隊殘部在上海潛伏之初，由於總指揮劉志陸病重，無人指揮，情形至為混亂，與特務處方面的聯絡既不緊密，更談不上服從滬區指揮。[6] 而戴笠身為蘇浙行委會書記長，自 11 月 14 日奉蔣中正之命撤退至南京後，對

2 〈戴笠呈蔣中正報告〉（1938 年 2 月 2 日），《蔣中正總統文物》，國史館 002-080200-00494-044。

3 〈戴笠電周偉龍〉（1937 年 11 月 23 日），《戴笠史料》，國史館 144-010106-0004-066。

4 〈戴笠電周偉龍〉（1937 年 11 月 27 日），《戴笠史料》，國史館 144-010106-0004-069。

5 戈士德，〈戴笠與周偉龍（中）〉，頁 143。

6 〈戴笠電胡宗南〉（1937 年 11 月 9 日），《戴笠史料》，國史館 144-010112-0002-044。

別動隊之情形亦甚隔膜，以至11月22日蔣中正向他詢問別動隊情形時，他竟「無言對答」。同日，戴笠致電周偉龍，令其立即調查二支隊陸京士、三支隊朱學範、五支隊陶一珊等殘部之現狀：「聞京士早已由浦東回滬，兄何以迄無報告？現第二支隊與第一大隊情況究如何？務請兄立即查明電示」，「一珊、學範兩部之善後事宜兄究如何辦理？盼速詳行電示。」他並告知周偉龍：「聞京士回滬，已將軍需參謀等帶回，則陸之不負責任可知，請即詢其究竟，在陸無確實答覆以前，對該二支隊經費應停止發給。」「留滬無用之人員亦請遣回。」[7] 此外，戴笠擔心周偉龍與別動隊聯繫不夠緊密，還親自致電在滬養病之劉志陸，請其「多予道三同志以工作上之指示，俾於此失陷之區域內有所表現，藉以發揚中華民族之精神與人格。」[8]

12月1日，戴笠因輾轉屯溪、南昌、長沙、漢口等地，長期未接滬區有關別動隊之來電，乃再電周偉龍詢問滬上情形，並有所指示：

> 十萬火急，上海，〇密，道三兄勛鑒：弟於前天由長沙飛回漢口，刻因事尚留漢口，明日尚須赴南昌一行。宋部長已抵香港，聞月笙……亦已離滬赴港，因

7　〈戴笠電周偉龍〉（1937年11月22日），《戴先生遺訓》，第2輯，頁11。

8　〈戴笠電周偉龍轉劉志陸〉（1937年12月6日），《戴笠史料》，國史館144-010110-0002-062。

未接兄電示，不悉確否？……偉軍先生有無離滬之意？旭東在滬能否真誠助我？月笙如果離滬，京士、學範今後之行動如何？務請兄即查明電示。滬區與別動隊之歸滬區所聯絡指揮者，目前按月尚須經費若干？盼即詳示。因吾人工作既無成績表現，今後別動隊經費非減少不可也。……弟濤叩，東午，漢。[9]

電文中所提諸人：宋部長即前財政部長宋子文，他與杜月笙均為蘇浙行委會委員，他們相繼離滬赴港，說明上海的形勢已經愈發險惡；偉軍先生指別動隊總指揮劉志陸，旭東指蘇浙行委會宣傳組長陳旭東，他們尚未離滬，故戴笠有意爭取他們協助滬區工作；[10] 第二支隊長陸京士、三支隊長朱學範均為杜月笙的學生，與特務處關係疏遠，故杜月笙離滬後，戴笠頗為懷疑他們是否願意服從滬區指揮。

真正被戴笠看重的是潛伏在浦東的謝瓊珠部，戴笠曾致電周偉龍指示：「浦東之謝瓊珠同志，萬希兄多方策動，促其向滬杭鐵道方面盡力活動。」[11] 謝瓊珠，字忠棋，湖南湘鄉人。湖南省立第一中學、黃埔軍校第四期畢業。歷任武漢學兵團排長、連長、中央軍校武漢分校區隊

9 〈戴笠電周偉龍〉（1937 年 12 月 1 日），《戴笠史料》，國史館 144-010109-0001-102。

10 國防部情報局編，《忠義救國軍誌》，頁 8。

11 〈戴笠電周偉龍〉（1937 年 11 月 27 日），《戴笠史料》，國史館 144-010106-0004-069。

長、隊長。北伐時期，轉入營幕，在國民革命軍第一軍第二師歷任連長、營長，每經戰陣，身先士卒。北伐完成後，調任第十一師軍需主任。未幾，遷第二十師中校團附。1937 年 8 月 15 日，由特務處書記室書記楊繼榮介紹，參加特務處工作，經在特務處南京短期訓練班學習爆破及殺敵技術後，派任滬區通訊員，旋調蘇浙行委會別動隊任職。

同樣被戴笠看重的還有雷忠部。雷忠為湖南嘉禾人，化名胡漢良、雷公，北平匯文大學英文科、黃埔軍校第六期畢業。曾任陸軍第十師排長、連長、營長、團副、主任參謀及湖北省保安第六團第一營少校營長等職。1937 年 8 月，參加特務處工作，任特務隊副隊長。9 月，調滬區工作。後兼任別動隊一支隊某大隊長。

謝瓊珠

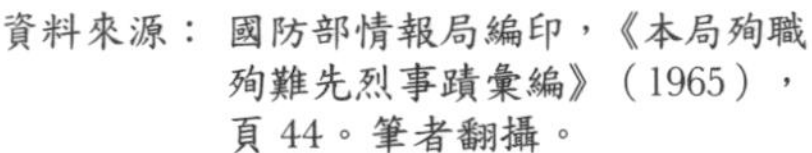

資料來源：國防部情報局編印，《本局殉職殉難先烈事蹟彙編》（1965），頁 44。筆者翻攝。

雷忠

資料來源：國防部情報局編印，《本局殉職殉難先烈事蹟彙編》（1965），頁 55。筆者翻攝。

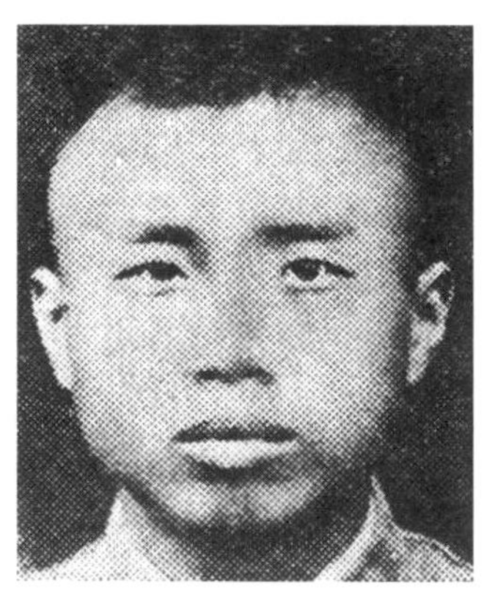

余延智

資料來源：國防部情報局編印，《本局殉職殉難先烈事蹟彙編》（1965），頁 107。筆者翻攝。

此外，戴笠還命周偉龍策動余延智、羅日明、劉匡世等部。余延智，湖南桑植人，別名侯光裕，黃埔軍校第四期步科畢業，1937 年 9 月參加特務處工作，在別動隊之職務不詳。羅日明，湖南資興人，1933 年 7 月參加特務處工作，曾任特務隊隊附，在別動隊之職務不詳。劉匡世，字強石，湖北黃梅人，武昌中華大學政治經濟系畢業，曾任軍事參議院上校祕書、中國勞動界救亡協會委員，時任別動隊第二支隊第六大隊隊長。

讓戴笠意想不到的是，在他迭電指示下，不僅二、三支隊置若罔聞，就連他寄予厚望的謝瓊珠、雷忠等部亦無動於衷。他對此異常憤懣，於 12 月 4 日質問周偉龍：「二、三兩支隊之不能為我用，且亦無用，弟早已明白，惟謝瓊珠與雷忠所率領者何以迄無動作與表現？」並切囑「多方催促」謝、雷等人，「以免坐失良機」。[12]

12 月 7 日，戴笠在南昌閱報，得知蘇錫文成立偽政權事，再次致電周偉龍，令其鼓勵所屬設法制裁，不可貪生怕死：

> 十萬火急，上海，〇密，任重兄勛鑒：閱今日報載，有閩留日學生蘇希〔錫〕文者，已在浦東組織大上海自治政府，並發表荒謬宣言。現時機已至，萬希吾兄速策動謝瓊珠、劉匡世等即予澈底解決。此種任務應由我別動隊肩負，藉以挽救過去之失敗，表現中華民族之精神為幸。如謝等無法推動，則由立俊同志設法派人參加，予以打擊亦可。如有行動，並須儘量宣傳。兄乎，國難若此，人生終有一死，大好時機，請兄鼓勵同志切勿錯過為盼！弟在南昌尚有一二日勾留，知注並聞。弟濤叩，陽巳。[13]

12　〈戴笠電周偉龍〉（1937 年 12 月 4 日），《戴笠史料》，國史館 144-010106-0001-054。

13　〈戴笠電周偉龍〉（1937 年 12 月 7 日），《戴笠史料》，國史館 144-010106-0001-052。

在這封電報裡，戴笠首次提出，如果別動隊殘部無法推動制裁任務，則由「立俊同志」設法予以打擊。「立俊同志」即曹立俊，為特務處幹員趙理君之化名。[14]

趙理君

資料來源：《軍事委員會委員長侍從室檔案》，國史館 129-010000-4963。

此後一段時間，謝瓊珠、雷忠仍然毫無表現。戴笠無奈之餘，只能迭電周偉龍表達不滿並促其行動，其 12 月 8 日電曰：「謝、雷等既不能擾亂敵之後方，復不能解決浦東之偽組織，吾人將無面見領袖矣！務乞兄多方策動，並乞兄轉告諸同志，死生有數，死不足怕也。」[15] 12 月 20 日電曰：「浦東三縣與乍浦、海鹽等處現無敵蹤，我在浦東之謝瓊珠、雷忠等何不積極前進，予敵以襲擊，藉以發揮我別動隊之威力，而挽救吾人之劫運乎？萬希兄設

14 沈醉，〈唐紹儀之死〉，《文史資料選輯》，第 109 輯（北京：中國文史出版社，1987），頁 212。

15 〈戴笠電周偉龍〉（1937 年 12 月 8 日），《戴笠史料》，國史館 144-010106-0001-055。

法督促，立即前進為幸。」[16]

先是蔣中正在南京淪陷前後，曾當面指示戴笠，京滬、滬杭兩地區必須有游擊、別動部隊活動，處處予敵人以打擊，使敵人不能安全占領我土地，故戴笠對別動隊之工作極為關注。[17] 然而別動隊本就訓練不精，新敗之餘，更是士氣不振，欲求在浦東立足已屬困難重重，更不必說襲擾敵偽了。和戴笠相比，身處前線的周偉龍顯然對別動隊的現狀有著更加清醒的認識，當時他已決定整頓謝瓊珠、雷忠兩部，遣散無用之人，遂於 12 月 12 日將別動隊不堪一戰之情形及應予遣散之設想電告戴笠，並請示酌量發給遣散費，以利遣散工作之順利進行。

戴笠於 12 月 21 日始輾轉接閱周偉龍之來電，他在復電中難掩失望情緒，說道：「月餘來，弟對我上海情報、行動及浦東別動隊之工作毫無動作，萬分失望！頃讀兄文電，敬悉一切。時至今日，吾同學若再不覺悟，努力奮鬥，將死無葬身之地矣！萬希吾兄立即設法與雷忠、瓊珠、延智、日明諸兄懇切商談，應即披誠合作，一德一心，汰弱留強，切實掌握」，「上海別動隊用了如許經費，毫無成績，不僅弟不能負空虧之責，且弟將不能做人矣！」並切囑：「革命需要武力，革命不能離開民眾，千萬要愛護民眾，團結上下，名義與編制均可照兄之文電辦

16 〈戴笠電周偉龍〉（1937 年 12 月 20 日），《戴笠史料》，國史館 144-010103-0002-031。

17 〈戴笠電周偉龍〉（1937 年 12 月 21 日），《戴笠史料》，國史館 144-010103-0002-032。

理，但遣散費不可任意發給，應以有槍而不能用者為基準。」戴笠在電文最後再次勉勵周偉龍：「兄乎！吾人生死與共，榮辱相同，務請兄嚴行整飭，多方設法推動，尤望兄善與同志相處，和以待人，萬不可有負弟艱危之重託也！」[18] 與此同時，戴笠致電留滬主持工作之特務處總會計張冠夫，令其配合周偉龍遣散謝、雷兩部：「查謝、雷兩部迄無動作，在浦東既取諸於地方，今又來請領伙食，並擬發給遣散費，只知要錢而不能動作之部隊，我何能負擔？此事務希與道三切商。」[19]

就在戴笠、周偉龍準備整頓謝瓊珠、雷忠等部之際，卻傳來了謝部譁變的消息。當時謝部雖無表現，但謝瓊珠抗敵意志尚稱堅決，不料該部副司令李百全心懷不軌，竟串通所部八人倒戈投敵，於 12 月 19 日包圍司令部，威脅謝瓊珠一同附逆。謝瓊珠不為所動，怒斥李百全叛國罪行，「目眥欲裂」，最後竟遭李百全活埋殺害。[20]

12 月 23 日，周偉龍急電戴笠報告謝瓊珠殉職事，並稱雷忠、羅日明等人仍按兵不動，為今之計只有多發軍餉，言下頗為灰心喪氣。戴笠於月底輾轉接閱此電後，意識到浦東方面情形複雜，雷、羅等部或有類似謝部之隱

18 〈戴笠電周偉龍〉（1937 年 12 月 21 日），《戴笠史料》，國史館 144-010103-0002-032。

19 〈戴笠電張冠夫〉（1937 年 12 月 21 日），《戴笠史料》，國史館 144-010111-0004-029。

20 軍事委員會調查統計局編，《先烈史略稿》（重慶：國民政府軍事委員會調查統計局，1946），初輯，頁 48。

憂，因於 12 月 31 日復電周偉龍，請其切實查明雷、羅等人是否無法掌握部屬？抑或別有企圖？並懇切告知：「今日之事吾人徒憤激或灰心均無補也，雷、羅等之率隊渡浦東係吾人之主張也，弟意雷、羅必不敢背叛吾人，必有其自認困難也，今日之事即發餉恐亦不能動，萬希兄速詳查此中之癥結，多方設法策動，在未明瞭癥結所在，不可再發分文」，「李百全之參加偽組織，務希多方破壞，並予制裁。對雷、羅應請多方鼓勵與督責為要。」[21]

李百全投敵後，即與日軍接洽收編，日軍某部前來談判時，謝部官兵尚對李百全叛國事懵然無知，質問為何不對日軍出擊，李百全手下之參謀長竟謊稱：「軍委會有命令，儘量避免無謂犧牲，保存實力，待機回應。」至 1938 年 1 月 4 日，李百全及叛部八十餘人突在南橋鎮遭日軍逮捕處決，此事內情複雜，說法不一。[22] 據軍統方面記載，係特務處方面為謝瓊珠報仇，「運用反間」之結果。[23]

謝瓊珠殉職不久，雷忠大隊隨支隊長何行健撤離浦東，經奉化至遂安改編，[24] 羅日明部亦轉往定海。[25] 至

21 〈戴笠電周偉龍〉（1937 年 12 月 31 日），《戴笠史料》，國史館 144-010106-0001-056。

22 克倫，〈李百全司令之死〉，《上海一日》，第 1 部（上海：美商華美出版公司，1938），頁 132-133。

23 軍事委員會調查統計局編，《先烈史略稿》，初輯，頁 48。

24 國防部情報局編，《忠義救國軍誌》，頁 11。

25 〈戴笠電周偉龍〉（1938 年 1 月 10 日），《戴先生遺訓》，第 3 輯，頁 310。

此，浦東方面再無大股別動隊殘部活動，僅餘零星隊員繼續潛伏上海市區，逐漸成為滬區的行動力量。

2. 四志士轟炸日軍祝捷行列事件

1937 年 12 月 3 日，日軍在上海公共租界舉行「祝捷遊行」，向各國誇耀攻陷上海之武功，當行列行進之間，突遭抗日志士投擲炸彈。這一投彈事件的主角是蘇浙行動委員會別動隊隊員趙剛義、孫亞興、徐國琦、孫景灝，他們的壯舉為滬區的地下抗日活動拉開了序幕。

趙剛義，山東黃縣人，北平朝陽大學畢業，九一八事變後，在東北組織義勇軍，「輾轉困鬥，未曾稍懈」。[26]

孫亞興，別名眾正，一名望中，江蘇鎮江人，上海中學初中部肄業，每有考試，名列前茅。早年在滬從商，志切愛國。九一八事變後，投身「東北援馬團」。還曾於 1932 年一二八抗戰期間加入「上海市鐵血義勇軍」，任區隊長。

徐國琦，浙江杭縣人。豪邁任俠，襟宇不凡。曾任第二十一師中尉排長、第十九路軍第七十八師第一五六旅特務隊中尉排長、福建興泉永警備司令部上尉特務隊隊長、浙江玉環縣坎門公安分局局長等職。

孫景灝，山東德州人。縣立中學畢業。因無力繼續求

---

26 中國國民黨和平運動殉難同志追悼大會籌備委員會編，《中國國民黨和平運動殉難同志追悼大會專刊》（南京：中國國民黨中央執行委員會宣傳部印，1940），頁 11。

學，赴上海做印刷工人。平時對於國事，常表示「國民應為國家效命」。[27]

孫亞興

資料來源：國防部情報局編印，《本局殉職殉難先烈事蹟彙編》（1965），頁 109。筆者翻攝。

徐國琦

資料來源：國防部情報局編印，《本局殉職殉難先烈事蹟彙編》（1965），頁 429。筆者翻攝。

先是七七事變爆發後，趙剛義、孫亞興、徐國琦等人在上海南京大馬路中和大樓發起組織「中華青年抗敵救亡團」。孫亞興毀家紓難，將自己經營的兩家鐘錶店變賣了 1,000 元，即在南市老西門關帝廟設立籌備處，並在《中

27　中國國民黨中央執行委員會宣傳部編，《寧死不屈》（出版地不詳：中國國民黨中央執行委員會宣傳部，1938），頁 17。

央日報》張貼廣告，招徠四方抗日志士。僅僅一個禮拜，便有來自海內外的千餘名學生、學徒和店員前來報效。7月15日，救亡團正式成立，由趙剛義任團長，徐國琦為參戰股長，孫亞興為特務股長。孫景灝作為一名普通工人，也於此時加入救亡團，他開始孜孜不倦地學習如何使用武器，以期做好殺敵報國的準備。

迨滬戰爆發，救亡團奉京滬警備司令張治中之命，調往前線工作，在僅有口糧而無薪金的情況下，志願協助國軍挖掘戰壕，歷時月餘，迭建殊功。當9月上旬蘇浙行委會別動隊成立之際，救亡團因任務完成，已由前線調回龍華，即被改編為別動隊特務大隊，負責保衛滬濱南市。上海淪陷後，別動隊退入租界潛伏，孫景灝曾計畫在蘇州河襲擊日軍，惟未得機會。

12月3日清晨5點鐘，趙剛義、徐國琦、孫亞興、孫景灝等人正在大東旅社237號房間祕密集會，突有同志前來報告，說日酋松井石根將於本日在公共租界舉行祝捷遊行，而且叫來許多日、鮮浪人喬裝中國人的模樣，作種種歡迎日軍的醜態。大家聽罷，都非常氣憤，於是毅然決定狙擊暴敵，為國犧牲！計議既定，四人便各攜手榴彈扼守要道，伺機投擲。[28]

這天上午11時，日軍約六千名，包括步兵、騎兵、

---

28 中國國民黨中央執行委員會宣傳部編，《寧死不屈》，頁17-18；教育部民眾讀物編審委員會編，《抗日英雄故事集》（重慶：教育部民眾讀物編審委員會，1940），頁32；《先烈史略稿》，初輯，頁82-83。

砲兵、工兵、輜重兵等，由滬西中山路豐田紗廠整隊出發，經極司菲爾路、愚園路、海格路、福煦路、愛多亞路、虞洽卿路，高呼口號、浩浩蕩蕩向南京路衝來。日軍由敵酋前導，三人一排，首先通過步兵，而以騎兵殿後，駐滬日僑均手持太陽旗在隊後行進，同時有日機五架在低空盤旋，掩護遊行行列。公共租界警務處唯恐有意外發生，亦在日軍經過地段嚴密戒備，禁止車馬通行，並阻止閒雜人等在附近里弄停留。

日軍舉行祝捷遊行情形

資料來源：伊東部隊編，《支那事変記念寫真帖》（上海：三益社，1939）。吳京昴先生藏。

正午 12 時 44 分，日軍遊行隊伍經過虞洽卿路，折入南京路向東行進，將近廣西路口，這時孫景灝已經密攜炸彈埋伏在人叢中，他眼見日軍和日僑的傲慢姿態，直氣得怒髮衝冠、咬牙切齒！說時遲那時快，孫景灝竟猛然衝進密布巡捕的警戒線，將炸彈逕向遊行隊伍擲去，只聽轟然一聲巨響，立時將三名日軍炸倒，這顆炸彈威力甚大，將路面炸出一個三英尺深的碗形大洞，靠近日軍的一名印度巡捕、一名華人巡捕和一名西人探員也被炸傷。接著孫景灝再投一彈，可惜日軍已向四周散開，無法命中，而他竟被一名助紂為虐的華人巡捕連開四槍，胸部中彈，倒在了廣西路廣寒宮理髮館門口的馬路上。

日軍驚駭之餘，立即停止遊行，所有步兵齊上刺刀，殿後的騎兵也同時向前，與步兵一同在出事地點實行布防，將倒地的孫景灝團團圍住。兩分鐘後，幾名日軍軍官首先趕到，三輛日軍武裝軍車隨後到達。又過了幾分鐘，日軍軍官指揮七十多名步兵留守出事地點，並將被炸傷之日軍送醫，其餘行列始繼續前進。留守日軍在大隊行列經過後，一面大肆展開搜查，一面對孫景灝進行盤問，然而他們一無所獲。日軍惱羞成怒，竟不許他人上前救治，孫景灝卒於午後 2 時重傷成仁。經此事件，日軍顏面盡失，因不願承認此一炸彈案與中國抗日志士有關，只得故意混淆視聽，向租界巡捕聲稱孫景灝是「日當局久緝未獲之朝鮮革命黨」。

孫景灝犧牲時年僅二十四歲，家中尚有老母及未婚妻。後來，有人在他未婚妻張啟君女士處見到了他的遺書，內云：「倭寇殘暴，已成人類公敵，在最近幾日內，我將要做一件驚人的偉大的工作，假若我要在這次奮鬥的過程中犧牲掉，你正不必為我悲傷，因為我相信必有許多的同志踏著我的血跡而繼續奮鬥下去的……」[29]

孫景灝烈士倒地殉難情形

資料來源：每日新聞社，《每日新聞秘藏不許可寫真》（東京：每日新聞社，1998）。鄒德懷先生藏。

孫景灝犧牲後，趙剛義、孫亞興、徐國琦乘間脫險，來到抗戰大後方漢口。1938 年 3 月 1 日下午，孫景灝烈士追悼會在漢口總商會禮堂舉行。國民黨中央宣傳部長邵力子以及各界代表曹聚仁、沈鈞儒、朱學範、陶百川等數百人出席。馮玉祥、陳銘樞以及新華日報社均致送輓聯，馮玉祥的輓聯是：「憤倭奴之猖獗，挾彈聯盟共殲渠寇；爭中國之光榮，成仁取義永留英名。」追悼會上，首先由趙剛義報告孫烈士殉難經過，接著由各界代表演講，朱學範說：「孫烈士之精神，完全表現我中華民族之永不屈服

29 〈昨大隊日軍通過公共租界〉，《申報》，1937 年 12 月 4 日；中國國民黨中央執行委員會宣傳部編，《寧死不屈》，頁 17-19；教育部民眾讀物編審委員會編，《抗日英雄故事集》，頁 32-33。

及抵抗到底之決心。」邵力子說：「死有輕於鴻毛、重於泰山之別，孫烈士之死即為重於泰山者，而孫烈士身雖死而心實不死，他永遠生存於我們心中！」此外，中共代表張維明及朝鮮民族戰線同盟代表金哲民也發表了演講。最後，眾人高呼「打倒日本帝國主義！」「孫烈士精神不死！」等口號，追悼會即在慷慨悲壯的氣氛中結束。[30]

大會結束不久，趙剛義、孫亞興等人和特務處取得聯繫，他們旋奉戴笠之命返回上海，成為滬區制裁敵偽的主力。

3. 打擊偽上海市民協會

日軍自扶植漢奸蘇錫文成立偽上海大道市政府後，又在上海繼續扶植有民間色彩之偽組織。1937 年 12 月 29 日，日軍拉攏上海財界要人在南京路女子商業銀行成立「上海市民協會」，列名其中的有：南市自來水公司總理姚慕蓮、雜糧業同業公會主席顧馨一、申新紡織公司及福新麵粉公司總理榮宗敬、南市電氣公司總理陸伯鴻、振華紡織公司總理尤菊蓀、中匯銀行常務董事周文瑞、漕涇區市政委員楊福源、福新麵粉公司經理王禹卿等 21 人。偽市民協會之參加者自知「此事如呈請中國政府當局，勢必不能成立」，因此在成立之初即狂妄宣稱：該組織「無需中國政府允許」，且「中國目下事實上已無政府」，

30 〈武漢各界開會追悼孫景灝烈士〉，《新華日報》，1938 年 3 月 2 日。

「人民當果敢膽大，作減少痛苦之舉。」

偽市民協會成立後，滬區決定採取激烈的制裁手段，以遏制這股投敵逆流，並把槍口首先對準了該會的常務委員陸伯鴻。陸伯鴻本是上海著名的實業家與慈善家，曾任內地電燈公司總經理、南市電車公司總經理、和興鋼鐵公司董事長及大通仁記航業公司總經理等職，還先後擔任過法租界公董局第一任華董、輪船公會監委及航業工會執委。上海淪陷後，陸伯鴻並未隨軍西撤，而在法租界居家不出，遂成為日軍利用的對象。

陸伯鴻案的執行者為上海行動隊區隊長周繼棠及隊員章學禮、錢祥慶、王鶴庭、張玉琨、顧仁元、胡榮桂等人。

周繼棠，一作周繼榮，浙江義烏人。中學畢業，曾任小學教員多年。為人機智，膽略過人。1933 年，以華生電器廠工會負責人身分參加上海市總工會主席朱學範組織之抗日救國團體勇進隊，成為該隊骨幹，後又擔任上海市總工會執行委員。1937 年 9 月，在上海參加特務處工作，初任別動隊第三支隊第七大隊第一中隊區隊長，嗣在租界擔任通訊，旋調上海行動隊區隊長。為陸伯鴻案之領隊人。

章學禮，浙江諸暨人。高等小學畢業，曾任紗廠職工，雖所學不多，然頗有志氣。七七事變後，毅然拋棄原職，致身殺敵鋤奸。1937 年 8 月，在上海參加特務處工作，派充滬區行動隊隊員，任事勇敢。

錢祥慶，安徽蕪湖人。高等小學出身，為人倜儻不羈。1937 年 8 月，在上海參加特務處工作，派充滬區行動隊隊員。

王鶴庭，安徽人。小學出身，曾充工人。1937 年 9 月，在上海參加特務處工作，派充滬區行動隊隊員。

張玉琨，浙江諸暨人。小學出身。1937 年 9 月，參加特務處工作，派充滬區行動隊隊員。

顧仁元，上海人。中學肄業，曾經商多年，目擊敵寇獸行，於 1937 年 8 月參加特務處上海行動隊工作，以其在滬社會關係廣泛，執行制裁，頗有路線。

胡榮桂，一作胡桂榮，江蘇人。小學出身。1937 年 9 月，參加特務處工作，任上海行動隊隊員。

另一與陸伯鴻案密切相關的是朱學範。先是滬戰結束後，別動隊第三支隊解散，支隊長朱學範曾派郵局信差將二十五支新手槍送到舊識吳叔和、沈保君夫婦家中保存，這批手槍成為周繼棠等人執行此次鋤奸任務的武器。[31]

1937 年 12 月 30 日下午 2 時許，陸伯鴻在法租界呂班路自家門口準備乘自備汽車外出。這時滬區兩名行動人員偽裝成水果商販，湊上去高喊道：「陸先生買一點橘子吧！」邊說邊抬起盛滿橘子的籮筐，假裝失手，把整筐橘子散落在車前。陸伯鴻探出車窗欲看究竟，行動人員立即出槍，向其頭部、胸部連發數彈，陸伯鴻當場斃命，行動

31 朱學範，〈上海工人運動與幫會二三事〉，《上海文史資料選輯》，第 54 輯（上海：上海人民出版社，1986），頁 17。

人員逃逸無蹤。[32]

陸伯鴻

資料來源：金科中學，《金科中學年刊》（1938）。筆者翻攝。

陸伯鴻案是上海淪陷後滬區首開先河的制裁案，其效果可謂立竿見影。自陸伯鴻死後，列名偽市民協會的商界要人無不膽寒，福新麵粉公司經理王禹卿立刻登報聲明，否認參加其事，申新紡織公司總理榮宗敬則避居香港，不久後竟憂慮而亡，其他「該會之各委員在對人談及時，縱然仍謂俯仰無愧，絕無絲毫作用，而事實上則均懷有戒心，誠恐此事之終於被人誤會也。」至 1938 年 1 月 5 日，滬上有報刊述評曰：偽市民協會「業已無形停頓」，「在滬之著名人物在數日以來，亦復不若昔日之奔走進行，此種現象當然由於租界以內一般祕密抗日分子之活動所致。」[33] 戴笠對陸伯鴻案頗為滿意，特電在滬主

32 〈陸伯鴻在滬被暗殺〉，《大公報》武漢版，1937 年 12 月 31 日；國防部情報局編，《本局殉職殉難先烈事蹟彙編》，頁 45-46；沈曉陽、施海根，〈陸伯鴻辦電軼聞〉，《上海文史資料存稿彙編》，第 8 冊（上海：上海古籍出版社，2001），頁 153。

33 上海社會科學院經濟研究所編，《榮家企業史料》，下冊（上海：上海人民出版社，1980），頁 21-23。

持會計工作之張冠夫，令其下發獎金 2,000 元給「陸案行動員」，交周偉龍支配。[34] 蔣中正對陸伯鴻案亦表示肯定，令戴笠嘉獎滬區，戴笠特電周偉龍告知此事並勉勵稱：「滬區最近之行動已奉校座傳諭嘉獎，此皆吾兄苦心策劃之所致也。」[35]

此後不久，滬區又制裁重要漢奸范剛。范剛係一專為強盜辯護之律師，有「強盜律師」之稱，早在抗戰以前，便是上海眾多律師中最為人痛恨不齒的一位。其實范剛經手強盜案子時，對當事人判刑輕重、是死是活並不關心，打的官司也不一定能贏，但令人不解的是，上海一般犯強盜罪者仍十中有九要找范剛辯護。據杜月笙的管家萬墨林回憶，范剛之所以不愁沒有生意，是因為他與上海各捕房裡的探目、巡捕多有聯絡，這些探目、巡捕在把強盜押往法庭之前，一定會問可曾請到律師辯護？強盜失手被捕，倉促之間根本不會去請。於是押解者虛聲恫嚇，故意說這是性命攸關的事，怎可掉以輕心，不請律師那還得了？接著便說：「火速去請范剛大律師，只要他肯答應出庭，保證大事化小，小事化無。」當生意敲定，范剛把錢拿到，便和介紹人六四分賬，就連為范剛跑腿的法庭庭丁也有相當可觀的好處可拿。[36] 由此可見，范剛本是一個惟利是

34 〈戴笠電張冠夫〉（1938 年 1 月 5 日），《戴笠史料》，國史館 144-010111-0002-073。

35 〈戴笠電周偉龍〉（1938 年 1 月 10 日），《戴先生遺訓》，第 3 輯，頁 310。

36 萬墨林，〈上海三大亨——滬上往事之二〉，《中外雜誌》，第 11 卷第 3

圖的人，當上海淪陷後，他更為虎作倀，開始積極謀取日軍控制下的兩特區法院院長一職，於是他便成為滬區的制裁對象。

范剛案的直接指揮者是滬區的陳默，執行人則為郭楚芳。陳默，字冰思，為杜月笙的得意門生，曾任別動隊大隊長。上海淪陷後，奉杜月笙、戴笠之命，由武漢、香港返回上海，參加滬區鋤奸工作。陳默在行動之前，先與留守華格臬路杜公館之萬墨林接洽，請其與法租界巡捕房中與杜月笙有關的人士多多聯絡，配合鋤奸行動。萬墨林遂以五千大洋現鈔交付法捕房華籍探目成志欣和沈德復，請他們在日本人要求法捕房會同逮捕抗日志士時，事先知會抗日志士走脫，並請轉告法捕房首腦，不要妨礙滬區的鋤奸活動。招呼打好後，陳默即準備行動。[37]

郭楚芳，四川隆昌人。自幼聰穎，年甫弱冠即通中西文字，且嫻於國術。1937 年 7 月，參加特務處工作，慨然以殺敵鋤奸為己任。[38]

準備工作做好後，郭楚芳即展開行動。1938 年 1 月 14 日下午 5 時，范剛在威海衛路 155 弄 20 號律師事務所門前下汽車時，突遭郭楚芳狙擊，身中三彈。當槍聲響起，威海衛路上頓時秩序大亂，郭楚芳雜入人群之中，按

期（1972.3），頁 23。

37 萬墨林，〈上海三大亨——滬上往事之二〉，頁 22。

38 軍事委員會調查統計局編，《先烈史略稿》，初輯，頁 133-134。

照預定計劃安然撤離。[39] 隔日，范剛被刺之訊見報，戴笠異常興奮，立電周偉龍詢問：「今日報載滬師范剛被刺，是否我方所為？請立即查明電示！」[40] 其對此案關切之情，不難概見。

范剛案後，滬區繼續打擊偽市民協會，又有楊福元案之發生。楊福元一作楊福源，字心正，曾任漕河涇村正十五年之久，還兼任上海市政府參議及漕河涇保衛團團長，「其勢力可直達龍華及閔行」。上海淪陷後，覥顏事敵，發起組織偽市民協會。1 月 21 日下午 4 時，楊福元由其海格路私邸外出散步，突遭一名滬區行動人員槍擊，連中三彈，當即斃命。[41]

自偽市民協會成立後，滬區在不到一個月內，先後以激烈的暗殺手段嚴厲制裁了三名企圖投敵的首要分子，有力的遏制了上海淪陷初期的投敵逆流。戴笠對滬區這番表現頗為滿意，他在給蔣中正的報告中不無得意的說：「自陸伯鴻、范剛、楊福源等制裁後，漢奸俱已膽寒。」[42]

---

39 〈滬一律師被刺〉，《大公報》武漢版，1938 年 1 月 16 日。據情報局《忠義救國軍誌》記載，范剛被擊致死，惟據當時報載，范剛受傷雖重，但並未斃命。

40 〈戴笠電周偉龍〉（1938 年 1 月 16 日），《戴先生遺訓》，第 2 輯，頁 35。

41 〈滬漕河涇村正被暗殺〉，《申報》，1938 年 1 月 23 日；國防部情報局編，《忠義救國軍誌》，頁 97。

42 〈戴笠呈蔣中正報告〉（1938 年 2 月 2 日），《蔣中正總統文物》，國史館 002-080200-00494-044。

4. 滬區被捕人員之營救與殉難人員之撫恤

滬區的行動沉重打擊了日偽的囂張氣焰，也必然遭到日偽忌恨，且因制裁行動多在租界內進行，「致引起外人恐怖」。1938 年 1 月 2 日，租界工部局為抗日事件迭次發生，頒布緊急通告，其內容包括：「任何人攻擊公共租界內之軍隊，逮捕後當移交被攻擊之軍隊處理」；「任何人在公共租界持有武器犯罪者將不予以保護，並驅逐出界」；「授權巡捕房搜查所有公私房屋或無照槍械」等項。[43] 其中「公共租界內之軍隊」顯指日軍，而「任何人」則主要指抗日志士。

此後，滬區陸續有工作人員遭到捕殺，首先被捕的是周繼棠。周繼棠自執行陸伯鴻案後，一度到寧波避居，後又返回上海繼續殺敵。1 月 13 日晚，他在西藏路遠東飯店租了一個房間作為聯絡點，不料被敵方偵悉逮捕，並引渡至日本憲兵隊，和他一起被引渡的還有別動隊隊員何貴。次日，滬區行動人員吳紹林、張仁欽在膠州路被捕房捕去，搜去新式駁殼槍二支、子彈六十發、手榴彈二枚。1 月 16 日，滬區行動隊區隊長趙晨耕、隊員劉裂勇、楊文斌、章學禮、胡榮桂、顧仁元、錢祥慶等人在西門路仁吉里 11 號被公共租界捕房會同法租界捕房捕去。1 月 23 日，滬區第二組組長阮清源因與行動人員李中祥、宋宴林謀劃制裁偽蘇州地方自治委員會會長陳則民事，於午前 2

43 〈公共租界內旅館大搜查〉，《大公報》武漢版，1938 年 1 月 3 日。

時分別在滄州飯店及霞飛公寓被中央捕房拘去，搜去手槍二支。[44]

上述人員被捕後，滬區立刻設法營救。高級情報組組長劉芳雄為援救阮清源，在事發當晚即由「探長前輩」房秀山介紹，往訪主辦該案的成都路捕房探長劉俊卿，復由劉俊卿介紹，往訪另一探長劉紹奎共同幫忙，卒使阮清源、宋宴林等人由捕房移解第一特區法院，僅以私藏軍火罪名判徒刑二月，送西監執行。[45]

和阮清源相比，周繼棠等人由於所涉案情重大，未能成功獲釋，竟遭日軍殺害。先是周繼棠被捕後，遭日軍百般詰問、迭施酷刑，雖刑傷極重，而堅不屈服。[46] 1 月 19 日，他與錢祥慶、張玉昆、顧仁元、方家全、楊光蘭、韓坤林七人因「實施向日軍襲擊行動」，由日本憲兵隊解至日軍軍律會議審理。1 月 28 日，日軍指控周繼棠等七人「有違反日軍軍律情事」，為「抗日暴動分子」，一律判處死刑，於下午 3 時半由敵憲分隊押至公共租界靶子場立即執行槍決。[47] 據日軍史料記載，周繼棠「進入

---

44 〈戴笠呈蔣中正報告〉（1938 年 2 月 2 日），《蔣中正總統文物》，國史館 002-080200-00494-044；朱學範，《我的工運生涯》（福州：福建人民出版社，1991），頁 90。

45 〈戴笠呈蔣中正報告〉（1938 年 2 月 18 日），《蔣中正總統文物》，國史館 002-080200-00494-157；劉芳雄訪問紀錄，《健行月刊》，第 236 期（1977.3），頁 209。

46 軍事委員會調查統計局編，《先烈史略稿》，初輯，頁 310；朱學範，《我的工運生涯》，頁 90。

47 〈抗日分子七人被處死刑〉，《新聞報》，1938 年 2 月 3 日。此新聞中錢祥慶原作「徐詳慶」，張玉昆原作「張滿崐」，據《先烈史略稿》改。

刑場時極為沉著，毫無懼色，一言不發」，足見其大義凜然，視死如歸。[48] 除上述七位志士外，同時被害的還有趙晨耕、劉裂勇、楊文斌、章學禮、胡榮桂五人。[49]

周繼棠

資料來源：國防部情報局編印，《本局殉職殉難先烈事蹟彙編》（1965），頁 45。筆者翻攝。

起初，戴笠並不知道周繼棠等人已遭殺害，他於 2 月 2 日向蔣中正詳細報告了滬區被捕人員的情況，並請蔣中正授意國民政府外交部，以私人名義示意英、法兩國大使勿對上海抗日志士過事株連：

> 查最近上海工作人員被租界一再搜查，捕去十餘人，迭受酷刑拷問，各同志抵死未肯洩密，但仍恐酷刑之下，不免有吐露實情者。竊吾人在租界行動工作實因漢奸輩匿跡租界之故，非故意擾害其治安。制裁漢

48 程兆奇，《日本現存南京大屠殺史料研究》（上海：上海人民出版社，2008），頁 206。

49 〈戴笠呈蔣中正報告〉（1938 年 2 月 18 日），《蔣中正總統文物》，國史館 002-080200-00494-157。

奸應目為愛國運動，各該租界當局既同情於我國之抗戰，自不能包庇漢奸，而過分摧殘我愛國志士。可否請鈞座授意外交部以私人名義便中向英、法兩大使示意，對我從事愛國工作而遭拘禁者勿事苛求與株連，並予從輕發落，藉睦邦交。乞鈞裁。

蔣中正接閱後，批示「照辦」。[50] 後戴笠獲悉周繼棠等人殉難，即電滬區查明各該殉難人員家屬，並再將詳情報告蔣中正，奉蔣批示「從優撫恤」。[51]

周繼棠殉難前後，上海形勢繼續惡化。日軍針對此起彼伏的抗日事件，曾多次嗾使暴徒在租界內暗殺抗日志士，並割下頭顱，製造「人頭案件」，而英、法兩捕房為維持租界治安，對日方暴徒及抗日志士不分皂白，一律大事搜捕，陸續捕獲「恐怖黨分子」兩百餘人。戴笠閱報獲悉上述各情後，對滬區情況異常掛念，他於 2 月 13 日電告周偉龍：「我同志有無續被捕者及對同志居住租界之安全問題如何籌畫，均盼即詳復」，並囑「兄在滬一切行動與應付均請注意。」[52] 他還電囑張冠夫：「滬上環境日益惡劣，弟在滬職責綦重，務請處處注意，事事留

---

50 〈戴笠呈蔣中正報告〉（1938 年 2 月 2 日），《蔣中正總統文物》，國史館 002-080200-00494-047。

51 〈戴笠呈蔣中正報告〉（1938 年 2 月 18 日），《蔣中正總統文物》，國史館 002-080200-00494-157。

52 〈戴笠電周偉龍〉（1938 年 2 月 13 日），《戴笠史料》，國史館 144-010106-0004-027。

心。」[53]「近日滬上迭發生人頭案件，兩租界當局必大事搜捕，弟之行動一切務希注意。」[54]

五、滬區行動工作的暫時衰落

陸伯鴻、范剛、楊福元等案發生後，大小漢奸無不膽寒，紛紛躲進日軍占領區，不敢輕易再到英法租界。[55]由於漢奸銷聲匿跡，滬區一時失去鋤奸目標，加以租界當局與日軍加緊鎮壓抗日活動，行動人員亦須避敵鋒芒，故自 1938 年 2 月至 5 月的四個月間，滬區的鋤奸工作一度陷入低谷。

1. 周鳳岐案

此一時期滬區的鋤奸工作雖然受到打擊，但仍有周鳳岐案之完成，影響甚大。周鳳岐早年擔任軍閥孫傳芳部師長，北伐時期投入革命陣營。自 1930 年起，先後參加馮玉祥、閻錫山、李宗仁、白崇禧及十九路軍的反蔣活動。全面抗戰爆發後，迭與日軍特務人員勾結，被定為華中偽政府之軍政部長兼浙江省主席。1938 年 2 月，周鳳岐在日偽汽艇護送下，由杭州赴上海事敵。與此同時，他也登

---

53 〈戴笠電張冠夫〉（1938 年 2 月 11 日），《戴笠史料》，國史館 144-010111-0003-026。

54 〈戴笠電張冠夫〉（1938 年 2 月 13 日），《戴笠史料》，國史館 144-010112-0004-047。

55 萬墨林，〈上海三大亨——滬上往事之二〉，頁 26。

上了滬區的制裁名單。

3月7日午後1時3刻，周鳳岐與一名日本人自法租界亞爾培路80號寓所外出。登車之際，突遭預伏道旁之滬區行動人員多名以手槍亂射，周鳳岐身中十三彈，迨舁至廣慈醫院救治，早已傷重身死。行動人員則於達到目的後，紛紛逃逸無蹤，迨巡捕聞警趕到，並無一人被捕。[56]

周鳳岐

資料來源：《圖畫時報》，1927年5月1日。筆者翻攝。

2. 楠本實隆、大槻茂案

除周鳳岐外，這一時期戴笠曾命滬區制裁敵諜楠本實隆、大槻茂及漢奸蘇錫文、邵繼嶽等人，皆未獲成功。

早在上海淪陷之初，戴笠就曾指示周偉龍、趙理君設法制裁楠本實隆，「務達目的而後已」。[57] 1938年2月22日，戴笠再令周偉龍制裁楠本實隆、大槻茂二人，「因

56 國防部情報局編，《國防部情報局史要彙編》，上冊，頁232；〈周鳳岐被誅詳情〉，《大公報》武漢版，1938年3月9日。

57 〈戴笠電周偉龍〉（1937年11月17日），《戴笠史料》，國史館144-010106-0004-068。

制裁敵之特工人員，能打擊運用漢奸之工作，實甚有利也。」[58] 惟此兩案均無結果，內情不詳。戴笠曾為此電責行動工作負責人趙理君：「楠本實隆之未能予以制裁，是兄與本人聯絡不密切，對行動員掌握不確實之咎也。兄為滬上行動部分負重責之一員，當此國破家亡、漢奸猖獗之時，務請兄振作精神以身作則，鼓勵同志奮勇除奸，尤望與道三兄披誠協商，發揚我行動工作之權威。國家幸甚！」[59]

當時滬區負行動之責者除趙理君外，尚有林之江。[60] 後來戴笠得知趙理君與林之江常因工作發生爭執，曾電張冠夫查問原因。[61] 3 月 22 日，戴笠致電周偉龍並轉趙、林二人，勉勵彼等和衷共濟，並指示行動工作所應注意各點：

> 限即刻到，上海，〇密，任重兄，譯轉之江、立俊二兄均鑒：迭據道三兄電告，兩兄工作努力，頗著勞績，殊深嘉慰！惟領袖對上海行動工作期望甚殷，兩兄在道三兄指導之下，應一心一德，共赴事功。如因辦理事件彼此見解或有互異之處，亦應竭誠相商，分

58 〈戴笠電周偉龍〉（1938 年 2 月 2 日），《戴先生遺訓》，第 2 輯，頁 111-112。

59 〈戴笠電趙理君〉（1938 年 3 月 8 日），《戴笠史料》，國史館 144-010106-0005-011。

60 王方南，〈我在軍統十四年的親歷和見聞〉，頁 143-144。

61 〈戴笠電張冠夫〉（1938 年 3 月 15 日），《戴笠史料》，國史館 144-010112-0004-044。

工合作，萬不可稍有意氣之爭，致誤事機。對所屬人員之思想生活行動尤應切實注意考查，而於精神與技術之訓練並應隨時實施為要！如行動人員之言論行動生活等，負責者不能明瞭與確實掌握，則危險殊甚，萬希時刻注意！弟濤叩。[62]

趙理君、林之江接閱此電後，或對戴笠之告誡有所感悟，惟此後兩個月間，滬區行動工作的局面仍然未能打開。

3. 蘇錫文、邵式軍案

戴笠下令制裁楠本實隆、大槻茂的同時，還下令周偉龍懸賞制裁偽大道市政府市長蘇錫文，其 2 月 22 日電曰：「浦東偽大道市政府，吾人應盡全力予以攻擊，蘇錫文如能予以根本解決，准給賞壹萬元。」[63] 3 月 6 日，戴笠再電周偉龍，告以「制裁蘇錫文較之楠本、大槻茂等為尤重，尚希詳審各工作人員之報告，妥為計畫，迅速進行，因漢奸不除，是吾中華民族最大之汙點也。」[64]

3 月 8 日，戴笠致電周偉龍，責以「近來滬上工作，

62 〈戴笠電林之江、趙理君〉（1938 年 3 月 22 日），《戴先生遺訓》，第 2 輯，頁 24。

63 〈戴笠電周偉龍〉（1938 年 2 月 22 日），《戴先生遺訓》，第 2 輯，頁 111-112。

64 〈戴笠電周偉龍〉（1938 年 3 月 6 日），《戴先生遺訓》，第 2 輯，頁 111。

有日漸衰落之象」，令其多方督促，嚴明賞罰，並首次下達了制裁漢奸邵繼嶽的命令：「現任上海偽統稅局長邵繼嶽，請即查明其面貌，予以制裁，此事務於最近期間辦到！」[65] 按邵繼嶽即邵式軍，曾任福建印花煙酒稅局會計主任，上海淪陷後，帶領日軍劫持國民政府財政部稅務署駐滬辦事處稅款，並強行接收官方文卷、印花稅照等物，致使該處職權中斷。邵繼嶽為一協助日軍破壞中國財政之重要經濟漢奸，這便是戴笠決定制裁他的原因。

此後一段時間，戴笠迭電周偉龍重申前令，其 3 月 14 日電曰：「日前電請制裁偽上海統稅局長邵繼嶽事，未悉偵查至如何程度，有無線索可尋。此人係浙江諸暨人，過去由蔣鼎文介紹與財部，現在滬向敵方獻議種種辦法破壞中國財政，務希立即查明，密予制裁為要。」[66] 3 月 19 日電曰：「邵繼嶽案之成敗對本處信譽與權威有極大之關係，務請嚴密進行，期早成功。」[67]

蘇錫文、邵繼嶽兩案同時並進，這對滬區而言是一個不小的挑戰。周偉龍因手下無人認識邵繼嶽之面貌，故對邵案頗感棘手，他於 3 月 21 日致電戴笠陳述道：「對邵繼嶽之行動因不識其面貌，故感困難，現已令全

65 〈戴笠電周偉龍〉（1938 年 3 月 8 日），《戴先生遺訓》，第 2 輯，頁 26。

66 〈戴笠電周偉龍〉（1938 年 3 月 14 日），《戴笠史料》，國史館 144-010106-0001-062。

67 〈戴笠批示周偉龍來電〉（1938 年 3 月 19 日），《戴笠史料》，國史館 144-010106-0005-068。

體情報員搜集邵之照片，並派員在其住處死守偵查。總之職當絕對負責辦理，藉副厚望。」戴笠接閱來電後，復電提示道：「邵係浙江諸暨人，我同志中如有諸暨人或有認識也。」[68]

戴笠對滬區工作全力支持，對滬區為制裁邵、蘇提出的要求也都儘量滿足。滬區有吳國瑞者，戴笠本擬調其至武漢工作，後周偉龍來電報告「吳國瑞對邵繼嶽及蘇錫文均有重要線索」，請示「可否俟對該事之行動成功後再飭其前來」，戴笠遂准吳國瑞暫留上海，惟令其謹慎行藏，以免敗事。[69] 關於吳國瑞制裁邵繼嶽的線索和方法，可由戴笠於 3 月 30 日致張冠夫電中窺知端倪：

> 限即刻到，上海，〇密，袁甫弟勛鑒：豔戌電悉。存滬之一九三五年別克轎車借與戴某乘坐，對邵某事進行未必有助，且該車係由新根駕駛，將來即事能成，亦必查出係吾人所為也，該車不可借用，如有必要，即化兩千元另買一輛舊車亦可。濤叩，陷戌，漢。[70]

按此電之戴某指戴持平，貴州安順人，在邵繼嶽身邊

68 〈戴笠批示周偉龍來電〉（1838 年 3 月 22 日），《戴笠史料》，國史館 144-010106-0005-069。

69 〈戴笠批示周偉龍來電〉（1938 年 3 月 19 日），《戴笠史料》，國史館 144-010106-0005-068。

70 〈戴笠電張冠夫〉（1938 年 3 月 30 日），《戴笠史料》，國史館 144-010112-0004-053。

擔任祕書工作，為邵繼嶽案的主要路徑。張冠夫為協助戴持平活動，請示戴笠將特務處留滬之別克轎車借其乘坐，惟戴笠認為借車之舉「對邵某事進行未必有助」，且該車係由特務處司機「新根」駕駛，容易給日偽及捕房方面留下緝兇線索，「即事能成，亦必查出係吾人所為也」，遂批示不可借用此車，「如有必要，即化兩千元另買一輛舊車」。

3 月 28 日，日軍在南京扶植漢奸梁鴻志成立偽中華民國維新政府，偽上海大道市政府亦隸屬之，傀儡政權愈發猖獗，制裁漢奸的工作變得更加急迫。4 月 10 日，戴笠致電周偉龍稱：「日來未奉電示，異常盼念。」[71] 4 月 12 日，周偉龍復電報告：「日來因注全力於裁制蘇錫文、邵繼嶽之行動，致滯電呈」，並稱蘇、邵兩案尚未成功。戴笠接閱復電，於 4 月 13 日再電詢問：「進行蘇錫文、邵繼嶽之行動如何失敗？有無補救辦法？」[72] 4 月 14 日，周偉龍再復電報告：「對蘇、邵之行動並未失敗，對邵之行動已遵買汽車一輛，正在設計進行中。」戴笠接閱後，復電指示：「吳國瑞對戴持平之聯絡，對邵之保鑣、汽車夫等之溝通方法，均應隨時斟酌實際情形慎密指導，蓋一語失慎，足以引起對方之懷疑而遭失敗也。對蘇、邵之制裁，務請積極策進，並激勵行動員，鼓起勇氣，務期

---

71 〈戴笠電周偉龍〉（1938 年 4 月 10 日），《戴笠史料》，國史館 144-010104-0005-044。

72 〈戴笠批示周偉龍來電〉（1938 年 4 月 13 日），《戴笠史料》，國史館 144-010104-0002-079。

一舉成功！」並囑：「現在滬市租界防範甚嚴，我行動員應多方化裝，以求適合環境，而免被警探與目標之注意為要。」[73]

經過一段時間的布置後，滬區終於對蘇錫文展開制裁。4 月 16 日，蘇錫文在浦東東昌路赴偽署辦公途中被滬區行動人員郭大德投彈襲擊，惜未命中。經此一案，蘇錫文驚惶萬分，此後非有副車，不敢公然出入孔道。[74]然而郭大德一擊未中，畢竟意味著滬區行動的失敗，且使蘇錫文成為驚弓之鳥，日後想要繼續制裁只會難度更大。

郭大德自知制裁未果，有虧職守，遂向周偉龍自請處分。惟周偉龍認為郭大德在敵偽、租界嚴密控制之下，其失敗情有可原，他致電戴笠為郭求情稱：「懇念該員在敵偽勢力下冒險蠻幹，難能可貴，擬准予置議，許其戴罪圖功。」電至特務處本部祕書室，祕書毛人鳳擬具復電如下：「郭大德不敢身近蘇逆予以有效之狙擊，企圖擲彈毀車，卒使蘇逆加強戒備，此種無勇氣與無犧牲決心之行動實非特工人員所應有，姑念其在敵偽勢力之下情形特殊，准其戴罪圖功，免予置議，對蘇逆務請積極進行，一舉功成為要。」戴笠除同意毛人鳳之擬辦意見外，對此案仍不免失望，責備周偉龍稱：「兄對蘇逆行動不能充分配備，嚴密布置，作強有力之行動，徒用一郭大德出此幼稚之行

73 〈戴笠批示周偉龍來電〉（1938 年 4 月 16 日），《戴笠史料》，國史館 144-010106-0005-070。

74 〈孤島彈痕錄上〉。

動，當然要失敗也。」[75]

除蘇錫文案之失敗外，滬區對邵式軍的制裁計畫也長期未能實施。由於鋤奸行動之低落，「致大小漢奸均異常活動」，而蔣中正多次命令特務處加緊行動，使得戴笠十分心焦。4 月 29 日，戴笠電詢周偉龍：「邵繼嶽事究竟布置到如何程度？路線是否可靠？行動人員有無決心？均盼詳行電示！」並懇切說明：「國難嚴重若此，而漢奸又如此橫行，非流血無以表現大中華民族殺敵除奸之精神。惟行動工作須有周密之計畫，堅強之決心，無幹的精神，無死的決心，必須失敗也，今後對同志之因公殉難者，當予重賞。」[76] 5 月 7 日，戴笠又電令周偉龍：「邵繼嶽之行動應準備作極大之犧牲，務期達到目的。」7 月 2 日，戴笠另電告趙理君：「邵逆之制裁刻不容緩，務請兄與道兄積極負責進行為幸。」[77] 然而在戴笠迭電之下，滬區終未得手。

4. 大阪碼頭縱火案

此一時期滬區的行動工作雖然整體低落，但曾派員到虹口區大阪碼頭縱火，這是滬區最早的對敵破壞紀錄。

75 〈戴笠批示周偉龍來電〉（1938 年 4 月 19 日），《戴笠史料》，國史館 144-010106-0005-076。

76 〈戴笠電周偉龍〉（1938 年 4 月 29 日），《戴先生遺訓》，第 2 輯，頁 24。

77 〈戴笠電趙理君〉（1938 年 7 月 2 日），《戴笠史料》，國史館 144-010106-0004-002。

大阪碼頭位於虹口區南部偏東，於 1914 年由日本大阪商船株式會社收購，淞滬會戰期間，成為日軍軍用碼頭。1938 年 4 月 13 日下午 4 時許，滬區派員到該碼頭第四號倉庫縱火，倉庫內之馬料房瞬間濃煙密布，烈焰飛騰。日軍發覺後，立即設法施救，但因麩皮之類戰馬食料極易燃燒，一時火舌亂竄，不可收拾。直至晚間 9 時許，大火終於撲滅，惟十餘間馬料房已焚毀殆盡，共計損失約馬料 5,000 捆、木炭 2,500 捆、大麥 4,600 包，價值十萬餘元。據當時新聞報導，大阪碼頭「起火原因極離奇，故火起時，日軍特在火場四周嚴密戒備，斷絕交通，形似企圖逮捕縱火者。」由此可見，日軍亦自知此次事故並非防火措施不嚴密所致，而是與抗日志士之活動有關。[78]

六、滬區行動工作的重新振作

1938 年 5 月初，滬區工作人員多人遭租界捕房以暴徒名義逮捕，其中包括內勤幹員劉芳雄、王芳蘭、易珍等人，後經滬區賄賂公共租界警探，劉芳雄等人得以獲釋，但因身分暴露，只得離開上海，調往香港工作。[79] 戴笠為此電責周偉龍稱：「近來我在滬工作人員迭被捕房捕去，機關住宅迭被搜查，此皆我各級負責人工作無周密之

78 太平、安平、豐盛保險公司總經理處編，《太安豐保險界》，第 4 卷第 9 期（1938.5），頁 3；國防部情報局編，《忠義救國軍誌》，頁 119。

79 王方南，〈我在軍統十四年的親歷和見聞〉，頁 144。

計畫，對人無詳細之考察也。計畫不周密，則到處暴露弱點，督察欠精細，則用人必難適當。今日滬區之工作實犯輕浮草率、散漫凌亂之大病，長此以往，必人人做囚犯，事事遭失敗也。務請兄轉知各負責同志，處事必須沉著、確實、周密，用人必須考核、督察、勉勵，同志間之關係應如何方能嚴密，工作上之指導應如何方能詳盡，均須兄隨時顧慮，切實注意也。」[80]

1. 戴笠調派人馬赴滬

戴笠為了打開滬區的工作局面，決定加派幹員赴滬。內勤負責人方面，戴笠於 5 月 20 日自鄭州致電武昌特務處書記室書記鄭修元，令其赴滬接任滬區書記：

> 滬區內勤自劉芳雄、易珍兩同志相機暴露面目後，已不能立足，以道三同志應付內外實不可能，且亦不宜。亟應調幹練同志赴滬相助，但人選困難，因思吾兄在處內工作有年，對滬情形甚熟悉，處內固不可缺兄，但滬事實太重要，且兄之病體未痊，弟意應調一環境，一面工作一面療養，故決定請兄赴滬襄助道三。吾兄聰明熱忱，弟甚感佩，惟因年來辛勞致疾，殊深繫念！兄此次赴滬，萬希精心養性，愛護身體。道三兄雄才大略，有時難免粗心，尤望兄細心擘畫，隨時建議一

80　〈戴笠電周偉龍〉（1938 年 5 月 7 日），《戴先生遺訓》，第 2 輯，頁 24。

切為幸。茲為顧慮兄療養之需，即請乃建兄通知會計股發兄三百元，請收用。何日動身？盼電示！[81]

鄭修元，字伯良，江西德安人。江西省立第三中學畢業。曾任江西德安縣第一區保安團文牘、統稅局稽查、德安縣商民協會幹事、德安縣黨部宣傳幹事、執行委員等職。1933 年 7 月，經父執胡靖安介紹，參加特務處工作，歷任滬區助理書記、處本部甲室書記等職，深得戴笠信任，在滬工作多年，人地熟悉。[82] 由於滬區並無副區長，鄭修元的地位僅次於區長，其任務為襄助周偉龍，處理內外勤一切工作。

鄭修元

資料來源：國民大會秘書處，《第一屆國民大會代表名錄》（1961）。筆者翻攝。

鄭修元接奉戴笠來電時，尚病體未痊，但他稍事摒

81 〈戴笠電唐縱、鄭修元〉（1938 年 5 月 20 日），《戴先生遺訓》，第 3 輯，頁 151；鄭修元，〈滬濱三次歷險實錄〉，頁 10。

82 鄭修元，〈隨侍戴雨農先生十三年（上）〉，《春秋》，第 3 卷第 3 期（1965.9），頁 6。

擋，即取道粵漢鐵路南下廣州，逗留兩宿後，乘輪船赴香港，再搭外國郵船北上。船抵上海，鄭修元放眼望去，但見江中輪船多懸日本國旗，不禁激起他無限感慨，他誓以最大努力，「不顧艱危地與敵偽特工苦鬥一番，俾可達成任務，不辜負戴先生之厚望。」[83] 按戴笠曾於 6 月 12 日電詢鄭修元：「兄何日抵滬？目前滬區之工作情形何如？」並囑「對滬工作人員之忠實與否，務請幫助任重兄詳行考核為要。」[84] 可知至遲在 6 月上旬，鄭修元已到上海接任。

情報組織方面，戴笠調派王懋、張聖才成立上海特別組，該組不設電臺，僅透過滬區與特務處本部聯絡。組長王懋住在法租界金谷園 36 號三樓家中，另在外灘法郵大樓八樓租用兩間辦公室，以「復興商行」為掩護，由副組長張聖才主持。

王懋，字幼濟，福建福州人，廣東黃埔海軍學校出身。曾任廣州江海關監督、福建省政府祕書長、福州市公安局局長等職，與特務處閩北站站長張超關係密切。偽中華民國維新政府成立後，首惡梁鴻志、陳群、陳籙、李文濱等人均係閩籍，戴笠針對此一特點，決定調派閩籍工作人員赴滬活動。於是張超介紹王懋往武漢見戴笠，參加特

83 鄭修元訪問紀錄，《健行》特刊（1984），頁 124。
84 〈戴笠電鄭修元〉（1938 年 6 月 12 日），《戴笠史料》，144-010113-0002-084。

務處工作，赴滬任特別組組長，歸滬區聯絡指揮。[85]

張聖才，福建廈門人，福建協和大學畢業。曾任廈門雙十中學副校長。1931 年，在廈門參與組織「抗日救國會」。七七事變後，參加特務處工作，曾任閩南站站長。1938 年 8 月，由戴笠派赴上海，協助王懋活動。[86]

張聖才

資料來源：廈門雙十中學校編印，《廈門雙十中學校十五周季報告冊》（1934）。筆者翻攝。

滬區特別組的主要任務是打入偽維新政府，進而設法制裁梁鴻志、陳群諸逆。武漢會戰期間，戴笠曾電詢周偉龍：「滬特別組王懋等工作之成績如何？彼等對偽維新政府有無確實路線？」並囑：「如確已有人打入，則對梁逆鴻志、陳逆群輩之制裁務請多方鼓勵，以全力赴之，務期達到目的，因敵目前除注其全力以攻武漢外，而對偽組織

85 郭則傑，〈漢奸吳念中與閩籍特務〉，《文史資料選編》，第 4 卷第 4 冊（福州：福建人民出版社，2004），頁 142-152；林知淵，《政壇浮生錄》（福州：福建人民出版社，1989），頁 182-183。

86 張聖才口述、泓瑩整理，《張聖才口述實錄》（桂林：廣西師範大學出版社，2016），頁 240。

之運用亦必加緊也。」戴笠對張聖才尤為看重，他對周偉龍說：「前在福建工作之張聖才弟已令其赴滬，張對王懋等亦認識」，「此人能力亦甚強，如能與王懋等合作更佳，否則則准其另行成立特別第二組亦可，一切請兄酌奪。」[87]

行動組織方面，趙剛義、孫亞興、徐國琦等人脫險抵達武漢後，特務處本部即派人事科長李肖白前來撫慰，最終決定選派徐國琦進入特務處在湖南臨澧開辦的中央警官學校特種警察訓練班受訓，趙剛義、孫亞興則率領多名行動人員組成行動組，仍回上海擔任行動工作，歸滬區指揮聯絡。[88] 按戴笠曾於 6 月 10 日電詢周偉龍，可否令趙剛義制裁漢奸王永奎，可知至遲在 6 月上旬，趙剛義、孫亞興業已抵滬。[89]

以上諸人係在原始檔案中有據可查者，事實上，滬區人事更迭頻繁，戴笠調往上海之人員遠不止此數。據軍統出版品記載，滬區在 1938 年下轄六個情報組及五個行動組，番號分別為第一至第六小組及行動第一至第五組，此一規模與上海淪陷初期已大不相同。[90] 另據鄭修元回憶，他在滬區擔任書記期間，全區下轄八個情報組與七個

87 戴笠電周偉龍（1938 年 8 月 9 日），《戴先生遺訓》，第 2 輯，頁 32。

88 軍事委員會調查統計局編，《先烈史略稿》，初輯，頁 83。

89 〈戴笠批示周偉龍來電〉（1938 年 6 月 10 日），《戴笠史料》，國史館 144-010106-0005-035。

90 國防部情報局編，《國防部情報局史要彙編》，上冊，第一篇第三章，附表八。

行動隊：第一組組長朱嘯谷，該組人員均在上海兩捕房任職，其中包括公共捕房之劉俊卿及法捕房之劉紹奎、蔣福田等人；第二組組長劉健；第三組組長張聖才；第四組組長盛志成，專門搜集敵寇軍事運輸情報；第五組組長朱岑樓；第六組組長潘某；第七、第八組組長姓名不詳；第一隊隊長趙理君；第二隊隊長趙聖；第三隊隊長湯亞東、副隊長徐展；第四隊隊長萬里浪；第五隊隊長蔡行可；第六隊隊長不詳；第七隊隊長蕭張權。全區人員最多時高達420餘人，已較上海淪陷初期增加一倍。[91]

隨著戴笠不斷調派幹員赴滬，滬區的行動工作重新振作，自1938年5月底至11月底的半年間，曾先後執行陳浩波、王永奎、張嘯林、尤菊蓀、任保安、伍澄宇、顧馨一、陳德銘、周柳五、范耆生、鄭月波、葉紀逢、陸連奎、劉宏福、劉謙安、陳雲、姚秋華、唐紹儀、余大雄、曹炳生、土肥原賢二、錢應清等二十餘次制裁案，以及數次暴動、破壞案，且多數行動均獲致相當戰果。這些成績的取得，除因戴笠在後方提供支持、行動人員在街巷以命相搏外，周偉龍居間策劃，也貫注了不少心血。[92]

2. 陳浩波案

陳浩波，江蘇人，行伍出身，原係滬區工作人員，因違犯工作紀律，於5月28日在成都路大沽路承德里弄

91 鄭修元，〈滬濱三次歷險實錄〉，頁10-11。
92 戈士德，〈戴笠與周偉龍（中）〉，頁143。

口遭滬區派員槍擊斃命。陳浩波違犯紀律之具體情節不詳，但不排除與勾結敵偽有關。此案結束後，滬區行動人員郭楚方曾遭租界當局以「有作案嫌疑」之罪名拘捕，惟不久即獲釋，得以繼續執行鋤奸案。此外滬區行動工作負責人趙理君亦受本案影響，一度暴露身分，惟其並未因此離滬，日後仍繼續主持鋤奸工作。[93]

3. 王永奎案

王永奎，河北人，抗戰以前在上海法租界總巡捕房政事部充任副督察長，後被捕房當局停職，賦閒甚久。上海淪陷後，即暗中與偽組織接近，大事活動，充任偽維新政府行政院參事。戴笠曾於 5 月 29 日電令周偉龍制裁王永奎，周偉龍於 6 月 7 日復電報告稱：「王永奎行蹤尚未查實，查實後即進行制裁。」戴笠接閱復電後，再電指示：「王永奎應速先予制裁。」[94] 惟直至是年 11 月底周偉龍被捕，此案始終未得機會執行。

4. 張嘯林案

張嘯林為滬上著名幫會頭目，與黃金榮、杜月笙齊名，滬戰期間一度避居杭州莫干山，觀望形勢，後於 1937 年 12 月 10 日下山，經寧波乘輪船返回上海。當時

93　〈戴笠批示周偉龍來電〉（1938 年 6 月 10 日），《戴笠史料》，國史館 144-010106-0005-035。

94　〈戴笠批示周偉龍來電〉（1938 年 6 月 10 日），《戴笠史料》，國史館 144-010106-0005-035。

日軍頗欲借重幫會勢力維持滬上秩序，張嘯林對此態度曖昧，不僅自己留滬，還勸杜月笙「一動不如一靜，切勿離滬遠走」。[95] 戴笠認為張嘯林「難免不為敵人利用」，曾電周偉龍密切注意其立場。[96] 至 1938 年 5 月 7 日，戴笠已決定動手，電詢周偉龍對制裁張嘯林有無辦法？[97] 6 月初，滬區趙剛義、孫亞興接奉上級命令，即派所屬潛入法租界華格臬路張嘯林公館對面的閣樓上，開始偵查張嘯林之行蹤，準備實施制裁，後因偵查活動被人發覺，不得不暫停實施。[98]

張嘯林

資料來源：海上名人傳編輯部，《海上名人傳》（上海：上海文明書局，1930），頁 47。筆者翻攝。

95 萬墨林，〈上海三大亨——滬上往事之二〉，頁 21。

96 〈戴笠電蔣中正〉（1937 年 12 月 25 日），《戴笠史料》，國史館 144-010104-0001-013。

97 〈戴笠電周偉龍〉（1938 年 5 月 7 日），《戴先生遺訓》，第 2 輯，頁 24。

98 魏斐德，《上海歹土》（上海：上海古籍出版社，2003），頁 35。

5. 尤菊蓀案

尤菊蓀，江蘇無錫人，在滬經營紗布生意，曾在公共租界沙遜大廈二樓開有「尤菊記寫字間」，做棉花空頭買賣，還一度經營過「三星舞臺」。自陸伯鴻、楊福元等人死後，偽市民協會一蹶不振，日軍很不甘心，又牽出尤菊蓀重整旗鼓。尤菊蓀利令智昏，竟甘為日軍所用，每晨必往正金大樓偽市民協會會所辦公，惟其做賊心虛，出入皆有兩名俄籍保鏢隨扈，以防不測。[99]

尤菊蓀案的直接指揮者為孫亞興，執行者為周應、戴祉裕、王光才。[100] 行動之前，孫亞興將一把左輪手槍、一把白朗寧自動手槍、一張尤菊蓀照片及其汽車之牌照號碼交給三人，令其前往尤菊蓀經常出沒的沙遜大廈進行踏勘。[101]

尤菊蓀

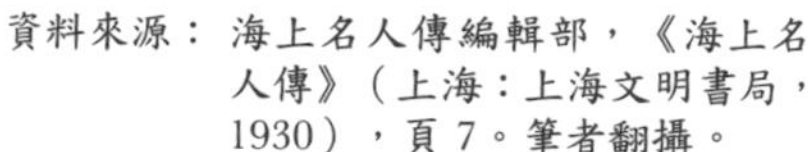

資料來源：海上名人傳編輯部，《海上名人傳》（上海：上海文明書局，1930），頁 7。筆者翻攝。

---

99 掃蕩，〈又一霹靂〉，《上海一日》，第 3 部，頁 222-223。

100〈尤菊蓀案被捕人仍維持原判決〉，《新聞報》，1938 年 9 月 26 日。

101 魏斐德，《上海歹土》，頁 47。

周應，又名周維榮，江蘇海門人，工人出身；淞滬會戰期間，參加趙剛義、孫亞興組織的抗敵青年團；上海淪陷後，先撤入法租界，再轉往武漢，此後又隨孫亞興由武漢經九江、金華、寧波等地輾轉返回上海，繼續殺敵鋤奸。戴祉裕，江蘇句容人，上海崇正小學畢業，曾任二等兵及上海商店店員；1938 年 4 月，由趙剛義介紹，在上海參加特務處工作，為上海行動組組員。王光才出身、履歷不詳。

6 月 10 日上午 11 時 45 分，尤菊蓀偕其俄籍保鏢派巴夫、愛物林二人從沙遜大廈走出，擬往附近正金大樓偽市民協會會所辦公，當其行至中國銀行新廈門前時，周應突然上前開槍，惟出手稍偏，僅將尤菊蓀肩部擊傷。這時尤菊蓀身旁之愛物林立即猛擊周應執槍之臂，把槍打飛，派巴夫則趁機上前，將周應掀翻於地。在此危急萬狀之際，戴祉裕奮勇射擊，擊斃派巴夫，擊傷愛物林。時有日籍巡捕三人及華人巡捕兩人聞警趕來，周應、戴祉裕乃沿仁記路由東向西撤退，沿途開槍拒捕，五名巡捕一路狂追，亦開槍射擊，一時槍聲大作，子彈橫飛，結果戴祉裕不幸中彈殉難，周應亦受傷被捕，惟有王光才逃逸。事後，捕房人員在周應居住之華成旅館 8 號房間內抄出子彈 15 粒，並抄得戴祉裕、周應所用之兩支手槍。[102]

6 月 25 日，捕房當局將周應解往第一特區地方法院，

102〈尤菊蓀案昨晨開訊　周應慷慨供認〉，《新聞報》，1938 年 6 月 26 日。

由刑庭長錢鴻業審理。第一特區法院為公共租界內未遭日偽接收的中國法院，錢鴻業則是一位耿直的法律界人士，且極具愛國熱忱，對周應心存同情。周應受審時，坦承自己是在從事「警戒參加偽組織人員」之活動，對鋤奸之舉直認不諱，並謂：「各地偽組織紛紛成立之時，一般不肖之徒置民族存續、國家利益於不顧，甘為利用，實至可恨！本人由漢返滬，已誓志報國，個人問題，殊不能顧及！」言辭慷慨，理直氣壯。庭上乃令還押，改期再審。[103] 後本案開庭續審，周應被判徒刑兩年六個月，捕房當局認為處刑太輕，曾向江蘇高等法院第二分院提起上訴，惟該院刑庭長郁華亦不向敵偽壓力屈服，仍維持原判。[104]

滬區為執行尤菊蓀案，付出了一死一傷的代價，結果僅將目標擊傷，這無疑是一次未盡成功的行動。不過尤案對一般大小漢奸所造成的震懾效果仍是不容忽視的，案發後，正金大樓偽市民協會裡的狐群狗黨無不魂飛膽落，央求日方撥派日軍在正金銀行四周布置步哨，嚴密戒備，「惟恐乖運的來臨」。[105]

103 〈刺尤逆菊蓀案開審　志士周懷慷慨陳詞〉，《大公報》武漢版，1938 年 6 月 29 日。

104 〈尤菊蓀案被捕人仍維持原判決〉，《新聞報》，1938 年 9 月 26 日。

105 掃蕩，〈又一霹靂〉，《上海一日》，第 3 部，頁 224。

6. 任保安案

任保安，北平人，為大漢奸蘇錫文之親信，於 1937 年 12 月 5 日偽上海市大道政府成立之初，即被任命為該府祕書長。偽大道政府改隸偽維新政府後，復於 1938 年 5 月 7 日被任命為偽督辦上海市政公署地政局局長。任保安作為偽組織的首惡元兇之一，其姓名總是出現在偽組織公報的首頁，自然會被滬區列為制裁目標。

6 月 17 日晚，任保安給公共租界四馬路北平菜館同興樓打電話，說要預訂房間，並囑備好上等酒席三桌，將於翌日晚間宴客。6 月 18 日下午，任保安再差人來到同興樓，詢問昨晚所訂房間號數。當晚 7 時，任保安即率偽地政局第二科長姚桂生及日本賓客數名來到同興樓二號房間歡宴。賓主落座之後，主人殷勤勸酒，復召歌妓及嚮導女[106] 數人助興，「鶯鶯燕燕環繞座次，絲管嗷嘈，歡笑雜作」。9 時 50 分，日本賓客告辭，任保安親送至菜館門前，俟客人上車、向西馳去後，始回身登樓，與未散之人繼續談笑。

正當任保安等逆興高采烈之際，突有兩名滬區行動人員立於二號房間門口，各執盒子炮，向室內連連射擊，一時彈如連珠，聲若爆竹，任保安等逆紛紛中彈倒地，行動人員見目的已達，即將盒子炮擲於室內，疾趨下樓，揚長而去。當槍聲大作之際，堂倌驚惶無措，及行動人員

106 嚮導女為上海淪陷期間之變相娼妓。

逸去，急入室內探視，但見血流滿地，一眾男女呻吟不絕。任保安右肩中彈，自左肩穿出，當即斃命，妓女雙紅亦中彈身亡，另有姚桂生及琴師趙英俗、嚮導女梁素英受傷。堂倌當即報告捕房，旋有大隊中西巡捕駕駛警備車及救護車聞警到來，先將同興樓附近戒嚴，並斷絕四馬路自福建路至山西路一段之交通，惟開槍者已無從搜索，只得將男女五人送往仁濟醫院醫治。[107]

任保安案的指揮者為趙理君，執行者為趙如森等人。趙如森，別名壽子元，特務處杭州警校特訓班畢業，時任滬區行動員。另有滬區女情報員陳麗影，負責協助偵查任保安之行蹤，嗣後偵悉任保安將在同興樓宴客，乃祕密供給照片，密囑行動員執行。[108] 戴笠對任保安案至為滿意，於該案完成後特電趙理君慰勉：「自我軍撤退淞滬以來，吾兄率領行動，迭誅巨奸，功在黨國，曷勝感佩，吾行動人員平日待遇均甚菲薄，生活備極困苦，故弟每於行動告成時，輒發若干獎金，藉以鼓勵同志也。此次任逆案成，弟已發獎金四千元，除陳麗影亦應酌量多給外，對是案之行動出力人員應予多給。」[109]

另據《新聞報》報導，任保安被刺當晚，有趙樹生者

107〈昨晚四馬路同興樓發生大血案〉，《新聞報》，1938 年 6 月 19 日；〈任保安被狙案，趙樹聲解院羈押〉，《新聞報》，1938 年 6 月 21 日；〈孤島彈痕錄中〉，《大公報》香港版，1939 年 10 月 9 日；《忠義救國軍誌》，頁 97。

108 國防部情報局編，《國防部情報局史要彙編》，下冊，頁 275。

109〈戴笠電趙理君〉（1938 年 6 月 22 日），《戴笠史料》，國史館 144-010106-0003-040。

亦在同興酒樓受槍傷，當其前往白克路寶隆醫院醫治時，因有刺殺任保安之重大嫌疑，被捕房當局逮捕。[110] 而捕房方面之史料亦稱，有諧音趙世松者，為「抗日暗殺團」成員，因任保安案被捕。[111] 將這兩方面說法與軍統史料對照，可知此趙樹生即趙如森，他受傷的原因，據軍統方面事後記載是「因偽方有備，當起格鬥，以勢單力孤，身負重傷」，但這與當時的情形並不相符，其實趙如森極有可能是在舉槍掃射之際，為流彈反彈所傷。趙如森既被捕，初經偽方送入醫院療治，延至 1939 年 7 月被解往日本憲兵隊虹口司令部，旋轉羈於大岡部隊，一再刑訊，趙如森誓死不屈，告人曰：「余決心死，如其欲余招供，枉矣。」終於 10 月 10 日就義於上海，時年二十四歲。[112]

7. 伍澄宇案

伍澄宇，號平一，廣東人，為一失意政客，在滬擔任律師。據軍統方面記載，伍澄宇在上海淪陷以後，擔任漢奸組織「東方民族協會」會長，並組織偽護法建國軍，自任總司令，故滬區決定對其進行制裁。本案的指揮者為趙剛義，他先於 6 月 17 日派孫亞興調查伍澄宇之活動，並

110 〈任保安被狙案趙樹聲解院羈押〉，《新聞報》，1938 年 6 月 21 日。此新聞中趙樹生又作趙樹聲。

111 楊紅譯，李雪雲校，〈1938 年上海公共租界巡捕房關於黃道會等團體活動情況的報告〉，《檔案與歷史》，1989 年第 2 期，頁 13。

112 軍事委員會調查統計局編，《先烈史略稿》，初輯，頁 152-153。

於 6 月 24 日展開行動。[113]

伍澄宇之律師事務所設於勞合路 82 號太和大樓 305 號房間，聘任鄧少屏為幫辦。6 月 24 日下午 4 時 45 分，滬區兩名行動人員來到該事務所，惟伍澄宇不在，僅有鄧少屏及伍澄宇之子伍仲平正在辦公桌上玩賞郵票。於是一名行動員留守門口，另一行動員則躡足走近鄧少屏身後，突然以盒子炮木柄猛擊其後腦，鄧少屏嚇得魂不附體，方欲呼救，已有一彈射入其腹部，才轉身圖逃，又有一彈擊中其臀部，當即倒地不起。伍仲平目睹此狀，倉皇逃避，而茶房丁寶根聞聲趕來，右腳才跨進門，亦遭射中小腿，乃與伍仲平相率走出太和大樓求救。不久，捕房巡捕聞警馳來，而滬區行動人員早已不知去向，僅在樓下太平龍頭旁拾得兩支被拋棄之盒子炮，乃將盒了炮及彈殼帶回捕房，並將鄧少屏送往仁濟醫院施救。當晚 9 時，鄧少屏傷重斃命。[114]

8. 顧馨一案

顧馨一為上海食糧鉅賈，曾任豆米業同業公會會長、油豆雜糧交易所常務理事長、麵粉交易所常務理事等職。上海淪陷後，取親日態度，率先參加偽市民協會，擔任該會常務委員會主席。其後顧宅曾被抗日志士投擲炸彈以示

113 魏斐德，《上海歹土》，頁 35-36。

114〈伍澄宇律師事務所昨日之槍殺案〉，《新聞報》，1938 年 6 月 25 日；國防部情報局編，《忠義救國軍誌》，頁 97。

警告，顧馨一本人則接到附有手槍子彈之恐嚇信，惟其執迷不悟，仍將大批米糧售與日軍。

顧馨一住法租界亞爾培路 102 號，在天主堂街興業里 8 號開設「永大米號」，每日清晨均乘自備汽車至興業里門口下車，入米號辦公。6 月 25 日晨 8 時許，顧馨一偕保鏢陳阿二乘車至興業里門口，即下車步行入內。永大米號位於南首第三橫弄內，當顧馨一由總弄轉入三弄僅數步時，預伏該處之滬區行動人員四人各持盒子炮，已做好鋤奸準備，其中二人躡於顧馨一身後，突然開槍轟擊。顧馨一聽得槍聲，回頭張望，右額角當即中了兩槍，一時血流滿身，痛極踣地。保鏢陳阿二見主人倒地，乃拔槍反擊，於是槍聲劈啪，闔里震驚，雙方開槍約二十響，陳阿二還擊未中，滬區行動人員見目的已達，即將手槍拋擲，安全撤離。迨該弄司閽捕、崗捕等聞聲而來，開槍者早已無蹤。

法捕房得訊後，立派大批偵探、巡捕等馳往興業里，一面將顧馨一送往寶隆醫院醫治，一面在該里附近施行嚴厲檢查，在里內撿獲子彈十餘枚，並將子彈所在位置均以白粉留下記號備查。顧馨一被送往醫院後，延至 12 時 30 分傷重殞命。[115]

115〈本市食糧鉅賈顧馨一遭狙擊殞命〉，《新聞報》，1938 年 6 月 26 日；〈顧馨一遇刺斃命〉，《大公報》武漢版，1938 年 6 月 26 日；國防部情報局編，《忠義救國軍誌》，頁 98。

顧馨一

資料來源：海上名人傳編輯部，《海上名人傳》（上海：上海文明書局，（1930），頁 98。筆者翻攝。

9. 陳德銘案

陳德銘，又名陳伯良，浦東川沙人，早年在公共租界捕房充當華捕，歷年因勤於職務，擢升為包探，「在新閘一帶，幾無人不知」。上海淪陷後，向日偽方面大事活動，得任偽市政督辦公署交通局船舶稽查處處長，遂成為滬區之制裁對象。

陳德銘案之指揮者為孫亞興，執行者為朱仲虎等人。朱仲虎，江蘇吳縣人，持志大學肄業，曾任會計主任、難民收容所主任。1938 年 2 月，參加特務處工作，任滬區行動組組員。

6 月 29 日晨 7 時 45 分，陳德銘乘坐包車出門，擬赴北京路外灘搭船往浦東。經過虞洽卿路自來火行門前時，預伏該處之朱仲虎及另一行動員，一穿黑色長衫，一穿藍布衫褲，分別從陳德銘包車之左面、後面各出盒子槍射擊，陳德銘喉中三槍，左腰、左股各中一槍，血流如注，倒於車上。車夫阿金之後腦亦中一彈，子彈隨腦漿由前面穿出。另有在新世界遊藝場之小販錢友發路過該地，左胯中彈。行動員見目的已達，即趁亂逃逸。出事後，老閘捕房立派中西探員前往調查，則見陳德銘已傷重氣絕，車夫阿金亦傷勢嚴重，乃將阿金及錢友發送醫，另將陳德銘之屍體舁送驗屍所。[116]

10. 周柳五案

周柳五，字樹人，浙江人，為一退職軍官，上海淪陷後，出任漢奸幫會「黃道會」副會長。黃道會成立於1938年初，以臭名昭著的青幫頭目常玉清為會長，有會員近千人，表面上由偽維新政府領導，實則由日軍駐滬特務機關長楠本實隆控制，假借「發揚黃種人的道德」為名，在上海租界內暗殺抗日志士，製造恐怖氣氛。

2月4日，黃道會黨徒在新亞飯店暗殺了觸怒日方的《社會晚報》經理蔡釣徒，將其頭顱割下，貼上「恐怖派」字樣紙條，狂妄宣稱：「余等以斷然手段對付死者，望其他中文報紙主筆知所警惕」。[117] 2月10日，法租界杜美路又發現人頭一顆，旁有字條云：「此乃抗日結果。」[118] 2月11日，法租界巨籟達路亦發現人頭一顆，並附有「警告抗敵者」、「抗日團體結果，從此反省自

116〈虞洽卿路又一槍殺案　陳德銘當場擊斃〉，《新聞報》，1938年6月30日。
117 邵雍，《中國近代幫會史研究》（上海：上海人民出版社，2011），頁251。
118〈法租界又發現人頭〉，《大公報》武漢版，1938年2月11日。

保」等字樣。[119]

上述事件的發生，引起了戴笠的警惕，他意識到日方或已組織了專門對付抗日志士的暗殺團體，遂急電周偉龍詢問「滬法界近日迭發現人頭案，究竟係何方所為？」[120]其後 4 月 7 日，拒不擔任偽職的滬江大學校長劉湛恩又在靜安寺路小沙渡路轉角處被人暗殺。案發後，戴笠對其幕後黑手頗為關注，曾指示周偉龍：「劉湛恩案究係何人所為，請立即查明電示。」[121]實則劉案又是黃道會所為，該案發生時，公共租界工部局曾捕獲兇手一名，並檢獲手槍一支，該槍後來確認是工部局捕房於同年 3 月售給日本特別勤務隊的。[122]

滬區為了打擊黃道會的囂張氣焰，決定對該會首要分子周柳五予以制裁。7 月 4 日下午 2 時半，周柳五往先施公司三樓東亞茶室品茗，至 5 時 45 分付訖茶資，離雅座而去。當其由穿堂間行至樓梯口賬臺旁時，滬區兩名行動員突從後面趕上，拔槍猛射。周柳五身中三彈，仍負創奔逃，奔至二層、三層樓梯轉彎交叉處時，兩名行動員自後追上，再連放七、八槍，周柳五後腦、肩背、臂腿紛紛中彈，傷如蜂巢，赤血四濺，倒臥於地。兩名行動員見目的

119〈滬敵之恐怖活動〉，《大公報》武漢版，1938 年 2 月 12 日。

120〈戴笠電周偉龍〉（1938 年 2 月 13 日），《戴笠史料》，國史館 144-010106-0004-027。

121〈戴笠電周偉龍〉（1938 年 4 月 10 日），《戴笠史料》，國史館 144-010104-0005-044。

122 邵雍，《中國近代幫會史研究》，頁 252。

已達，即將手槍拋於樓梯旁，疾趨逸去。

出事後，東亞茶室立刻向捕房報告，旋有中西探捕駕駛兩輛紅色警備車馳來，先將附近各馬路路口斷絕交通，再將先施公司、東亞旅館及東亞茶室鐵門關閉，凡該公司、旅館及茶室客人一律接受嚴密檢查。捕房人員又用救護車將周柳五送入醫院，惟周逆早已傷重氣絕，只得將其屍體送往驗屍所，並將手槍二支及彈殼等帶回捕房存案。[123]

11. 七七暴動

此一時期，滬區在鋤奸之外，復奉上級命令，開展對敵突襲工作，首次行動係於七七事變一周年之際在全市舉行暴動，以摧寒敵膽、振奮民心。戴笠對此次暴動異常關注，在暴動前一天特以十萬火急電詢問周偉龍：「明日之舉動已準備齊全否？」並勉勵道：「當此民族意識消沉之時，甚盼我在孤島同志有轟轟烈烈之舉動，以發揚我大中華民族之精神也！」[124]

1938 年 7 月 7 日，滬區如期行動。據軍統方面記載，全體行動人員分五路襲擊敵軍駐所及日本企業，並散發抗日宣傳品，其詳情如下：

第一路由趙理君組擔任，分三隊出擊，第一隊進攻戈

123〈東亞茶室昨日發生槍殺案〉，《新聞報》，1938 年 7 月 5 日；〈孤島彈痕錄中〉；國防部情報局編，《忠義救國軍誌》，頁 98。

124〈戴笠電周偉龍〉（1938 年 7 月 6 日），《戴笠史料》，國史館 144-010106-0004-001。

登路、麥根路，擊斃日籍紗廠職員一人，又進攻海防路及檳榔路日華紗廠宿舍，均予以相當損害；第二隊進攻勞勃生路日本海軍留守處，投彈二枚，又進攻小沙渡路，擊斃日僑一名；第三隊進攻曹家渡日本紗廠，予以損害。

第二路由于柏松組擔任，分三隊出擊，第一隊進攻北火車站，與敵軍互擊一刻鐘後撤退；第二隊進攻北四川路，第三隊進攻錫金公所，猛擲手榴彈，炸斃敵哨兵二名。

第三路由趙平江組擔任，分五隊出擊，第一隊進攻外灘及仁紀路，斃敵二名；第二隊進攻海甯路，傷敵哨兵數人；第三隊進攻阿拉白司脫路，第四隊進攻外白渡橋，第五隊進攻外灘，引起騷動。

第四路由李楚琛組擔任，分四隊出擊，第一隊進攻水上飯店附近，斃敵憲兵四名；第二隊進攻東康路，炸斃日人四名；第三隊進攻公大紗廠，炸毀該廠門窗玻璃甚多；第四隊進攻正金、臺灣銀行，投彈未炸。

第五路由朱嘯谷組擔任，領導滬西工人散發傳單。[125]

以上暴動情形尚能得到公共租界警務處方面印證，惟細節區別較大。據記載，在 7 月 7 日解除宵禁後，曾發生多起炸彈案，共有十八顆手榴彈擲出，其中兩顆未爆炸，有兩名日人及兩名華人死亡，八名以上華人受傷。在事發二十四小時內，工部局警務處逮捕了近一千名嫌疑犯，法

125 國防部情報局編，《國防部情報局史要彙編》，上冊，頁 225-226。

租界捕房亦逮捕了數百人，其中包括滬區孫亞興所屬的一名行動人員。[126]

此外，七七暴動在當時的新聞中亦有記錄。如《新聞報》稱，7 月 7 日當天，租界當局因恐發生意外，早已通令各捕房加派探捕嚴密防範，但宵禁時間甫過，「公共租界接連發生事件十二起」，經該報記者調查所得之詳情如下：

清晨 5 時 5 分，阿拉白司脫路錫金公所附近有數人猛投一彈，被駐防之日軍瞥見，即以步槍射擊投彈者，誤將路旁三名人力車夫擊傷，其中一名傷重身死。5 時 10 分，戈登路檳榔路 921 號內外棉廠被人擲彈三枚，該廠印度籍司閽捕被炸傷腿部。5 時 12 分，滬西極司菲爾路公大紗廠突被人擲手榴彈兩枚，但未爆炸。5 時 15 分，檳榔路勞勃生路 250 號日華紗廠大班住宅被人擲進手榴彈兩枚，彈落於走道旁，並未傷人。5 時 20 分，有一日人騎腳踏車經過勞勃生路小沙渡路口大自鳴鐘旁，被人開槍狙擊，經救護車送往福民醫院救治。5 時 25 分，滬西澳門路西摩路某日人住宅附近發現手榴彈兩枚，但未爆炸。5 時 40 分，某日人由戈登路檳榔路口日華紗廠住宅乘人力車赴麥根路 640 號日商內外棉第九廠辦公，經過麥根路東京路口，突有數人從兩邊直至該日人車旁拔槍射擊，彈中肋

126 此一被捕者之中文姓名失記，僅能根據英文譯名進行回譯。〈1938 年上海公共租界巡捕房關於黃道會等團體活動情況的報告黃道會等團體活動報告〉譯作江漢秋、江漢初，《上海歹土》譯作江海生。

部，該日人立時斃命，戈登路捕房得報，立派探捕前往，但開槍者已逸去無蹤。

6 時，同時發生炸彈案五起：外灘正金銀行門口被人投擲手榴彈二枚，但未爆炸；四川路橋橋面上守望之日軍被猛擲二彈，因下雨泥濘，亦未爆炸，迨日軍發覺，投彈者已飄然遠去；北京路外灘水上飯店被投彈二枚，一名小工被當場炸斃；外灘仁記路 120 號日商日光公司被投手榴彈，炸碎玻璃多塊，並未傷人；新嘉坡路 60 號公大三廠遭投彈二枚，並未爆炸。以上十二起炸彈案，共計造成一名日人、兩名華人死亡，一名日人、三名華人及一名印捕受傷。[127]

對照租界當局與新聞媒體的記載，可知滬區確實展開了大規模行動，惟其所述日軍及日人傷亡情況遠不如軍統方面宣稱的嚴重，此種差異有可能是日方未向外界完整披露自身損失，也可能是滬區事後疏於調查或虛報戰果所致，其具體原因囿於史料尚難以確定。另由新聞中描述的投彈未中、甚至未能爆炸等細節來看，行動人員尚不免技藝不精、臨場慌亂之處，不過七七暴動是滬區首次執行對敵突擊任務，這些經驗不足的表現是在情理之中的。雖然這次暴動存在種種缺陷，未能完全達成預定計劃，「但已造成敵之空前恐怖，並使滬上民心為之興奮不已。」[128]

127 〈昨晨一小時中發生事件十二起〉，《新聞報》，1938 年 7 月 8 日。
128 國防部情報局編，《國防部情報局史要彙編》，上冊，頁 226。

12. 范耆生案

范耆生，字兢文，山西介休人。曾任南市地方法院民庭推事，後改業律師，於 1930 年加入上海律師公會，並任「強盜律師」范剛之事務所幫辦。淞滬抗戰爆發後，范剛之事務所結束，范耆生亦解雇，租住在公共租界新閘路 939 弄樹德里 42 號。上海淪陷後，范耆生因與偽市長蘇錫文為同學，遂參加浦東偽組織，曾任偽上海地方法院院長、偽督辦公署檢查處長等職，晚年失節，致被社會人士不齒。[129]

1938 年 7 月 21 日晨 6 時 50 分，范耆生尚高睡未醒，兩名身著西裝之滬區行動員已至其寓所敲門，聲稱「有要信一件面交范律師」，范寓女傭請二人稍待，即往二樓傳話，兩名行動員待女傭登樓，乃尾隨其後。當女傭催促范耆生下床之際，兩名行動員不加言詞，即向范耆生開槍，子彈從口部射入，由後腦穿出，范耆生當即倒斃。

兩名行動員見目的已達，即攜槍下樓撤退，臨出弄時，復將一支盒子槍棄於弄內。不料該弄巡捕早已聞得槍聲，此時見兩名男子倉皇出弄，且武器已失，乃盡力追趕，追至成都路靜安寺口時，卒將其中一人逮捕，[130] 此人即先前范剛案之執行者郭楚芳。[131] 後郭楚芳被公共租

129〈范耆生任地院院長〉，《新聞報》，1938 年 1 月 13 日。

130〈新閘路樹德里范耆生被狙殞命〉，《新聞報》，1938 年 7 月 22 日；〈上海漢奸又死一個〉，《大公報》武漢版，1938 年 7 月 22 日；《忠義救國軍誌》，頁 98。

131 楊紅譯，李雪雲校，〈1938 年上海公共租界巡捕房關於黃道會等團體活動

界當局引渡給日本憲兵隊，迭遭毒刑拷問，終無口供，遂慷慨就義，年僅二十五歲，他於臨刑之際厲聲罵賊，悲壯激烈，附近居民聞之，無不淚下。[132]

13. 鄭月波案

鄭月波，廣東香山人，在滬經商有年，曾東渡日本經營證券，精通日語，迨日本地震，家產悉毀，乃隻身回滬。抵滬不久，結識日本軍官楠本，因緣組織太陽洋行，專營進出口業。滬戰爆發後，鄭月波經營停頓，及上海淪陷，又於 1938 年 5 月成立協和洋行，初設址於江西路，後遷南京路哈同大樓一樓。鄭月波自任協和洋行經理，專門收買銅器出售日方，曾被日方委以職位，為一出賣國家利益之經濟漢奸。[133]

鄭月波案的指揮者為孫亞興，執行者為該組所屬潮州籍行動員陳元良。7 月 22 日晨 9 時 40 分，鄭月波由滬西極司菲爾路元善里 23 號住宅出門，擬乘電車赴洋行辦公，行經地豐路附近秋圃洋房門口時，突遭陳元良連射五、六槍，立時倒地。陳元良見目的已達，即返身向地豐路撤退，不料有一西方婦人目睹此情，大聲狂呼，於是附近巡邏的西捕、華捕各一名先後聞警趕來，向陳元良開槍追擊。陳元良亦開槍反擊，至地豐路將近愚園路時，卒

情況的報告〉，頁 11-12。

132 軍事委員會調查統計局編，《先烈史略稿》，初輯，頁 134。

133〈鄭月波槍殺案已獲嫌疑者十餘人〉，《新聞報》，1938 年 7 月 24 日。

因子彈卡殼，束手就擒。靜安寺路捕房得報後，立派中西探員前往，並召救護車將鄭月波送往海格路紅十字會醫院，惟因傷中要害，未及抵院即已斃命。

陳元良被捕時，曾態度從容地對巡捕說：「你們不必抓，我跟你們走就是了，那邊的漢奸是我開槍打的，我們是為國家除害，所以定要打死這班漢奸！」[134] 陳元良的愛國熱情固不容置疑，然而他年僅十八歲，心智尚未成熟，更無與捕房周旋的經驗，接受審訊時，因不堪威逼利誘，承認了「此次暗殺鄭月波係奉會長孫亞興之命為民除奸」，並供出了孫亞興現居法租界蒲柏路大華公寓等實情。雖然捕房當局按址捕拿時，孫亞興一度遠颺，但陳元良的供詞仍然造成了不可挽回的嚴重後果，孫亞興及所屬志士多人竟因之而死。

當晚 11 點，正在虹口日本水上飯店等候消息的孫亞興遭到公共租界當局逮捕。半小時後，孫亞興密藏武器之鐘錶店遭到搜查，所藏武器均被起獲。翌日早晨，陳德銘案之執行者朱仲虎及尤菊蓀案之執行者王光才因不知實情，亦來到孫亞興住所，也被預先埋伏的警探捕獲。此外被捕者尚有十餘人，具體情況不詳。至此，在鄭月波被殺二十四小時後，孫亞興行動組幾乎全軍覆沒。

孫亞興等人被捕後，大都被租界當局引渡給日本憲兵

134〈兩租界昨晨發生槍殺案兩起〉，《新聞報》，1938 年 7 月 23 日；張愚裁，〈悲壯的一幕〉，《上海一日》，第 3 部，頁 224；國防部情報局編，《忠義救國軍誌》，頁 98。

隊。[135] 孫亞興備受嚴刑，生腳氣病，呻吟達八個月，由足腫延及腹部，終於 1939 年 12 月瘐殉獄中，年僅二十九歲。朱仲虎亦慘遭非刑成仁，年僅二十五歲。[136] 其餘被捕志士則下落不詳。這是滬區繼周繼棠等十一人殉難後，遭受的又一次重大損失。

14. 葉紀逢案

葉紀逢，浙江寧波人，寓公共租界愛而近路均益里 11 號，係偽鹽務署稽查兼新閘路分局局長。

葉紀逢案的執行者為江蘇泰興人李樹森，他於 1938 年 4 月參加特務處工作，任滬區行動組組員。7 月 25 日晨 8 時，葉紀逢由家出門，乘坐電車至愛文義路小沙渡路口，下車後向北步行，擬由小沙渡路至新閘路，行約十餘步，將轉向小沙渡路時，突遭預伏該處之李樹森連發兩槍，頸部中彈。葉紀逢見勢不妙，即用手捂住創口奔逃，後乘黃包車自行前往海格路紅十字會醫院醫治，因受傷不重，旋即出院。

李樹森開槍之時，附近崗警聞聲趕至，乃沿愛文義路向東撤退，時有公共租界警務處政治部西探海爾好斯乘坐公務汽車經過該處，見李樹森手執手槍奔走，亦下車追

135 據公共租界工部局警務處方面記載，被引渡者除孫亞興外，尚有江漢初、李阿毛、萬松炳、鄭凱冠、周守孔、趙良、宋仁富、王之古，皆為英文譯名之回譯，在軍統方面無記載。見楊紅譯，李雪雲校，〈1938 年上海公共租界巡捕房關於黃道會等團體活動情況的報告〉，頁 11-12。

136 軍事委員會調查統計局編，《先烈史略稿》，初輯，頁 83；國防部情報局編，《本局殉職殉難先烈事蹟彙編》，頁 56。

趕。至西摩路時，戈登路口站崗之華捕亦趕來，李樹森開槍拒捕，遭該華捕連發數槍，手背、左臂及腿部共中三彈，血流如注，倒於愛文義路西摩路路口，遂被巡捕上前逮捕，抄得手槍一支、子彈四粒。靜安寺捕房及警務處刑事第八科得報後，各派中西探員前往調查，並召救護車將李樹森送往工部局醫院醫治，[137] 惟李樹森受傷過重，於一小時後即告殉難，時年三十歲。[138]

15. 八一三暴動

據軍統方面記載，滬區為紀念八一三淞滬抗戰爆發一周年，再次舉行暴動，共分四組進行。

第一組由趙理君組擔任，在滬西轟炸愚園路日本巡捕宿舍、澳門路米擇洋行、勞勃生路日華紗廠、戈登路日本內外紗廠。

第二組由李楚琛組擔任，分三路，第一路於當夜自蘇州河乘小船潛進，由廣東會館登岸，衝過麥根路，沿保定路至虹口日軍哨兵線，以手榴彈、駁殼槍擊斃敵哨兵二人，其時敵鐵甲車十餘輛聞警馳來，滬區行動員李光漢、王仲殉難；第二路於 8 月 13 夜 3 時分別在匯山碼頭共盛

137 〈愛文義路小沙渡路口葉紀逢昨遭狙擊〉，《新聞報》，1938 年 7 月 26 日；〈孤島彈痕錄中〉，《大公報》香港版，1939 年 1 月 9 日；國防部情報局編，《忠義救國軍誌》，頁 98。《忠義救國軍誌》、《本局殉職殉難先烈事蹟彙編》等書葉紀逢原作葉李鳳，茲據《新聞報》及《大公報》改。

138 國防部情報局編，《本局殉職殉難先烈事蹟彙編》，頁 53。《新聞報》稱葉紀逢案開槍者名李廣仁，湖北人，年三十二歲，李廣仁或係李樹森化名，茲據《本局殉職殉難先烈事蹟彙編》改。

公司堆疊、眉州路消毒廠及棉花堆疊等處縱火，均予敵人以重大損失，並擊斃敵哨兵數名，又在華盛路楊樹浦路口襲擊，擊斃敵哨兵三名，割取電話線二段，襲擊華德路跑馬廠敵騎兵隊；第三路由黃埔江泅水至十六鋪登岸，於13日夜2時在親賢里對過之敵兵營縱火，又襲擊南陽橋日軍司令部，斃敵哨兵兩名。其餘在兩租界活動者，因日人絕跡，未遇目標，惟散發抗日傳單、標語、漫畫十萬份。

第三組由于柏松組擔任，在南市一帶活動，分別在漢奸錢樵生住宅、火神廟敵騎兵養馬所縱火，又在老西門、陸家濱、徽甯路等處投彈，另在川弄、江陰街等處懸掛國旗數面。

第四組由在近郊活動的忠義救國軍直屬第二大隊陸俊卿部擔任，派第一、三兩中隊襲擊虹橋機場，自13日夜11時與日軍荒川部隊及偽警激戰，擊斃敵偽21人，該隊當即占領機場，懸掛國旗，並焚毀滑梯機庫。

此次暴動，共計斃敵32名，縱火多處，散發抗日傳單、漫畫、標語約十萬份，且一度占領虹橋機場，「惟成果不如預期之大」。[139]

16. 陸連奎案

陸連奎，浙江吳興人，在公共捕房任職多年，因屢破

139 國防部情報局編，《國防部情報局史要彙編》，上冊，頁226-227。

要案，積功擢升公共租界捕房總稽查處華探督察長，為捕房華探中之最高級人員。陸連奎在公共租界內勢力極大，開辦有中央、中南、南京三家飯店及大陸游泳池，均自任總經理及董事長。當時上海人稱吹牛裝大、盛氣凌人曰「奎」，且有一句話說：「你不要奎，你又不是陸連奎」，陸連奎之社會影響力由此可見一斑。

上海淪陷後，陸連奎因站在租界立場，逮捕抗日志士，故被滬區列為制裁目標。對於陸連奎這樣的大人物，滬區首先設法偵查其出行規律，查悉其平日隻身出入各地，並無護衛，僅有自備汽車一輛，由車夫陸榮生駕駛，號碼 743 號，且每日中午由辦公處返回池浜路 14 號寓所午餐，至下午 2 時半許由家至其開辦之中央旅館經理室小坐片刻，再回至捕房，習以為常。於是滬區即派行動員按時守候在中央旅館，準備行動。

8 月 18 日下午，陸連奎乘自備汽車由家外出，至中央旅館廣東路側門停車，由該旅館朱姓招待員上前開啟車門。陸連奎正擬起身下車之際，滬區三名行動員突然上前，連開多槍，陸連奎身處車中，不及逃避，計右胸中四彈、右肩中一彈、後腦中一彈由太陽穴穿出，當即重傷倒於車中，車夫陸榮生右臂亦中二彈，車身上則滿布彈痕。當槍響之時，行人紛紛逃入附近小弄，三名行動員見目的已達，即相率撤退，其中二人著黑香雲紗短衫褲及黑色長衫，向東由湖北路轉入愛多亞路，臨行時曾朝天放三槍示警，另一人穿灰色長衫，最後逸去，臨行時曾叮囑路人速速躲避。事後新聞報導稱，三人「態度之從容為任何暗殺案所少見」。

陸連奎被刺後，捕房立派大隊中西探捕馳至中央旅館，將其與車夫陸榮生分別送往仁濟醫院及工部局醫院，陸連奎受傷過重，未及抵院即已殞命，陸榮生之傷勢則無大礙。公共租界當局對此案極為重視，各捕房及刑事第八科均派員到場調查，法租界捕房亦派中西探員前來協助，一面在附近實施戒嚴，一面搜捕兇犯，而滬區行動員均已揚長而去，捕房方面竟毫無所獲。[140]

陸連奎案被認為是上海淪陷以後，「暗殺案中之最兇猛者」。[141] 由於死者位高權重，交遊廣闊，本案立即在社會上引起軒然大波，尤使租界當局大為震動，公共租界警務處一面加緊偵查線索，一面懸賞緝拿兇犯，聲稱凡有通風報信因而拘獲兇手者，均可領取五千元之賞格。[142] 與此同時，租界當局極力辦好陸連奎之後事，當 8 月 21 日出殯時，「儀仗行列之盛，為近年來所罕見，英法租界外籍警務官員等，俱躬往執紼。」[143]

社會輿論亦對陸連奎之死異常關注，各大媒體紛紛猜測其幕後背景與被殺原因，《新聞報》認為，此案當係某

140〈公共捕房督察長陸連奎遇刺殞命〉，《新聞報》，1938 年 8 月 19 日；〈上海成恐怖世界　陸連奎昨被刺死〉，《大公報》香港版，1938 年 8 月 19 日；國防部情報局編，《忠義救國軍誌》，頁 98。

141〈孤島彈痕錄中〉。

142〈暗殺陸連奎兇手租界當局懸賞緝拿〉，《新聞報》，1938 年 8 月 31 日。

143 大美晚報館編，《大美畫報》，第 10 期（1938.9），頁 1。

組織健全之團體所為：

> 關於陸氏被殺原因，據一般之推測，或與現時所發生恐怖事件之團體有關，因所用之武器，係新式之盒子炮，槍法尤屬高明，非普通之仇殺案可比，且推定關係者決不止三人，必尚有多人埋伏四周，觀其從容不迫，已可斷定此項有組織而計畫周密之行動，非具有特殊之健全組織不可。

以上分析僅稱陸案與製造「恐怖事件之團體」有關，而未明言所謂恐怖團體之名稱與背景，持論尚稱嚴謹。《大公報》則稱捕房方面於陸案發生前一天亦即 8 月 17 日曾下令緝捕黃道會頭目常玉清及其黨徒，故陸案「疑係黃道會動手」。《大美畫報》亦稱：「據外人觀察，兇手似與日方所主持之黃道會有關。」

但據軍統方面記載，陸連奎與偽組織關係密切，曾兼任偽維新政府內政部、綏靖部及外交部顧問，故由滬區對其進行制裁。其實瞭解內情的人士都知道，陸連奎確是因為得罪了「重慶方面」而引來殺身之禍的，據陸連奎之繼子桑海定回憶：

> 陸的被殺，據我聽到的，是因為捉了 7 個重慶地下分子，陸受了重慶方面的一大筆錢，本已準備釋放。想不到被四川路日本海軍部知道，一定要移交給日方，

陸因日本勢力強大，沒有辦法，只好移交給日方，將收下來的錢還給重慶方面，因此，不久就被槍殺了。[144]

按陸連奎死前不到一個月，滬區孫亞興、朱仲虎、王光才、陳元良等人因鄭月波案被捕，桑海定所謂重慶地下分子或指孫亞興等人，若其說屬實，則與軍統方面之記載可以相互印證，昔日有關陸案背景之種種猜測當可渙然冰釋。

17. 劉謙安案

劉謙安，福建人，偽維新政府蘇浙皖三省鹽務督辦公署署長，於 8 月 22 日下午 4 時 45 分同該署科長劉宏福乘坐自備汽車行經靜安寺路成都路口義大利領事公館附近時，被預伏路畔之滬區行動員三人上前攔住汽車，各持盒子炮向兩劉開槍。劉宏福驚覺有變，奪門逃至馬路，被一名行動員開槍擊中腹部，跌倒於行人道上，血流滿地，劉謙安亦被另外兩名行動員連開三槍，倒於車中。三名行動員見目的已達，即從容拋棄盒子炮，相率向西撤離。[145] 本案據軍統方面記載，劉謙安、劉宏福均被擊斃。[146] 其實劉謙安受傷雖重，但經日方送往虹口福民醫院醫治後，

144 桑海定，〈我所瞭解的陸連奎〉，《上海文史資料存稿彙編》，第 12 冊（上海：上海古籍出版社，2001），頁 438。

145 〈靜安寺路成都路口昨日發生槍殺案〉，《新聞報》，1938 年 8 月 23 日。

146 國防部情報局編，《忠義救國軍誌》，頁 98。

漸告痊癒，[147] 劉宏福是否斃命則未見當時報導。

18. 陳雲案

陳雲，名雲溪，又名江熹，上海南市人。在軍閥統治時期，曾任上海警察廳之教練官。後離職，經友人介紹，入四川路東亞銀行大樓日籍律師村上處充書記、幫辦，專辦中日訴訟案件。上海淪陷後，經村上介紹，出任偽南市維持會委員長，後改為偽督辦公署南市自治會會長。

8 月 30 日晨 9 時 30 分，陳雲吃完早飯，乘坐自備汽車出門，行至弄口，車夫擬將車頭轉入新閘路之際，突有兩名滬區行動員從路旁穿出，舉槍轟擊，共開十五響，陳雲腹股等部中彈，車廂被擊穿十餘孔，車窗玻璃悉數粉碎，車夫徐吉譚亦被玻璃打破額角，血流滿面。時有一名華捕聞聲趕來，向兩名行動員連發兩槍，均未命中，路人見狀，紛紛逃避，兩名行動員即混入人群中逸去。

出事後，靜安寺捕房立派中西探員前往事發地，一面將陳雲及徐吉譚送往寶隆醫院醫治，一面檢查行人。陳雲送醫後，延至 9 月 2 日傷重斃命，徐吉譚因未受槍擊，由醫生簡單包紮後即行出院。[148]

147〈劉謙安傷已告痊〉，《新聞報》，1938 年 9 月 17 日。

148〈新聞路上陳雲昨晨被槍擊〉，《新聞報》，1938 年 8 月 31 日；〈南市自治會主席陳雲昨傷重斃命〉，《新聞報》，1938 年 9 月 3 日；國防部情報局編，《忠義救國軍誌》，頁 98。

19. 姚秋華案

姚秋華，南京人，家住法租界康悌路馬浪路口福興坊 8 號，其公開身分為上海郵務工會執行委員兼同仁俱樂部主任，但據軍統方面記載，他也是偽上海別動隊班長，專門協助日軍破壞特務處之工作。[149]

9 月 23 日午後 1 時左右，姚秋華自郵政總局乘電車返家，下車後正擬入弄時，被預伏該處之一名滬區行動員跟蹤其至弄口，袖出手槍，擊中其臀部。姚秋華奔逃入弄，行動員緊隨其後，復連開二槍，一彈擊中其頸部，另一彈將某家門牌擊穿一洞，姚秋華仍負創狂呼，卻因驚慌過度，竟又返身向弄口逃跑。行動員見目的已達，即撤退無蹤。[150] 姚秋華被送往廣慈醫院後，延至 9 月 26 日上午 11 時傷重身死。[151]

20. 唐紹儀案

1938 年 9 月 30 日，滬區制裁了有漢奸嫌疑的唐紹儀，一時輿論震驚，是為滬區在抗戰期間影響和爭議最大的一次行動案件。唐紹儀曾任第一屆內閣總理、國民政府委員等職，為民國元老，上海淪陷後，他留居滬上，與日方有所接觸。當時日軍極欲利用唐紹儀之聲望組織傀儡政權，

---

149 國防部情報局編，《忠義救國軍誌》，頁 98。

150 〈滬郵務工會執委姚秋華遇刺受重傷〉，《新聞報》，1938 年 9 月 24 日；〈法租界亦發生凶案〉，《大公報》香港版，1938 年 9 月 24 日。

151 〈姚秋華傷重殞命〉，《新聞報》，1938 年 9 月 27 日。

其陰謀如果得逞，對抗戰前途危害甚大，為此，國民政府不斷派遣唐紹儀之戚友赴滬，勸其早日脫離敵偽包圍，移居武漢，共謀國事前途，惟唐紹儀態度猶疑，始終沒有回應，最終竟招致殺身之禍，成為特殊年代與政治環境下的犧牲品。

唐紹儀

資料來源：海上名人傳編輯部，《海上名人傳》（上海：上海文明書局，1930），頁 38。筆者翻攝。

關於唐紹儀被刺之原因及其晚節問題，學界多有研究，此處不擬贅述，茲僅對滬區刺唐之經過及執行人員之身分略作整理分析。

據滬區助理書記王芳蘭及與滬區人員多有來往之沈醉稱，唐紹儀與日方接觸之事最初是由滬區對外聯絡員謝志磐報告的。[152] 謝志磐，字甡其，別字治磐，廣東雲浮人。國立中山大學畢業，曾充廣東曲江、陽春等縣公安局

152 王方南，〈上海淪陷後暗殺大漢奸唐紹儀紀實〉，《文史資料選編》，第 3 輯（北京：中國文史出版社，1985），頁 60；沈醉，〈唐紹儀之死〉，頁 213。

長及第一集團兵站韶關水陸檢查處處長。北伐完成後，任廣東國際通訊社及廣州新晚報社社長、上海申報駐港粵特約專訪、上海永安公司祕書、上海文安桐油公司總經理等職。滬戰爆發後，參加特務處工作，初派蘇浙行動委員會任職，後調滬區內勤兼對外聯絡員。[153]

上海淪陷後，唐紹儀居住在法租界福開森路 18 號，該處為一座奶色花園洋樓，週邊築有短牆，甚為精美。此樓於六年前建造，最初居住者為一西人，此後居住者為海關官員諸昌年，即唐紹儀之快婿。唐紹儀在此深居簡出，不見生客，宅門前之弄堂僅由唐宅中人出入，且有法租界當局所派之外籍警捕在弄口站崗防守，宅內雖有電話，但外界不知，如非唐紹儀之親戚好友，決不知其家在何處。[154] 謝志磐因與唐家是世交，經常出入唐宅，故對唐紹儀之起居及其與日方接觸的內幕有所瞭解，遂向周偉龍報告，周偉龍以此事關係重大，復向戴笠請示處置辦法。

7 月 6 日，戴笠致電周偉龍，向其轉達了蔣中正親自交代的制裁命令：「頃奉領袖面諭，唐紹儀平素反對國民黨甚力，此次又復為敵利用，處處破壞中央，應即多方設法予以制裁。」[155] 周偉龍奉命後，經與行動工作負責人

---

153 國防部情報局編，《本局殉職殉難先烈事蹟彙編》，頁 78。王方南稱謝志磐為「謝子磐」，又當時新聞中有稱其為「謝子陪」（上海話謝子陪與謝志磐音同）、「謝志璧」者。

154 〈唐紹儀死〉，《時報》，1938 年 10 月 1 日。

155 〈戴笠電周偉龍〉（1938 年 7 月 6 日），《戴笠史料》，國史館 144-010199-0005-062。

趙理君及謝志磐等人籌畫了兩個多月，決定利用唐紹儀收藏古董的嗜好，由行動人員化裝成古董商，經謝志磐介紹進入唐宅，相機採取行動。由於本案關係重大，周偉龍決派趙理君親自執行，且因唐宅附近設有警捕，為免驚動彼等，決定不再使用手槍，而以利斧作為武器。[156]

關於滬區暗殺唐紹儀之經過，以當時上海《時報》、《新聞報》及香港《申報》等報的報導最為詳細，茲將其內容綜合整理如下。

9月30日上午9時20分左右，突有四人駕駛6132號黑牌汽車來到唐宅弄口。除車夫外，其他三人兩穿西裝，一穿長衫，衣著整潔，舉動大方，下車後從車廂中取出一個大紙箱，準備走入弄堂。此時站崗之警捕詢問三人身分，三人佯稱是向「唐老爺」兜售古玩的，警捕不疑有他，遂帶領三人來到唐宅大門，經謝志磐向僕役出示名片和古玩，請其通報，唐紹儀見印有「謝志磐」姓名之名片，即欣然請進。

三人由僕役引進會客室。未幾，唐紹儀出來見客，三人解開包裹，取出一隻大花瓶及小件瑪瑙等物請唐紹儀玩賞，僕役在敬煙、奉茶之後即行退出，並將會客室門帶上。不久，三人與唐紹儀「交易」結束，談笑而出，並向

156 王方南，〈上海淪陷後暗殺大漢奸唐紹儀紀實〉，頁60；沈醉，〈唐紹儀之死〉，頁213-214。沈醉說，「最初是準備利用唐外出時，在路上將唐擊斃，因謝志磐認識唐家的兩個司機，可以作為內線。後因當時法租界的難民太多，比原有人口增加了幾倍，馬路上到處都是人，要想在馬路上進行狙擊，兇手很難逃走，而未實行。」

會客室內佯稱「唐老爺不必遠送」等語，至弄口時，三人猶神態自若，最後坐上汽車向福開森路西面疾馳而去，計其來去時間總共不過三十分鐘。

後唐宅僕役見主人久未外出，乃開門查看，始發現唐紹儀仰坐在沙發上，額間嵌一利斧，血流滿面，口張目突，而其左手指間尚夾有一枝雪茄。僕役驚極而號，一面奔至門口吹笛報警，一面將唐紹儀送往金神父路廣慈醫院頭等病房醫治。唐紹儀一共被砍兩斧，一中左臉，一中右額，利斧嵌在額間，深約一寸，當醫生將斧取下，頓時腦漿迸流，脈搏貧弱。延至下午 4 時 30 分，終因年邁力衰，氣絕身死。[157]

按滬區三名行動人員與唐紹儀「交易」時，突從花瓶中取出利斧，猛劈其頭部，致其死命，整個經過毫無聲息，故唐宅僕役均未察覺。至於參與行動及直接執行者為誰，則頗有異說，茲將各類說法整理如下。

最早披露唐案兇手身分的是法租界警務處，該處於事發不久曾發布通緝謝志磐與王竹軒之兩則公告：

> 查得謝志磐亦名謝彼得，現年廿九歲，廣東人，業店夥，住拉都路二七五號 D 字，體高一公尺七五，身材短小，面狹長，髮向後梳，或穿西服，能操上海語，但帶廣東口音，因於一九三八年九月三十日上午九時

157 〈唐紹儀死〉；〈唐紹儀被刺殞命〉，《新聞報》，1938 年 10 月 1 日；〈滬法租界暗殺案唐紹儀被刺逝世〉，《申報》香港版，1938 年 10 月 1 日。

> 半在法租界福開森路 18 號內殺死唐紹儀先生（正犯或共犯）案，仰諸色人等一體協緝，有能通風報信因而拿獲者，給賞洋三千元。報告處：上海法捕房。

> 查得王竹軒又名王約瑟，年三十歲，籍貫廣東，業商夥，其最後住址為拉都路二七五號 D 字，身高約一公尺七五，身軀短小，髮長對分，能穿西裝，說上海話帶廣東腔，該犯為一九三八年九月三十日上午九時三十分在法租界福開森路十八號殺死唐紹儀之共犯或主犯，無論何人，如能通知而能擒獲該犯者，本捕房當立給賞金三千元，決不食言。倘能獲案，請即報告上海法租界警務處可也。[158]

據沈醉稱，王竹軒、王約瑟即王興國之化名，此人係滬區工作人員，為謝志磐之同鄉，抗戰期間曾任水陸交通統一檢查處重慶朝天門水上檢查所中校所長。沈醉此說確能得到原始檔案的印證，查「軍事委員會運輸統制局監察處現有所、站長一覽表」重慶所條載有「重慶所中校所長王興國，上海工部局高級警官外事班畢業」，此一運輸統制局監察處即水陸交通統一檢查處之前身。[159] 惟法租界當局僅通緝謝志磐、王興國，對參與本案之另外兩人則

158〈唐紹儀被刺後法租界警務處懸賞緝拿暗殺者謝志磐與王竹軒〉，《新聞報》，1938 年 10 月 2 日。

159〈軍事委員會運輸統制局監察處現有所、站長一覽表〉，《國防部軍事情報局檔案》，國史館 148-010100-0001。

未提及，且謝、王二人亦未被捕，此案最終不了了之。

最早對滬區制裁唐紹儀經過及執行者身分進行披露的，是投靠日偽的軍統要員王天木，他於 1942 年在日偽授意下寫了一本名為《藍衣社內幕》的小冊子，內中說：

> 當年九一八後，藍衣社決定不使唐氏生存了。他們處置的方法，是由中央電令他的上海祕密機關部——上海區，區長再指令他的暗殺團——行動隊，隊長最後派出眼線、內線、執行人等，統名之曰行動員，七殺八砍，草菅人命之後，他們僅美其名曰「制裁」了事。
>
> 當時那個區長叫周偉龍，號道三，湘鄉人，他就是今日的忠義救國軍總指揮。隊長叫趙理君，四川人，現調充陝西戰區督導組長。內線叫謝志磐，廣東人，是唐紹儀的一個至戚。上海區部還兼作蘇浙行動委員會的辦事處，忠救軍集權此地，實力頗厚。這明明是一個殺人機關，在唐紹儀卻認為是一家古董老鋪。
>
> 謝志磐在這古董案子裡可算罪大惡極，唐紹儀壽躋耄耋，當然還是謝的長親，弒及長親這是無理由可以解說的。可是在藍衣社裡面卻是大功一件，他們正鼓勵著「大義滅親」呢。我們在許多暗殺案子中，體驗作內線者，大都是為銅臭所利用，謝志磐不能例外，論報應，講因果，他以後到了重慶，患了精神病，竟為人所誤殺。這且不提。
>
> 當時唐紹儀為對某大軍人將有所饋贈，四處託人物色

佳品，謝志磐見有機可乘，遂立使那個殺人犯趙理君搖身一變，手提著古董箱子，兩次偕至唐寓，皆以兜攬這批生意為名，唐氏畢竟也就死在這般假古董裡。海格路唐寓巡捕邏守，僕婦成群，本不是一個適當的刑場，惟以唐、謝至戚，出入無忌，並且在鑑賞趙理君的古董時候，還特別要屏退役從，關緊了房門。這天是細雨西風，沉沉陰霾，藍衣社上海區發出了一個執行命令，限數小時內即要趙理君帶唐紹儀血蹟覆命。也怪唐紹儀不夠聰明，趙理君本是鷹鼻蜂目，視眈眈而欲逐逐，一見即可曉得不像一個好人，大概是為了貪圖他們的小便宜吧，其實人類失敗在這種毛病上的比比皆是。

這次趙理君所送來的是一項贋古的兵器，他和謝志磐在午後兩點鐘辰光先等候在客廳裡，見唐氏緩步而出，笑容可掬，趙理君略事寒暄，便颯的抽出那項兵器，擁到唐氏面前，口稱是戚繼光防海時所佩的一把寶劍。唐紹儀總不失為收藏家，略一把玩，表示不甚滿意，他的意見，說是明代軍人已經佩刀而不佩劍，同時和戚將軍鋒鏑對峙的，也是有名為「日本刀」的人們，摭古拾今，辯口懸河，而不知死之將至。趙理君瞰到機會已臨，乘唐又俯身想取其他假古董時，便真的揮出殺人利器，原來這是祕密藏來一把鋒刃無比的鏡板洋斧頭，刻不容緩，照準了唐氏後腦海，磕吃一下。這時候室中仍只有趙、謝兩個人，所餘的老古董也沉入於寂靜。

在這凶行裡，兇手安然逸出門外恐怕是一件最難能的事，趙理君也有巧計。他們倆把血蹟拭乾，懷袋裡握著手槍，故作鎮定一步一步的走出客室，關好了門，回身再向門內深深的鞠上一躬，彷彿尚有唐氏起送在內，互打招呼。人皆不疑，而後才緊一步慢一步的踱下樓梯，向僕人送笑，對巡捕點頭，走上汽車，風馳而去。大約他倆把乘來的汽車丟在麥琪路時候，唐宅才發覺主人亡去。在大批探捕趕到唐宅時，藍衣社總部已經呈報他們領袖，大言消滅了「候補元首」。

以上是藍衣社的原來檔卷所記載。實際情形，大謬不然，趙理君對於本案，可謂罪惡之罪惡，因為還有一段祕密情形在內呢。趙理君不過是個殺人騙子，本案在行動時，趙理君並未身歷過唐氏的寓所，僅僅在遠處參加巡風瞭哨而已，在現場執行的人，另外是有一個姓王的，王某把斧頭砍入唐頭之內，不及拔出，逕自逃去，倉皇未及通知在唐宅左右警戒的李世英等數人，斯時在宅外本是還有一個另外的人擔任著指揮。趙理君在事後竟將諸人名字一筆抹殺，獨吞獎金，冒了全功。[160]

照王天木的說法，參加唐案的有滬區的趙理君、謝志

160 陳恭澍，《藍衣社內幕》，頁 32-35。

磐、李世英、王某等人，在現場執行的是王某；但趙理君為了獨吞獎金，事後向上級謊報是他和謝志磐進入唐宅，由他親自執行，而將其他諸人名字一筆抹殺，冒了全功。按王天木是 1938 年 12 月接任滬區區長的，他雖然沒有親歷唐案，但以他的地位，有可能看過滬區的原始檔卷，也有機會向滬區工作人員瞭解本案經過，因此他的說法本應具有較大的參考價值。不過考慮到王天木於 1939 年 7 月即變節附逆，且其變節的直接原因之一便是和趙理君發生齟齬，故其有關本案的言論又不宜輕信。

如王天木所謂「王某把斧頭砍入唐頭之內，不及拔出，逕自逃去，倉皇未及通知在唐宅左右警戒的李世英等數人」云云，就和當時諸報所載大異其趣，查《新聞報》稱：「來客等見目的已達，即揚長而出，躍登汽車而去。」[161]《時報》也稱：「三青年旋走出唐宅大門，至弄口時，互相談話，態度自若，最後坐上汽車，猶回首向唐宅瞻望，轉瞬間該車已風馳電閃，向福開森路西面駛去。」[162]由此可知王天木當了漢奸後，極有可能為了迎合日偽而信口雌黃，對趙理君更要肆意抹黑。

不過王天木所謂謝志磐曾參加唐案、親入唐宅，且於日後「患了精神病，竟為人所誤殺」一節，確有其事。查謝志磐於參加唐案後，為避追捕，經戴笠批准轉往後方休假，卻因沿途探捕密佈，導致精神分裂，於 1939 年 1 月

161 〈唐紹儀被刺殞命〉，《新聞報》，1938 年 10 月 1 日。
162 〈唐紹儀死〉，《時報》，1938 年 10 月 1 日。

抵重慶後，即入市民醫院醫治，「每值月影鳥啼，不免百疑縈心」。3 月 24 日 19 時，軍統隨節特務股股員卓飛調查可疑人物，與謝志磐相值，二人竟因言語誤會而開槍互擊，雙雙斃命。至 1960 年代情報局在臺編印殉職殉難人員事蹟時，首次指出謝志磐為唐案之執行者，原文如下：

> 淞滬既不守，海上群魔亂舞，先烈〔謝志磐〕益奮發。二十七年某日，有巨奸某以民脂民膏來滬搜購古玩，將以獻媚敵酋，先烈秉戴先生之命，以宋窯古瓶一對挾利斧往，佯稱某權威古董商送貨者，巨奸不疑有他，延入內室，取放大鏡細為考訂，先烈亟取斧殪之，從容提瓶而出。[163]

謝志磐

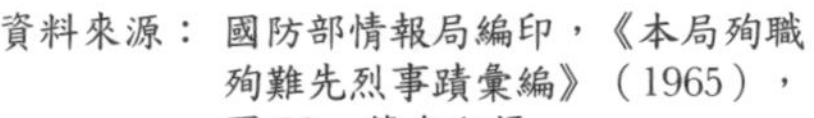

資料來源：國防部情報局編印，《本局殉職殉難先烈事蹟彙編》（1965），頁 78。筆者翻攝。

163 國防部情報局編，《本局殉職殉難先烈事蹟彙編》，頁 78。

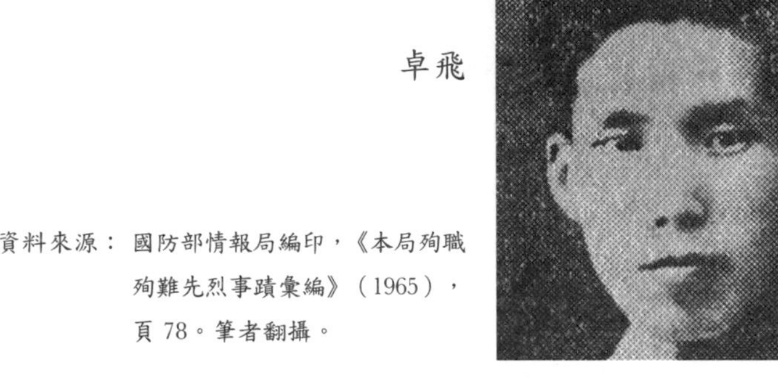
卓飛

資料來源：國防部情報局編印，《本局殉職殉難先烈事蹟彙編》（1965），頁 78。筆者翻攝。

以上短短百餘字為軍統出版品中對唐案僅有之記載，全文以「巨奸」指代唐紹儀，顯示此案牽涉太廣，不便直書其名，更佐證唐紹儀並無通敵實據，故軍統對此案諱莫如深，至於唐紹儀將以古玩獻媚日軍之說，不知有何根據。要之，此段文字雖屬官方說法，似有其權威性，但像刺唐這類具有爭議的案件，事發多年之後已未必有原始卷宗留存，傳聞不免失實，更何況死難人員之事略例有溢美之詞，故謝志磐親殺唐紹儀之說實在未可深信。又上引文字刊於情報局內部史籍，流布極稀，素未受到外界注意，今聊志於此以備一說而已。

1964 年，前軍事委員會西安辦公廳少將參議艾經武撰文稱，唐紹儀案是由趙理君親自動手的。按艾經武於 1941 年隨西安辦公廳主任蔣鼎文到洛陽，與時任第一戰區便衣混城隊督導組組長趙理君結識，二人為黃埔同學，時相過從，「有時談談日本必敗的前景，有時也談一些彼此的私生活」，艾經武所述趙理君刺唐情形，即「在洛陽聽趙理君親口說的」。[164]

1980年代，始有軍統舊人陸續披露刺唐案參與者之身分。據章微寒撰文稱，除謝志磐外，相強偉亦參與本案，且為執行者，當唐紹儀欣賞古董時，「相強偉立在旁邊，抽出利斧，把唐紹儀砍死在沙發上」。[165] 章微寒並未參與唐案，其說法來源不明。惟抗戰期間章微寒曾任軍統局浙江站書記，相強偉曾任軍統局浙西行動隊隊長，二人當有交往，章微寒此說極有可能是從相強偉口中聽來的。

除章微寒外，史久煜亦稱相強偉為唐案執行者。史久煜曾於1970年代在相強偉活動過的地區工作多年，「先後調查過相的小老婆裘蘭芬及其姐與姐夫，還有相的老部下多人，雅璜村過去給相夫婦進出抬轎的老農多人」，由此不難推知，史久煜之說應當也是來自相強偉的口述。[166]

曾在滬區任職的軍統舊人王紹謙則針對章微寒的文字，指出唐案執行者為趙理君，相強偉僅負責在車內監視唐宅門口之警捕，接應趙理君撤離。並稱趙理君上車逃逸後，「兜了很多路，即棄車先到法租界赫德路（現常德路）正明里36號王蕉梅家（王蕉梅是我的姑媽，王蒲臣的姐姐）」，向正在等候消息的張冠夫詳談了刺唐經過，

164 艾經武，〈唐紹儀被暗殺案與趙理君之死〉，《河南文史資料》，第7輯（鄭州：河南人民出版社，1989），頁188-189。

165 章微寒，〈戴笠與軍統局〉，《浙江文史資料選輯》，第23輯（杭州：浙江人民出版社，1982），頁139。

166 史久煜，〈相高老刺殺唐紹儀真相〉，《嵊州文史資料》，第1輯（嵊州：嵊州市文史資料委員會，1999），頁258。

「以上情況是我 1939 年從香港到上海，聽我姑媽跟我面談的。」[167]

曾任滬區助理書記的王芳蘭亦稱參與本案者為趙理君、謝志磐及司機一人，直接執行者為趙理君，與王紹謙之說法吻合，略謂刺唐之際，「趙理君神態自若地一面對唐說明特來送貨，一面便乘著遞花瓶給唐觀看的一瞬間，順手從花瓶內取去利斧，對準唐的頭部猛劈下去，當即將唐劈死在沙發上，沒有露出一點聲息。」[168]

又沈醉稱，他與趙理君、王興國「都是多年同事，而且不止一次談過有關情況」，他為軍統開辦的各種訓練班編寫《行動術》教材時還調閱過唐案檔卷。其在撰寫〈唐紹儀之死〉一文時稱，參與本案的有趙理君、謝志磐、王興國、李阿大等人，且因「王興國和謝志磐都是搞情報的，對殺人不但外行，而且非常害怕」，故由「殺人慣匪」出身的李阿大執行，唐紹儀觀看花瓶時，「李阿大手起斧落，只見唐連『啊哎』都叫不出，便一頭栽倒在花瓶附近的地毯上」。[169]

若沈醉之說果如其言，有原始憑證，自然值得重視，惟此後不久，他再撰〈再談唐紹儀之死〉一文，又改稱李阿大負責在唐宅外面的汽車內等候接應，執行者則為趙理

---

167 王紹謙，〈對《戴笠與軍統局》一文的訂正和補充〉，《江山文史資料》，第 5 輯（江山：江山市文史資料委員會，1985），頁 48。

168 王方南，〈上海淪陷後暗殺大漢奸唐紹儀紀實〉，頁 61。

169 沈醉，〈唐紹儀之死〉，頁 214。

君、謝志磐、王竹軒三人中之一人，與前文自相牴牾，可見無論其根據為何，顯然時隔多年，他已記憶不清了。[170]又所謂李阿大者僅見於沈醉之各篇回憶文字，不知何人，[171]如其原係慣匪屬實，則與相強偉之出身相合，且沈醉所謂李阿大在車內接應一節亦與王紹謙所稱相強偉之任務一致，則李阿大或係相強偉之化名。

又據曾任交通部京滬區鐵路管理局上海北站鐵路警察所所長的翁養正回憶，唐案執行者為一身材高大之滬區行動員：

> 我在 1947 年任兩路局上北路所所長時，有一次在兩路局警務處督察室和幾個督察閒談中，一個督察名叫楊仁初（浙江遂安人），笑指著在旁的一人介紹說：「唐紹儀就是他親手用斧頭幹掉的。」此人的姓名記不起了，他是警務處長王兆槐早年任軍統局上海特區某行動隊長時下屬的一個行動員，北方人，高個子，不大識字，頗有膂力。[172]

交通部京滬區鐵路管理局警務處為軍統掌握的公開機

170 沈醉，〈再談唐紹儀之死〉，《珠海文史》，第 5 輯（珠海：珠海文史政協組，1987），頁 15。

171 沈醉最早提到此人是在〈楊杏佛、史量才被暗殺的經過〉一文，見《文史資料選輯》，第 37 輯（北京：文史資料出版社，1963），頁 170。

172 翁養正，〈唐紹儀被刺真相〉，《建德文史資料》，第 8 輯（建德：建德市文史資料委員會，1991），頁 40。

關，由曾任滬區第一組組長的王兆槐擔任處長，故該單位內多有滬區舊人。翁養正提到唐案執行者「不大識字」一點頗值注意，按唐案四名參與者中，趙理君為黃埔五期出身，謝志磐為記者出身，王興國為上海工部局高級警官外事班出身，皆不可能不識字，惟有相強偉自幼不喜讀書，「出身草莽，不甚識字」，且「人高馬大，長得十分粗魯野蠻」，[173] 這些特徵皆與翁養正提到者相合，只不過相強偉並非北方人，此或翁養正記憶有誤。

透過對上述各種記載的梳理，可以基本確定滬區參與唐案者為趙理君、謝志磐、王興國、相強偉四人，這與當日報刊所載刺唐人數是一致的。再綜觀艾經武、章微寒、王紹謙、王芳蘭、沈醉、翁養正、史久煜等人之說，可知唐案執行者當為趙理君、相強偉二人中之一人。值得注意者，艾經武、王紹謙本乎趙理君之自述，故主趙理君說；章微寒、翁養正、史久煜聽信相強偉之口談，則主相強偉說，兩說雖異，其以當事人片面之詞為根據則一也，這或許說明，早在唐紹儀被刺之初，趙理君、相強偉即各表其功，使此事成為懸案，故後人欲知執斧者究竟為誰，惟有待於更多相關史料的挖掘。

21. 余大雄案

余大雄，字穀民，安徽休寧人。日本早稻田大學畢

173 陳恭澍，《上海抗日敵後行動》，頁 44；史久煜，〈相高老刺殺唐紹儀真相〉，頁 253。

業，精通日語，曾創辦《晶報》三日刊，後因滬戰爆發停刊。上海淪陷後，任偽維新政府行政院祕書、實業部參事，並兼偽中華聯合新聞社社長，是偽組織中紅極一時的人物。

余大雄在虹口新亞酒店六樓 601 號房間設有辦事處，用以接洽新聞業務，整日躲在房間內，不敢外出一步。1938 年 10 月 17 日晨 4 時許，滬區三名行動人員來到該房間叩關而入，聲稱來送電訊，須與余大雄面洽。余逆聽到聲響，由臥室走出，與三人接談，三人中之一人即出示一封函件，余逆正擬開啟時，另外兩人乘其不備，猛砍數斧，余逆即踣地不起。三人見目的已達，乃從容走出酒店，分途而去。

直至 9 時許，黃道會巡邏隊見 601 號房間沉靜無聲，乃入內查看，始發覺余逆已遭砍斃，於是新亞酒店內部人員皆相顧失色，莫知所措。後來日軍到場，將該函啟封，發現其內容並非電訊，而是「斬奸狀」一紙，內稱：「漢奸余大雄劣跡昭著，奉命執行死刑」，並附有「抗戰必勝、漢奸必死」等抗日口號。[174]

22. 曹炳生案

曹炳生為法租界警務處政事部督察長，他成為滬區的

174 〈虹口新亞酒店內余大雄昨晨被砍死〉，《新聞報》，1938 年 10 月 18 日；〈漢奸余大雄之死〉，《戰地》，第 3 卷第 12 期（1939.12），頁 22；國防部情報局編，《忠義救國軍誌》，頁 99。《忠義救國軍誌》記本案時間為 1938 年 10 月 11 日，據《新聞報》改。

制裁目標當與唐紹儀案有關。先是 9 月 30 日唐紹儀被刺後，法捕房即通飭所屬中西探捕嚴密查緝，陸續捕獲嫌疑犯十五名，[175]其中包括滬區助理書記周子楨、文書王湘蓀等人。戴笠獲悉後，對營救周、王甚為關心，他深知曹炳生對本案之處理具有舉足輕重的作用，立刻電令張冠夫轉託有關人士探詢曹炳生的態度，並電周偉龍指示：「如曹要錢，而對本案有力維護者，吾人為營救同志、保守祕密起見，當可酌量報酬也；如此案曹將以邀功，則諸兄設法仍須予曹以制裁，藉以報復而寒叛逆之膽，吾人為救國不惜任何犧牲也。」[176]

曹炳生對營救周、王之態度，囿於史料不得而知，惟其人一向站在法租界當局之立場，號稱「一本大公，不受人惠」，[177]日後他更竭力破壞抗日組織，並偵知周偉龍之住所及電話號碼，戴笠為此曾於 10 月 21 日電囑周偉龍謹慎行藏，並應「不惜重賞」，對曹炳生設法制裁。[178]周偉龍接電後，當對本案有所布置，惟直至其被捕，迄無機會執行。

175〈暗殺唐紹儀案獲嫌疑男女十五人〉，《新聞報》，1938 年 10 月 4 日。

176〈戴笠電周偉龍〉（1938 年 10 月 4 日），《戴笠史料》，國史館 144-010106-0003-041。

177〈西愛咸斯路血案曹炳生突遭槍擊傷重殞命〉，《新聞報》，1939 年 5 月 7 日。

178〈戴笠電周偉龍〉（1938 年 10 月 21 日），《戴笠史料》，國史館 144-010106-0002-050。

23. 土肥原案

土肥原賢二為日軍駐華特務機關長，亦為拉攏唐紹儀投日的主要人物，在唐紹儀被刺後，蔣中正即指示戴笠繼續制裁土肥原。10月23日，戴笠致電周偉龍，告以：「奉領袖諭，對土肥原應設法制裁，不惜重賞」，還詢問：「田象奎現已回滬否？」並囑周偉龍務必派遣幹員與田象奎及由此人介紹之漢奸鮑觀澄密切聯繫，善為運用，即使花費較大，也在所不惜。[179] 田象奎化名丁文，與土肥原及另一敵特頭目和知鷹二均有關係，此時受戴笠之託由港赴滬刺探土肥原之陰謀，惟其出身、履歷及與戴笠建立聯繫之經過皆不詳。[180]

同日，戴笠在武漢接到滬區轉來的田象奎以化名「丁文」發出的電報，這封電報早在10月14日已由田象奎發給滬區，戴笠對於電報遲到甚為不滿，電責周偉龍道：「吾各級辦事之遲緩，甚痛心也！」並再次切囑：「田與土肥原確有關係，在武漢攻取之前後，敵必利用特務陰謀以制吾國之死命也，土肥原之行動吾人應予密切之注意，田象奎雖漢奸，但尚不至完全欺騙吾人，萬望吾兄派遣幹員密切聯繫。前電請兄送渠之兩千元，如未送去，希立即送三千元去為要，今後田之來電，務請隨時收發為

179〈戴笠電周偉龍〉（1938年10月23日），《戴笠史料》，國史館144-010106-0003-042。

180〈戴笠電周偉龍轉田象奎〉（1938年10月23日），《戴笠史料》，國史館144-010104-0004-040。

盼。」[181] 實則田象奎並不真心與滬區合作，日後他雖向滬區報告土肥原之行蹤，但其內容「多不實在」，透過他制裁土肥原的行動自然毫無結果。[182]

24. 敵倉庫縱火案

據軍統方面記載，滬區曾於 10 月 23 日派員在楊樹浦桂陽路西敵軍倉庫縱火，焚毀庫存來福槍 320 枝、子彈 2,800 盒、火柴 570 箱、軍用汽車 34 輛及機踏車 47 輛，[183] 惟此案尚無相關史料可資印證。

25. 唐山丸縱火案

唐山丸建造於 1926 年，載重 3,090 噸，係日商日清公司最重要之輪船，專開津滬航路。據軍統方面記載，滬區於 11 月 22 日派員在楊樹浦對唐山丸進行縱火，將該船所載米麵、紙張、匹頭、駝絨、羊毛等全部焚毀，約使日方損失二百萬元。[184]

當時《新聞報》亦對此一事件有詳細報導，據稱日軍占領南京後，曾大肆搜刮中國之珍寶古玩，南京日軍當局並於唐山丸被焚毀一禮拜前，通知該輪將這些古玩分別運

---

181 〈戴笠電周偉龍（1938 年 10 月 23 日）〉，《戴笠史料》，國史館 144-010101-0001-050。

182 鄭修元，〈一件未完成的鋤奸案〉，《春秋》，第 4 卷第 1 期（1966.1），頁 6-7。

183 國防部情報局編，《忠義救國軍誌》，頁 119。

184 國防部情報局編，《忠義救國軍誌》，頁 119。

至天津、大連儲藏。唐山丸奉命後，即赴南京載運，於11月21日到滬，繫泊於浦江第28號及29號浮筒之間。此時日清公司適有大宗麵粉雜貨急需運往青島、煙臺、天津各埠，因輪船短少，乃命唐山丸暫停出口，將這批麵粉雜貨徹夜運至該輪。至此，該輪貨物除南京方面之古玩外，尚有火油、紙張、洋布、棉紗、桐油、麵粉等數萬件，合計2,500餘頓，擬於11月22日10時半起程，運往青島等地起卸。

當日晨4時3刻許，唐山丸正忙於上貨，不料貨艙突然起火，由於艙內貨物多為易燃物，只見濃煙彌漫，火勢馬上蔓延全船，一時間火光燭天，浦江兩岸居民無不驚起。迨海關救火船及救火車先後趕到，乃奮力灌水施救，並將船中貨物設法拋擲水中，然而直至10時後，大火尚未完全熄滅，船內所有之機件、珍玩、墨寶、麵粉、疋頭、雜貨等已完全焚毀，該船「只剩一鐵殼而已」。據航業界估計，唐山丸之損失至少在百萬元上下，又該船本身計值亦在百萬元之譜，故預計該船及貨物損失當在一百萬元至二百萬元之數。此次起火原因，該公司「至晚間尚未查明」。[185]

26. 錢應清案

錢應清，又名錢鏡平，江蘇崇明人。當北洋軍閥袁世

185〈昨晨楊樹浦底浦面日輪唐山丸大火〉，《新聞報》，1938年11月23日。

凱執政時代，曾任財政司長等要職，烜赫一時。滬戰爆發後，寓居滬西赫德路趙家橋 64 弄 10 號內，及上海淪陷，出任偽維新政府財政部公債司司長。

1938 年 11 月 29 日上午 9 時，滬區三名行動人員一執手槍，兩執利斧，突然闖入錢宅，時錢應清尚高臥未起，持利斧之二人即向其猛砍十餘下，錢逆猝不及防，頭、手、肩、胸等處被砍中六、七斧，血濺床榻，不省人事，其妻沈氏亦被砍中二斧。三人見目的已達，遂奪門從容而去。事後靜安寺捕房得報，立派中西探捕前往出事地點調查，並召救護車將錢應清夫婦送往海格路紅十字會醫院救治。錢應清以傷在要害，流血過多，延至下午 2 時半身死，其妻亦傷勢甚重。[186]

錢應清案為周偉龍在滬區區長任內執行的最後一件鋤奸案，此案完成同一天，周偉龍即遭租界當局逮捕，故本案之執行經過是由滬區書記鄭修元致電戴笠進行報告的。戴笠對本案甚為滿意，先於 12 月 5 日批示將案情專門呈報蔣中正，並下發獎金 3,000 元，[187] 後於 12 月 23 日再次批示，發給眼線程鳴鳳獎金 3,000 元、「策動有功」之舒子侯 400 元、行動員四人 1,000 元。惟滬區對此案「未經呈准」，係擅自行動，故戴笠又指示毛人鳳「應記負責人

186 〈維新財部公債司長錢應清斧下殞命〉，《新聞報》，1938 年 11 月 30 日；〈錢鏡平夫婦昨在滬被斫斃〉，《大公報》香港版，1938 年 11 月 30 日；國防部情報局編，《忠義救國軍誌》，頁 99。

187 〈戴笠批示鄭永忠來電〉（1938 年 12 月 5 日），《戴笠史料》，國史館 144-010106-0005-082；〈戴笠電鄭永忠〉（1938 年 12 月 5 日），《戴笠史料》，國史館 144-010106-0003-012。

大過一次，以重法紀」。[188] 由此可見，滬區行動案件必經戴笠批准，方能執行，否則無論該案成敗、影響如何，相關負責人皆須承擔違犯工作紀律之責。

188 〈戴笠批示毛人鳳來電〉（1938 年 12 月 23 日），《戴笠史料》，國史館 144-010106-0004-071。

7 孤島彈痕錄：戴笠、周偉龍與軍統上海區的抗日活動（下）

八、武漢會戰前後滬區之情報工作

滬區潛伏上海之工作，可粗略分為情報、行動兩大類，當上海淪陷之初，由於工作人員缺乏在敵區工作之經驗，情報活動幾乎陷於停頓，戴笠曾於 1937 年 12 月 18 日致電留滬處理經費事宜之張冠夫痛責道：「月餘來上海情報可說完全斷絕，如謂電臺不通，則弟何以有電來，如謂工作人員均已死了，則經費亦有人員具領，詳究原因，想必一班人員怕死不動所致也，兄迭受領袖責備，將無面目做人矣！萬希向道三、蘇民澈查詳復，如再無報告來，經費希勿再發。」[1]

至遲在 1938 年 1 月底，滬區的情報活動已逐漸恢復。1 月 29 日，滬區致電特務處本部，報告曾任日軍華北特務機關長之松室孝良現已來滬主持華中偽組織事宜，敵陸軍方面多主張扶植周鳳歧、李思浩、陳中孚、許修直、江庸等人分長軍事、財政、外交、內政及司法。1 月 31 日，

---

1 〈戴笠電張冠夫〉（1937 年 12 月 18 日），《戴笠史料》，國史館 144-010111-0002-079。

報告日軍駐防無錫、蘇州之步、砲、騎兵共約萬餘人，於 1 月 27 日開往滬杭線，分駐於嘉興、嘉善、松江一帶，又松江屬之華莊駐有敵軍八百人，以及停駐太湖之敵軍小砲艦四艘近被我軍游擊隊擊毀三艘等情。以上內容是迄今所見上海淪陷後滬區最早搜集的、並由特務處本部轉呈蔣中正之情報，蔣中正接閱後，再批交軍令部參考。[2]

由於史料有限，滬區在周偉龍任內從事情報工作的全般情形尚難詳知。就現存史料來看，在 7 月以前，滬區少有情報經由特務處轉呈蔣中正，7 月至 11 月間亦即武漢會戰前後，特務處轉呈之滬區情報逐漸增多，內容上係以日軍軍情為調查重點，此外亦包括敵特活動、偽組織及漢奸活動、外交及經濟等方面。

1. 日軍軍情

早在 1938 年 4 月 13 日，戴笠就曾電囑周偉龍派遣專員調查上海北站、南站及蘇州河之日軍運兵情形，隨時詳報。[3] 至武漢會戰前後，滬區開始向武漢特務處本部密集報告日軍軍情，據軍統元老毛鍾新說，武漢會戰期間國軍對日軍兵力之掌握，多是根據滬區之調查資料進行估計。[4] 茲將滬區搜集之日軍運兵及駐軍情形擇要列舉

---

2 〈錢大鈞呈蔣中正報告〉（1938 年 2 月 5 日），《蔣中正總統文物》，國史館 002-080200-00510-007。

3 〈戴笠電周偉龍〉（1938 年 4 月 13 日），《戴笠史料》，國史館 144-010104-0002-079。

4 戈士德，〈戴笠與周偉龍（上）〉，頁 138。

如下。

7 月 1 日，滬區報告上海附近敵軍數量，奉蔣中正批示電告第三戰區司令長官顧祝同注意。7 月 2 日，滬區報告滬郊及蘇嘉路一帶敵軍進襲皖南之計劃，奉蔣中正批示電告顧祝同。7 月 4 日，滬區報告杭州敵軍進犯鎮海、寧波之計劃，奉蔣中正批示電告顧祝同及寧波防守司令王皞南。7 月 10 日，滬區報告敵艦在長江上游被我空軍炸毀炸傷情形，奉蔣中正批示轉交航空委員會慰勉。7 月 15 日，滬區報告敵軍舉行各軍團參謀長會議之內容，由侍從室抄交軍令部參考。7 月 16 日，滬區報告虹口、楊樹浦、閘北等處敵軍調動情形，由侍從室抄交軍令部參考。7 月 21 日，滬區報告敵軍近由義大利運到坦克車之數量，由蔣中正批交軍令部參考。7 月 26 日，滬區報告敵軍運輸艦載來義造重坦克車、高射砲零件情形，由侍從室抄交軍令部參考。[5]

8 月 1 日，滬區報告長江前線敵海軍航空隊、陸軍航空隊、艦隊、戰車隊之駐地、數量、指揮官及彈藥準備量，奉蔣中正批示抄交航空委員會、軍令部研究應戰方法。8 月 4 日，滬區報告敵軍第十八師團肅清海鹽、海寧、乍浦等處我軍游擊隊之任務，奉蔣中正批示抄交軍令部參考。8 月 12 日，滬區報告敵海軍陸戰隊、海軍航空

5　〈情報提要〉，《蔣中正總統文物》，國史館 002-080200-00511-001、002-080200-00511-002、002-080200-00511-004、002-080200-00511-010、002-080200-00511-015、002-080200-00511-015、002-080200-00511-020、002-080200-00511-025。

隊調華增援情形，奉蔣中正批示抄交軍令部參考。8 月 13 日，滬區報告山西、河南敵軍增援九江情形，奉蔣中正批示抄交軍令部參考。8 月 15 日，滬區報告敵軍月吉丸在滬卸下子彈及載運敵軍轉開湖口情形，由侍從室抄交軍令部參考。8 月 21 日，滬區報告敵陸海軍互相推諉作戰不力之責任情形，奉蔣中正批示抄交軍令部參考，並電第九戰區司令長官陳誠，利用敵海陸軍之不一致，對沿江西犯之敵陸戰隊或波田旅團於適當地區予以重大打擊。8 月 22 日，滬區報告近由廈門調往長江之敵海軍番號及數量，奉蔣中正批交軍令部注意參考。8 月 23 日，滬區報告敵海陸軍衝突日趨激烈情形，奉蔣中正批交軍令部參考。8 月 29 日，滬區報告敵軍第十八及第二十一兩師團留滬部隊之番號、人數及駐地，由侍從室抄交軍令部參考。[6]

10 月 3 日，滬區報告敵運輸艦東山丸載運敵軍增援長江上游情形，及敬靖丸在浦東碼頭卸存武器情形，奉蔣中正批示：「知」。10 月 6 日，滬區報告敵軍攻略武漢之計劃，奉蔣中正批交軍令部參考。10 月 9 日，滬區報告敵軍積極向武寧推進情形，奉蔣中正批交軍令部參考。10 月 15 日，滬區報告上海魚市場之敵軍兵工廠開工情形，奉蔣中正批交軍令部參考。10 月 16 日，滬區報告敵軍出動華南之臺灣艦隊及陸軍航空隊數量，奉蔣中正批交軍令

---

6 〈情報提要〉，《蔣中正總統文物》，國史館 002-020300-00011-051、002-080200-00511-027、002-080200-00284-052、002-080200-00511-032、002-080200-00511-035、002-080200-00511-038、002-020300-00011-061、002-020300-00002-026、002-080200-00511-045。

部、航空委員會參考。同日，滬區報告進攻華南之敵軍數量及番號，奉蔣中正批交軍令部參考，並電告第四戰區副司令長官余漢謀。[7]

11 月 2 日，滬區報告敵華中軍司令畑俊六在滬召開軍事會議決定之今後軍事方針，奉蔣中正批交軍令部、航委會參考。11 月 3 日，滬區報告敵軍大本營決定之今後侵華戰略，奉蔣中正批交軍令部參考。11 月 6 日，滬區續報敵酋畑俊六等在滬議定之軍事方針，奉蔣中正批交軍令部參考。11 月 8 日，滬區報告敵軍進犯贛湘之計劃，奉蔣中正批交軍令部參考，並電告第三戰區司令長官顧祝同。[8]

11 月 18 日，滬區報告敵軍在華分布地點，奉蔣中正批交軍令部參考。同日，滬區報告敵華中派遣軍司令部自漢口移往南京情形，由侍從室抄交軍令部。11 月 20 日，滬區報告敵軍準備大舉進犯蘇北情形，奉蔣中正批交軍令部參考，並電告江蘇省政府主席韓德勤。11 月 23 日，滬區報告敵華中派遣軍司令部現設在鄉軍人部情形，奉蔣中正批交軍令部參考。11 月 24 日，滬區報告敵軍大本營現擬動員海軍現役士兵兩旅團共三萬人開往洞庭湖參戰，奉蔣中正批交軍令部參考，並電告第九戰區司令長官陳誠。

---

7 〈情報提要〉，《蔣中正總統文物》，國史館 002-080200-00512-030、002-080200-00512-032、002-080200-00512-034、002-080200-00512-037、002-080200-00512-038。

8 〈情報提要〉，《蔣中正總統文物》，國史館 002-080200-00286-015、002-080200-00512-043、002-080200-00512-044、002-080200-00512-046。

同日，滬區報告敵軍經滬回國情形，奉蔣中正批交軍令部參考。11 月 27 日，滬區報告敵軍向德國訂購軍械情形，奉蔣中正批交軍令部參考。11 月 28 日，滬區報告敵軍最近侵華部隊之番號與數量，奉蔣中正批交軍令部參考。[9]

2. 敵特活動

1938 年 7 月 23 日，滬區報告敵軍大本營正式發表土肥原賢二為駐華特務機關長。11 月 24 日，滬區報告敵方近派萱野長知在香港聯絡國民黨老黨員從事所謂「中日和平」活動情形，奉蔣中正批示「知」。11 月 26 日，滬區報告敵方由國內派遣大批佐治人員到華情形，奉蔣中正批交國民政府行政院參考。11 月 27 日，滬區報告敵華中派遣軍特務部收買湘西土匪情形，奉蔣中正批示抄交軍令部並摘電湖南省政府。同日，滬區報告敵軍特務派大批漢奸散播化學毒菌情形，奉蔣中正批交軍令部參考。[10]

3. 偽方情報

1938 年 5 月 26 日，滬區報告偽組織內幕及敵偽所擬中日媾和條件。7 月 13 日，滬區報告漢奸包悅卿奉偽蒙政權頭目李守信之命來滬與敵華中軍部接洽軍務情形，奉

---

9 〈情報提要〉，《蔣中正總統文物》，國史館 002-080200-00512-051、002-080200-00512-054、002-080200-00512-053、002-080200-00512-055、002-080200-00512-057。

10 〈情報提要〉，《蔣中正總統文物》，國史館 002-080200-00511-021、002-080200-00512-054、002-080200-00512-055。

蔣中正批示「知」。9 月 15 日，滬區報告偽維新政府內政、綏靖兩部召開治安會議之內容，奉蔣中正批示抄交軍令部並電告第三戰區司令長官顧祝同。9 月 23 日，滬區報告南北偽組織之動態，奉蔣中正批交軍令部。10 月 13 日，滬區報告臨時、維新兩偽政府籌設偽中華民國政府議政會情形，奉蔣中正批示「知」。11 月 20 日，滬區報告第十軍團長石友三已向敵特頭目喜多誠一提出投敵條件，奉蔣中正批示轉電第一戰區司令長官程潛密查此一情報是否為敵軍之反間作用。[11]

11 月 22 日，滬區報告滬江海關監督李建南係因生活所迫出任偽職，今後願為國盡力。戴笠對此簽註：「已飭繼續探詢，如李果有愛國赤忱，嗣後中央有要件出關時，擬由原報人事先密告，以利通行，可否，乞示遵。」奉蔣中正批示由戴笠先與李某聯絡，偵查其向背之意再辦。11 月 23 日，滬區報告漢奸李擇一宴請英商怡和洋行大班夫婦及四名英人，奉蔣中正批示「知」。[12]

4. 外交情報

1938 年 7 月 24 日，滬區報告日本因張鼓峰事件向義大利乞援情形，奉蔣中正批交軍令部參考，並轉知蘇聯駐華武官。8 月 5 日，滬區報告日本陸軍省因張鼓峰事件反

11　〈情報提要〉，《蔣中正總統文物》，國史館 002-080103-00006-006、002-080200-00511-012、002-080200-00512-018、002-080200-00512-054。

12　〈情報提要〉，《蔣中正總統文物》，國史館 002-080200-00512-053、002-080200-00512-054。

對外相宇垣情形，奉蔣中正批示「知」。8 月 11 日，滬區報告張鼓峰事件發生後日軍軍隊之調遣情形，奉蔣中正批交軍令部參考。8 月 13 日，滬區報告蘇聯對張鼓峰事件之態度，奉蔣中正批示「知」。8 月 12 日，滬區報告東京在鄉軍人總會訓令偽滿各地日本商船協助當地軍警對俄作戰情形，奉蔣中正批交軍令部參考，並轉知蘇聯駐華武官。8 月 20 日，滬區報告蘇聯駐滬總領館漢文參贊諾蘇夫談稱蘇日邊境衝突絕無和平妥協可能。8 月 22 日，滬區報告上海教育界美英人士對教育部阻止北平燕京大學南遷之措置極表不滿情形，奉蔣中正批交教育部查復。[13]

9 月 6 日，滬區報告德國要求日方打通西北路線情形。9 月 21 日，滬區報告敵方企圖乘歐戰爆發後攫奪滬兩租界及英法當局準備必要之措置，奉蔣中正批示「知」。10 月 17 日，滬區報告英方對中國之觀察及其態度，惟侍從室認為所得情報係「敵方之宣傳離間」。[14]

5. 經濟情報

1938 年 8 月 11 日，滬區報告敵國經濟困難情形，奉蔣中正批示抄交軍事委員會政治部公布，並抄交軍令部參考。11 月 24 日，滬區報告敵方限制法幣流入淪陷區情

13 〈情報提要〉，《蔣中正總統文物》，國史館 002-080200-00511-022、002-080200-00511-030、002-080200-00511-031、002-080200-00511-037、002-080200-00511-039。

14 〈情報提要〉，《蔣中正總統文物》，國史館 002-080200-00512-003、002-080200-00512-016、002-080200-00512-038。

形，奉蔣中正批交財政部長孔祥熙參考。同日，滬區報告華北偽聯合準備銀行新定使用偽幣之辦法，奉蔣中正批交財政部參考。11 月 26 日，滬區據滬偽市府高級職員蔡誠仁談話，報告日本股票債券暴跌情形，奉蔣中正批示「知」。[15]

九、周偉龍之被捕與獲釋

自上海淪陷後，日軍為摧垮中國人的抵抗意志，無時無刻不在設法鎮壓租界內的抗日組織，而租界當局為維護其自身利益，亦對抗日活動設法防制，使滬區面臨兩面作戰的嚴峻考驗。早在 1938 年 6 月間，戴笠即獲悉日軍「索任重〔周偉龍化名〕甚急」，且「任重之住址敵亦明瞭」，他在致電張冠夫時不無憂慮的表示「諒必有漢奸混入吾方工作」，切囑張冠夫留心自身安全。[16]

9 月底唐紹儀案發生後，租界當局加緊破壞抗日組織，周偉龍之住所及電話號碼均被捕房偵悉，戴笠於 10 月 21 日致電周偉龍，告以：「兄在滬之安全，弟無時不以為念」，並切囑其遷移住址，謹慎行藏。[17] 周偉龍接

15 〈情報提要〉，《蔣中正總統文物》，國史館 002-080200-00511-030、002-080200-00512-053、002-080200-00512-054、002-080200-00512-055。

16 〈戴笠電張冠夫〉（1938 年 6 月 12 日），《戴笠史料》，國史館 144-010112-0002-030。

17 〈戴笠電周偉龍〉（1938 年 10 月 21 日），《戴笠史料》，國史館 144-010106-0002-050。

電後有無措置不得而知，一個多月後，他被法捕房逮捕，使滬區的抗日活動遭遇了空前的危機。

1. 周偉龍被捕之原因

周偉龍之被捕與忠義救國軍上海辦事處日文祕書沈則林有直接關係，故此處須先明瞭上海辦事處之來龍去脈。

先是滬戰期間，特務處組織蘇浙行動委員會別動隊，周偉龍以特務處滬區區長兼任該會偵諜組長，直接受該會書記長戴笠指揮。[18] 上海淪陷後，別動隊大部撤離淞滬，而京滬沿線仍有不少潰兵及民間武力，戴笠曾向周偉龍轉達蔣中正之意旨，命其多方設法策動上述武力擾亂敵方。[19] 1938 年 3 月 13 日，蔣中正電令戴笠「收容整編流散浦東及京滬、滬杭沿線之軍隊，期以加強敵後游擊工作」，戴笠奉命後，當即派遣別動隊重要幹部分別潛赴敵區進行收容擴編。[20] 於是周偉龍兼任蘇浙行動委員會上海辦事處主任，[21] 負責對京滬、滬杭兩線所收編之各支隊進行接洽、聯絡、策動、指揮等事項。[22]

同年 5 月，戴笠呈准軍事委員會，將別動隊改編為忠義救國軍，仍隸屬蘇浙行動委員會。8 月，特務處亦升格改組為軍統局，責任更重，戴笠特別電囑周偉龍：「我在

---

18 國防部情報局編，《忠義救國軍誌》，頁 8。
19 〈戴笠電周偉龍〉（1938 年 3 月 6 日），《戴先生遺訓》，第 2 輯，頁 111。
20 國防部情報局編，《忠義救國軍誌》，頁 11。
21 戈士德，〈戴笠與周偉龍（上）〉，頁 138。
22 〈戴笠電周偉龍〉（1938 年 5 月 10 日），《戴先生遺訓》，第 2 輯，頁 29。

京滬沿線各支隊，務請多方督促其速遵照委座之命令破壞京滬鐵道交通，藉以牽制敵軍之行動，事關本軍之前途甚大，萬希吾兄嚴厲督促為要！」[23] 周偉龍奉命後，除繼續打擊敵偽外，還曾策反偽蘇州水上警察局局長龔國梁，惟戴笠認為時機尚不成熟，指示周偉龍「目前不必促其即行反正」，可先與其保持聯絡。[24]

由於戴笠對上海辦事處之工作異常重視，該辦事處遂有相當數量之工作人員與辦公處所。起初，辦事處位於法租界辣斐德路一幢兩進三層樓洋房，四樓尚有一灶被間，以住家為掩護，樓下住滬區內勤謝志磐一家人，子女眾多，謝妻操持家務，甚為辛苦。以後辦事處遷到薩坡賽路一幢三樓花園洋房，仍以住家為掩護，家中老太太為特務處元老徐為彬之母親。再後來，辦事處又遷至邁爾西愛路277號。

此外已知辦事處之人員尚有：書記魏飛，浙江杭州人，私立上海法學院肄業，曾任中國國民黨上海特別市黨部幹事，素有大志，機警幹練，1935年3月參加特務處工作，曾任滬區通訊員。主持機要之毛鍾新，浙江江山人，浙江警校正科三期畢業，1935年1月參加特務處工作，曾任南京總臺收發員、滬區股長。日文祕書沈則林，江蘇海門人，留日學生，其妻為一面貌姣美之江南佳麗，

23 〈戴笠電周偉龍〉（1938年8月5日），《戴先生遺訓》，第2輯，頁25。

24 〈戴笠電周偉龍〉（1938年11月29日），《戴先生遺訓》，第3輯，頁344。關於龔國樑之職務，見曹乃瑨編，《淪陷區域的非人生活》（廣州：新生書局，1938），頁60。

沈氏夫婦曾奉周偉龍之命主持辦事處一接頭處，用以接待同志。又有譯電員多人，其中有一女性潘秀英，上海人，係周偉龍舊屬陳子建所介紹，當時特務處全國各區站譯電員均由處本部派遣，只有此女係就地雇用者。另有軍需錢信悅為浙江嵊縣人，對潘秀英頗有興趣，當時潘秀英與徐為彬之母合住一房，據徐老太太說，潘秀英睡在床上，錢信悅曾坐在床前與其談話，還把手伸入被中。[25] 由此可見辦事處人員之複雜與舉止之隨便，日後沈則林首先事洩當與此不無關係。

除沈則林外，周偉龍夫婦感情不睦亦為造成其被捕的原因之一。周夫人名崔曙坤，湖北人，全面抗戰爆發後，一度轉往周偉龍之家鄉湖南湘鄉。[26] 惟上海淪陷不久，戴笠即電詢周偉龍是否可促崔曙坤回滬。[27] 3 月 8 日，戴笠再電周偉龍云：

> 限即刻到，上海，○密，任重兄勛鑒。1、為兄工作之掩護及精神之安慰計，弟擬請嫂夫人赴滬，如何？盼覆！……3、行動工作人員之生活與行動等，負責者必須隨時明瞭，對於女工作人員之一切尤須隨時明瞭其生活與思想，而負責人本身之一切更須注

25 戈士德，〈戴笠與周偉龍（中）〉，頁 144。

26 戈士德，〈戴笠與周偉龍（上）〉，頁 138。

27 〈戴笠電周偉龍〉（1938 年 2 月 13 日），《戴笠史料》，國史館 144-010106-0004-027。

意。……弟濤叩，齊午，漢。[28]

此電「對於女工作人員之一切尤須隨時明瞭其生活與思想，而負責人本身之一切更須注意」一句頗值玩味，這番話當與周偉龍的生活作風有關，毛鍾新稱之為「周偉龍的寡人有疾」：

> 蘇浙行動委員會別動隊有女生大隊，隊長鄒志英，化名「楊華英」，隊員多吸收工廠女工。淞滬淪陷，部隊解散了，留下若干人充任交通，滬區內交通多用女性，而且大有來歷，但多數為女生大隊留下的。這些女孩亦不簡單……其中有一個人偷偷和人講：「周偉龍衝動起來像發了瘋一樣。」戴笠在後方自然亦有所聞，於是派人送周偉龍的太太崔曙坤來上海。[29]

按《孟子．梁惠王下》云：「王曰：『寡人有疾，寡人好色』。」此一好色的毛病為周偉龍之短處，周偉龍如果因此與部屬發生矛盾或與閒雜人等多所接觸，無疑會給滬區工作帶來影響，故戴笠急派崔曙坤經香港轉往上海，以為周偉龍「精神之安慰」，他曾於 4 月 9 日特電香港工作人員陳質平詢問「道三夫人已赴滬否？」足見其對

28　〈戴笠電周偉龍〉（1938 年 3 月 8 日），《戴先生遺訓》，第 2 輯，頁 26。
29　戈士德，〈戴笠與周偉龍（上）〉，頁 138。

此事之關注。[30] 戴笠意想不到的是，由於周偉龍夫婦感情不睦，崔曙坤之赴滬不僅於事無補，反而導致了周偉龍的被捕。

周偉龍被捕之經過如下：先是滬區某行動組所屬失事，牽連上海辦事處接頭處負責人沈則林，沈則林被捕後熬刑不住，供出辦事處地址，即由公共租界會同法租界巡捕挾往該處搜捕。其時滬區對捕房有一套緩兵之計，即被捕人員亂供一個不重要或不相干的地址，讓捕房派人白跑一趟，只要耽擱一二十分鐘，滬區在捕房的多名內線即可通知其他人員從容撤退。惟沈則林只是一介書生，未受特務訓練，熬刑機變均不在行，供的太快，迨滬區在捕房之內線通知書記鄭修元應變時，巡捕已經直奔上海辦事處抓人了。[31] 更為糟糕的是，當鄭修元設法通知周偉龍撤退時，又遭崔曙坤耽擱，終於釀成大禍，據鄭修元回憶：

> 我得到消息，是在當天的下午兩點四十分左右，立即以電話抵周兼主任之住所，適值午睡，由其夫人接聽。當時請其叫醒周先生，告知情況，速作處理。因非周本人接聽電話，我為了穩妥起見，掛下電話，立

30 〈戴笠電陳質平〉（1938 年 4 月 9 日），《戴先生遺訓》，第 2 輯，頁 17。

31 戈士德，〈戴笠與周偉龍（中）〉，頁 144-145。另據軍統舊人王安之回憶周偉龍被捕之原因稱：「周偉龍住在法租界，經常去跳舞場跳舞，被日本特務機關知道，因而日本特務機關會同法國巡捕房將他逮捕。」查王安之是在 1939 年 6 月以後由渝赴滬擔任滬區書記的，並未親歷周偉龍被捕之事，所述不足為憑。見王安之，〈我在軍統上海區的經歷與見聞〉，《文史資料存稿選編》，第 14 冊，頁 256-257。

刻趕去辦事處，告訴在該處負責機要之毛鍾新同志，一面草就一份書面報告，將所知經過情形留陳周先生，我因為另一外勤同志之約會時間已到，乃又趕忙離去。詎料我離開不過五六分鐘，周先生也已趕到處內。他坐下來批閱我所留陳的書面報告，不到十分鐘，法捕房大批探警蜂擁而至，搜出了槍枝、密電碼和全部文件，即將處內一干人等全部拘捕。[32]

鄭修元之電話關乎性命之急，何以周偉龍不來接聽？據日後鄭修元面告繼任滬區區長陳恭澍說，乃是因為「周先生脾氣大，他太太怕挨罵」，竟不敢叫醒他。[33] 惟據毛鍾新回憶，周偉龍嘗與滬區重要人員在餐館設席宴飲，酒酣耳熱，有人和女招待開玩笑，周偉龍也隨喜插 兩句嘴，不料崔曙坤立即起來，大聲說：「周道三，無恥！」並左右開弓，打了他兩記耳光，周偉龍狀甚窘迫，只說：「喝醉了，喝醉了。」立即偕妻離席而去，日後更與崔曙坤離婚，「如此夫妻，不能偕老，雙方都有責任」。據此，崔曙坤之不叫醒周偉龍，並非所謂「怕挨罵」，而是夫妻關係不睦。[34]

32 鄭修元，〈滬濱三次歷險實錄〉，頁 11。
33 陳恭澍，《上海抗日敵後行動》，頁 18。
34 戈士德，〈戴笠與周偉龍（上）〉，頁 139。

2. 周偉龍獲釋之經過

滬區內線傳遞之應變情報，一誤於沈則林之迅速吐實，再誤於崔曙坤之從中作梗，終使偵騎登堂入室，拘獲周偉龍及辦事處書記魏飛以下男女十三人，時為 11 月 29 日下午 4 時左右。當巡捕之手槍、手鐐環伺之際，周偉龍見是沈則林引領而來，突然飛起一腳，將其踢翻，捕房兩人立即左右挾持，不令動彈，英籍包探則上前掌摑，周偉龍怒目而視，哼了一聲，並未向洋人示弱。[35]

由於戴笠早先叮囑過周偉龍，滬區與上海辦事處須分別辦公，「雙方人員不可相互往來，籍易保守祕密」，[36] 故上海辦事處被破獲後，暫未牽連滬區，但周偉龍畢竟掌握了滬區全部人事與辦公情況，他的被捕已使滬區面臨巨大風險。11 月 30 日寅時，鄭修元急電戴笠報告周偉龍失事之經過，略謂周偉龍在邁爾西愛路辦事處被公共租界捕房會同法捕房捕去，該處辦公人員亦均被捕，並抄去手槍、文件等物，周偉龍已被引渡公共捕房，其餘被捕人員及槍枝、文件等尚押法捕房等語。戴笠接閱來電後，立電軍統幹員王天木赴滬接任滬區區長，以免該區群龍無首，陷入混亂；再電正在香港之宋子文、杜月笙，請他們轉託滬上好友分頭設法營救；又於同日申時復電鄭修元，令託法捕房華督察長蔣福田幫忙，並切囑：「對此案務達不被敵引渡與不擴大為目的，即所需稍巨在所不惜，滬區工作

35 戈士德，〈戴笠與周偉龍（中）〉，頁 145。

36 〈戴笠電周偉龍〉（1938 年 5 月 10 日），《戴先生遺訓》，第 2 輯，頁 29。

萬希兄竭力維持，轉達諸同志不必驚慌。」[37]

由於鄭修元來電倉促，戴笠尚未瞭解滬區事變之詳情，他於 12 月 1 日丑時再電鄭修元、張冠夫、趙理君三人，詳細詢問各種細節：「邁而西愛路之辦事處究竟係區之辦事處或忠義救國軍辦事處？被捕者究有若干人？文件被搜去者內容若何？任重兄引渡公共捕房後有無受刑？能否通訊？」並囑：「事已至此，萬希兄等不怕難，勿畏險，四出活動，多方營救，務期達到不為敵人引渡，重金在所不惜。」又具體指示可以其私人名義委託公共租界工部局董事、滬上知名律師江一平在租界內活動，以確保周偉龍之安全。[38]

另一方面，戴笠以本案關係重大，特將周偉龍之被捕經過報告蔣中正，並陳述滬區面臨之危險：「周在滬工作日久，因工作之迭著成績，已引起敵方之注意，正擬調回，竟遭逮捕，誠恐被敵引渡，滬上工作雖未全部破壞，但已受甚大打擊。」蔣中正接閱報告後，對營救周偉龍事也很關心，特別批示由宋子文以私人資格向「美國駐滬有力者」活動，務必使周偉龍不被捕房當局引渡給日本方面。[39]

---

37 〈戴笠電鄭修元〉（1938 年 11 月 30 日），《戴先生遺訓》，第 3 輯，頁 325。

38 〈戴笠電鄭修元、張冠夫、趙理君〉（1938 年 12 月 1 日），《戴先生遺訓》，第 3 輯，頁 325。

39 〈戴笠電蔣中正〉（1938 年 12 月 1 日），《蔣中正總統文物》，國史館 002-080200-00504-174。

在營救周偉龍之初，戴笠認為最能發揮直接作用的是蔣福田。他於 12 月 2 日晨特電蔣福田致意道：

> 限一小時到，上海，〇密，即抄送蔣福田兄惠鑒。敝處在滬部分工作迭經變故，屢蒙維護，吾兄赤忱為國，感佩萬分，弟已將吾兄種種維護之情形報陳委座矣，奉諭奉電嘉獎，並請今後多多匡助。國難至今，所恃以復興者，吾中華民國之同胞全體團結、精誠愛國也，兄之忠義血性弟雖未晤教，但甚欽仰也。此次王立德同志等一案，務請兄鼎力維護，俾早恢復自由，被搜文件並請兄多方設法祕密交還，或予燒毀，一切請與在滬同志洽商辦理，東望滬天，不勝企念！……弟農叩，冬辰，衡陽。[40]

周偉龍本來化名陳任重、寧致遠，其被捕後，又編造了一個新化名「王立德」，以隱瞞身分。當時周偉龍被押公共捕房，戴笠之所以向蔣福田致意，意在借助其在法捕房的勢力，將周偉龍提回。與此同時，戴笠已經做好滬區全盤盡墨的最壞打算，他致電鄭修元及滬區第一組組長朱嘯谷，首先對「修兄之鎮靜策應」與「嘯兄之努力奔走」表示感佩，繼而囑咐應儘快解決周偉龍等被捕人員及被擄文件之問題，此外對於先前因唐紹儀案被捕又釋出之人

---

40 〈戴笠電蔣福田〉（1938 年 12 月 2 日），《戴笠史料》，國史館 144-010110-0005-043。

員，「應加發旅費，令其即取道溫州、寧波，赴金華保安處諜報股童襄同志處報到，轉來衡陽馬嘶巷十號，不可再留滬上」，以免多所牽連。[41]

所幸的是，蔣福田在法捕房確實頗有勢力，經其活動，周偉龍果於被捕次日亦即 11 月 30 日即被提回法捕房候審，且頗蒙優待。12 月 1 日，日軍曾以「王立德」等人係抗日重要分子，向法捕房要求引渡，法總領事為避免麻煩，一度下令法捕房仍將周偉龍解回公共捕房，此時蔣福田再次多方活動，卒使法總領事收回成命，使日軍引渡的企圖未能得逞。[42] 蔣福田還向被押法捕房諸人表明自己與戴笠之關係，要大家安心，且「表明身分時，對屬下並不避諱，只瞞住幾個洋人而已，此亦當時抗日意識深入各階層之表現也。」[43] 又周偉龍其人斜視，有「獨眼龍」之稱，[44] 故毛鍾新所謂周偉龍「睥睨一切」非特謂其狂傲，實亦指其面貌而言，[45] 而周偉龍被押公共捕房期間受了一次電刑，經此酷刑，好像做了整容手術，斜視反而矯正許多。[46]

周偉龍被提回法捕房後，滬區事變的情勢有所和緩，

41 〈戴笠電鄭修元、朱嘯谷〉（1938 年 12 月 2 日），《戴先生遺訓》，第 3 輯，頁 325。

42 〈戴笠電宋子文〉（1938 年 12 月 5 日），《戴笠史料》，國史館 144-010111-0004-037。

43 戈士德，〈戴笠與周偉龍（中）〉，頁 145。

44 翁養正，〈我所知道的忠義救國軍〉，《建德文史資料》，第 8 輯，頁 79。

45 毛鍾新，〈罵人與做事的藝術——戴笠別傳之七〉，頁 122。

46 毛森，〈往事回憶〉，《傳記文學》，第 77 卷第 1 期（2000.7），頁 126。

惟周偉龍之由法捕房獲釋以至脫離險境，仍然經歷了一個複雜而曲折的過程。12 月 4 日，戴笠致電鄭修元指示：「任重兄等自移回法捕房後，有無即行開釋之可能，此事務請兄多方策劃，隨時電示。」[47] 12 月 5 日，戴笠接閱鄭修元「冬亥」電，得知日軍曾向捕房當局交涉引渡周偉龍，遂再電鄭修元切囑：「任重兄等無論如何，必須達到不為敵方所引渡，欲期達到此目的，必須第一步做到不讓其提回公共捕房也」，「法人多愛錢，此事不妨向蔣福田示意，請其疏通法總巡及政治部主任等，務達到不再解往捕房，並早日開釋被捕各人，吾人當予以相當之報酬也。」[48] 同日，戴笠再指示鄭修元，自 11 月起每月發給蔣福田津貼 500 元，併發特別費 2,000 元，「為營救任重同志等活動之用」。[49] 12 月 9 日，戴笠針對「法人多愛錢」的特點又電鄭修元指示：「營救王立德兄等，法總領事方面如能疏通，費用可照給。」[50]

除指示滬區外，戴笠繼續尋求杜月笙的幫助。杜月笙與戴笠關係密切，自然不能袖手旁觀，他曾轉託法律界人士張有樞與法總領事商量，使周偉龍設法脫險。12 月 10 日，杜月笙與戴笠在重慶見面，據稱此案「已得張

47 〈戴笠電鄭修元〉（1938 年 12 月 4 日），《戴笠史料》，國史館 144-010108-0002-009。

48 〈戴笠電鄭修元〉（1938 年 12 月 5 日），《戴先生遺訓》，第 3 輯，頁 325-326。

49 〈戴笠手令〉（1938 年 12 月 5 日），《戴笠史料》，國史館 144-010110-0003-012。

50 〈戴笠電鄭修元〉（1938 年 12 月 9 日），《戴先生遺訓》，第 3 輯，頁 326。

來電，在最近期內可辦到，移解法院罰款了事或驅逐出境」，戴笠認為「以驅逐出境為妥」，遂請杜月笙繼續委託張有樞辦理。[51]

此外，戴笠致電正在香港的宋子文，告以案情進展，並請求幫助：「此案擬乞公設法示意法大使，請其轉知法總領事從輕發落，對蔣福田亦乞賜電關照，俾其益形感奮，因聞蔣對公甚景仰也。」[52] 宋子文與戴笠私交甚篤，接電後即託上海中法工商銀行經理劉蓋忱由港赴滬，向法總領事疏通「王立德」案，並致電戴笠告知一切。12 月 14 日，戴笠復電宋子文表示謝意：「王立德案蒙公派員赴港向法領疏通，想不久定可解決也。」[53] 另電鄭修元，告以劉蓋忱擬於 12 月 16 日由港出發，約 18 日可到上海，令其前往法租界外灘 1 號中法工商銀行拜訪，與劉詳商一切。[54]

蔣中正對營救周偉龍之進展也很關注，除親電宋子文外，還曾面託杜月笙設法。[55] 另據毛鍾新回憶，蔣中正曾為此事親自召見法國駐華大使，請法國政府下令上海法捕房方面早日開釋周偉龍等被捕人員，以免遷延日久，輒

51　〈戴笠電張冠夫〉（1938 年 12 月 11 日），《戴先生遺訓》，第 3 輯，頁 151。
52　〈戴笠電宋子文〉（1938 年 12 月 5 日），《戴笠史料》，國史館 144-010111-0004-037。
53　〈戴笠電王雲蓀轉宋子文〉（1938 年 12 月 14 日），《戴笠史料》，國史館 144-010199-0004-037。
54　〈戴笠電鄭修元〉（1938 年 12 月 14 日），《戴先生遺訓》，第 3 輯，頁 326。
55　〈戴笠電王天木〉（1938 年 12 月 18 日），《戴笠史料》，國史館 144-010106-0003-060。

轉陷入日軍手中。[56]

經上述之多管齊下，周偉龍之獲釋似已指日可待，但事實上，周偉龍至少在 12 月底仍被關押。箇中原因，囿於史料無法詳知，僅據戴笠與滬區往來之電報來看，或與滬區專恃蔣福田之活動而輕視劉蓋忱之作用有關。戴笠於 12 月 22 日曾告誡新任滬區區長王天木：「劉蓋忱先生對營救任兄能發生效力，請勿忽視」。[57] 12 月 28 日，戴笠再電王天木、鄭修元責備道：「我滬區迄未派員與劉蓋忱先生洽商，兄等胡信蔣福田如此之深？而將宋部長負責介紹之人如此輕視乎？弟深為不解！」並嚴令鄭修元立即趨訪劉蓋忱面商一切，將商談經過復電報告。[58] 12 月 30 日，戴笠又電王天木囑咐：「任兄之事應求速決，即須活動費用，吾人亦在所不惜，劉蓋忱先生對此事不能說毫無力量，請永忠〔鄭修元化名〕兄勿忽視。」[59]

法捕房以提籃橋監所二樓監禁周偉龍及辦事處被捕人員，周偉龍在被押期間，仍然痼疾難改，竟與譯電員潘秀英曖昧起來。當時每人一室，隔離監禁，只在放風時有接觸，但眾目睽睽，不便交談，於是周偉龍託看守巡捕以文字示意潘秀英，不料巡捕惡作劇，將其情書傳遍各牢房，

56 戈士德，〈戴笠與周偉龍（中）〉，頁 145。

57 〈戴笠電王天木〉（1938 年 12 月 22 日），《戴先生遺訓》，第 3 輯，頁 326-327。

58 〈戴笠電王天木、鄭修元〉（1938 年 12 月 28 日），《戴先生遺訓》，第 3 輯，頁 327。

59 〈戴笠電王天木〉（1938 年 12 月 30 日），《戴先生遺訓》，第 3 輯，頁 327。

讓眾人先睹為快，中有名句：「大家養精蓄銳，出去大幹一場。」[60] 周偉龍以命在旦夕尚有心情談情說愛，此又其桀驁不馴之一例。據毛鍾新回憶，周偉龍是在被押五十天後始得以「祕密驅逐出境」之方式脫險的。[61]

至於對沈則林之處置，戴笠曾於 12 月 9 日指示鄭修元：「開釋沈則林需費千元，亦可照給，沈釋放後，請兄不必責備，可告以不能再在滬工作，優給旅費，令其速取道定海或溫州，到衡陽馬嘶巷十號報到，另調工作可也。」[62] 惟王天木接任後，鑑於沈則林出賣組織，又向戴笠建議將其制裁，戴笠對此仍持保留意見，復電指示道：「沈則林在滬制裁，如有妥善辦法固佳，如無切實把握，請多方安慰，令其赴衡陽。」[63]

按照軍統之嚴酷紀律，沈則林向捕房洩露組織祕密，固當判處死刑，惟其以一未受特務訓練之書生，洩漏祕密係因不堪威逼，而非有意為之。周偉龍或是有感於此，當沈則林被釋回後方時，即一再力保其不死，待其坐了三、四年牢，又將其保釋出獄，繼續核派工作。[64] 以此觀之，周偉龍雖桀驁剛愎，但其待人尚有寬厚之一面，非盡如某些軍統舊人所言之殘忍濫殺。[65]

60　戈士德，〈戴笠與周偉龍（中）〉，頁 145。

61　戈士德，〈戴笠與周偉龍（上）〉，頁 138。

62　〈戴笠電鄭修元〉（1938 年 12 月 9 日），《戴先生遺訓》，第 3 輯，頁 326。

63　〈戴笠電鄭修元〉（1938 年 12 月 18 日），《戴笠史料》，國史館 144-010106-0003-060。

64　戈士德，〈戴笠與周偉龍（中）〉，頁 145。

65　毛森，〈往事回憶〉，頁 126。

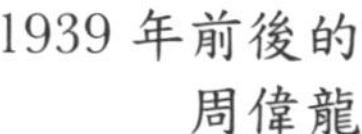

1939 年前後的
周偉龍

資料來源：《軍事委員會委員長侍從室檔案》，
國史館 129-010000-0719。

十、結語

戴笠與特務處向來重視上海方面的特務活動，早在全面抗戰爆發以前，即在上海設有一級外勤單位上海區，簡稱滬區。1937 年初，特務處本部以情報、行動能力甚強的元老周偉龍接任滬區區長。同年 7 月，滬區因應全面抗戰爆發後的緊張情勢，擴大組織編制，新設若干通訊組、行動組及電臺，並將工作重心由對內轉為對外，著重搜集敵我雙方軍事情報。惟滬區對日工作起步較晚，基礎較差，加以特務處本部各單位溝通不暢，其最初的抗日成績並不理想。

淞滬抗戰爆發後，戴笠親自趕到上海，將滬區與特務處其他在滬單位混合編組，統一指揮，在其嚴厲督責之下，滬區的抗日活動漸有起色，一面搜集敵軍情報及戰地情報，一面破獲漢奸敵諜、搶運軍械，並參與蘇浙行動委員會別動隊工作，配合正規軍作戰。這一時期，滬區對敵軍在滬之軍事行動及日偽漢奸之一般活動均能注意查報，並能注意漢奸之制裁，但也暴露出工作人員欠缺反間諜能力、未能打入偽組織及敵諜機關等缺點，對於敵方軍事動態及其侵華計畫等項亦未能深入偵查。

上海淪陷後，周偉龍奉戴笠之命，率領滬區工作人員及蘇浙行動委員會別動隊殘部繼續潛伏滬上，利用公共租界及法租界特殊的政治環境從事地下抗日活動。當時滬區工作人員之數量居全國各單位之冠，年齡上以 26 歲至 35 歲的青年為主力，籍貫上則以熟悉上海社會情形的江蘇、浙江人最多，凡此均能看出戴笠及特務處對滬區潛伏活動的用心布置。

按照特務處工作計畫綱要之規定，滬區應搜集情報，提供上級參考，並須針對敵偽從事制裁、突擊、破壞行動，以削弱其戰力。惟滬區自成立以來，均係在國民政府統治下進行活動，從無在敵區潛伏之經驗，當上海淪陷後，滬區以鎮壓異己之特務機關變成被敵索捕之地下組織，可謂主客異勢，形勢丕變。因此在潛伏初期，滬區之情報、行動工作均無成績，而在滬郊活動的別動隊殘部亦在日軍強大的軍事壓力下全部潰散。

滬區經過一段時間的適應與調整，自 1937 年 12 月底漸次展開抗日活動，在一個月內先後制裁偽組織頭目陸伯鴻、范剛、楊福源，有力的打擊了上海淪陷初期的投敵逆流。自 1938 年 2 月至 5 月的四個月間，由於日偽與租界當局開始鎮壓抗日活動，滬區工作一度陷入低谷，對漢奸首惡蘇錫文、邵式軍以及敵特頭目楠本實隆、大槻茂等人之制裁行動皆未獲成功，但也完成周鳳岐鋤奸案以及大阪碼頭縱火案，造成相當影響。而戴笠鑑於滬區成績低落，立刻調派幹員鄭修元、趙剛義、孫亞興、王懋、張聖才等人赴滬，充實滬區力量，使滬區很快又重新振作起來。

自 1938 年 5 月底至 11 月底的半年間，滬區一面廣泛搜集敵軍運兵、敵特活動、偽方活動以及敵國外交、經濟方面之情報，為國民政府軍政部門提供有力參考；一面武裝反抗日偽當局，先後制裁了尤菊蓀、任保安、鄧少屏、顧馨一、陳德銘、周柳五、范耆生、鄭月波、葉紀逢、劉宏福、劉謙安、陳雲、姚秋華、余大雄、錢應清等十餘名重要漢奸，群醜或死或傷，而斃命之概率極高。滬區出於抗日需要，還製造了轟動一時而爭議較大的陸連奎、唐紹儀兩案。這種高頻率的暗殺案，極大的震懾了大小漢奸及動搖分子，往往一人被刺，即有若干與其身分、處境相類之人在報端刊登啟事，表明不與日偽接近之立場與態度，使制裁行動收到殺一儆百之效。[66] 此外，滬區還在七七事變及八一三抗戰周年開展暴動，又在楊樹浦敵軍倉庫及敵船唐山丸縱火，這一系列行動，不乏未竟全功與成效不彰者，但無一例外均給日偽造成或多或少的損失以及揮之

66 戈士德，〈戴笠與周偉龍（上）〉，頁 138。

不去的心理恐慌。

滬區鋤奸之方式，起初多由行動員在鬧市以手槍執行，此種方式之初衷，當係便於行動員雜入人群撤退，但為避免路人注意，須在事後將手槍拋棄，而開槍之聲響仍然不免招來附近之巡捕，給行動員脫險帶來麻煩。更為負面的是，此種方式常常造成執行目標以外的人物甚至是無辜市民的傷亡，如尤菊蓀案中被擊斃之白俄保鏢派巴夫及被擊傷之愛物林、任保安案中被擊斃之妓女雙紅及被擊傷之琴師趙英俗、嚮導女梁素英、伍澄宇案中被擊傷之茶房丁寶根、陳德銘案中被擊斃之車夫阿金及被擊傷之路人錢友發、七七暴動案中被炸斃之水上飯店小工及被炸傷之印度籍司閽捕、陳雲案中被擊傷之車夫徐吉譚等等。惟滬區之鋤奸案，幾乎無一例外是在捕房警探與敵偽爪牙環伺之下執行的，危急之情間不容髮，隨時要以犧牲生命為代價，故此種缺憾應就當時的具體情境加以說明，而不應以坐而論道之姿態過分苛責。更可注意者，滬區對鬧市槍擊的弊端應當也有檢討，故在唐紹儀案中改以入室斧砍之方式執行，此種方式既能避免引起附近巡捕的注意，又能避免流彈傷及無辜，可謂一舉兩得，故刺唐案一經成功，之後余大雄、錢應清等案即沿用之。

滬區這種激烈、持續的抗日活動，使敵偽漢奸直如芒刺在背，而租界當局為保持中立態度並維護治安，亦加緊對抗日組織的破壞，在上海淪陷後的一年間，滬區自區長周偉龍以下先後有數十名工作人員被捕。蔣中正與戴笠對營救被捕人員頗為重視，尤其當周偉龍案發生後，立刻運用各方關係疏通法捕房及法國駐華當局，使其安全撤離上海。

由滬區營救被捕人員的種種事實來看，國民政府雖然喪失了在上海的統治權，但其影響仍在，藉由宋子文、杜月笙等人廣泛的社會關係，可以對租界當局進行相當程度的滲透，這為滬區的工作提供了某些保障。只不過這種保障是有限、滯後且非正式的，滬區在從事地下抗日活動的過程中仍然付出了不小的代價。據不完全統計，在上海淪陷後的一年間，滬區因執行鋤奸案件當場殉職者有戴祉裕、李樹森二人，先被租界當局逮捕再被日軍引渡殺害的有周繼棠、錢祥慶、張玉昆、顧仁元、方家全、楊光蘭、韓坤林、趙晨耕、劉裂勇、楊文斌、章學禮、胡榮桂、趙如森、朱仲虎、孫亞興、郭楚芳等十餘人，被租界當局逮捕判刑或下落不明的有周維榮、陳元良、王光才等人，因執行案件導致精神失常、最終殞命者有謝志磐一人。曾有學者研究過 1939 年軍統局在上海的鋤奸行動，認為「在日偽嚴密控制的淪陷大城市裡，軍統特工在嚴酷的鬥爭環境裡，滿懷對中華民族的熱愛，對日本侵略者的仇恨，用自己年輕的生命與無畏的鮮血書寫了中華民族抗戰史上光輝燦爛的一頁」，此一結論同樣適用於評價 1938 年由周偉龍所領導的滬區的抗日活動。[67]

67 楊芸，〈軍統上海抗日鋤奸活動研究——以 1939 年為中心〉（上海：上海師範大學碩士學位論文），頁 2。

1938年是正面戰場不斷遭遇挫折、國土大片淪陷的一年，更是抗戰前途晦暗不明、投降主義活動日漸猖獗的一年，在這樣的背景下，滬區在上海從事地下抗日活動的意義不容忽視。雖然上海這一「地下戰場」的規模遠不如正面戰場與敵後戰場，但其鬥爭的殘酷性卻絲毫不亞於後者。上海是當時中國第一大都市，為國際觀瞻所繫，因此滬區對敵偽的打擊、對抗戰局勢的影響，亦非其他戰場的抗日活動所能替代。要之，滬區的潛伏既是國民政府有組織、有計劃在大城市從事地下抗日活動的最早紀錄，也是第二次世界大戰期間自由世界針對侵略者開展城市抵抗運動的先聲。滬區開闢的地下戰場打擊了日偽當局的囂張氣焰，遏制了動搖分子的投敵步伐，振奮了陷區的民心士氣，堅定了後方的抗戰信念，為正面戰場與敵後戰場提供了有力支援，展現了中華民族不屈不撓的反抗侵略精神。

8　戴笠運用「高等淌白」謀刺丁默邨之謎

1939 年 12 月 21 日，國民黨中統局女特工鄭蘋如在上海設計刺殺汪偽要員丁默邨，不幸事敗犧牲。鄭蘋如本為滬上名媛，其一生傳奇經歷，經由眾多當事人之回憶文字以及後世文學、影視作品之不斷演繹，已經廣為人知。

筆者透過檢視戴笠檔案，方知在鄭蘋如行動前後，軍統局也曾試圖刺殺丁默邨，且手法與中統局相似，同樣是運用女性設法進行。此一刺殺計畫塵封多年，相關檔案涉及化名較多，尚未見任何著作進行解讀，筆者竊喜探得其祕，願與讀者諸君分享。

一、戴笠運用「許小姐」謀刺丁默邨

1939 年，上海處在日偽控制之下，當時軍統局布置在上海的潛伏組織上海區簡稱滬區，是一個擁有上千特務人員的龐大潛伏單位，負責搜集日偽情報，並對日偽要員進行制裁。

這年 11 月 18 日，身在後方的戴笠致電上海「友松」抄送「淑嫂」密轉「勵行」：

限一小時到，上海，〇密，友松兄，即抄送淑嫂，密

> 轉勵行弟如見：港島一別，九個月矣，懷念知己，無時或釋！此九個月當中，因為我的上海家裡迭遭變故，致與你有時失了聯絡，並使你生活、活動受了影響，真的對你不起也！現聞你對於工作極其熱心，無論為公為私，我實在感佩萬分！現對某事已有辦法，真是天假予吾人以成功也。此事如能成功，對弟絕無危險，弟不僅可得到重賞，且功在國家，將來歷史上可以成名也。萬望你不必有絲毫之害怕，速與我在滬同志面商一切，勇敢進行！弟之用費，我已電告送上矣。此祝健康、勝利。農叩，巧巳。[1]

查滬區負責者並無「友松」其人，故「友松」當係化名，因無直接證據可憑，謹據情推測：戴笠曾多次致電滬區區長陳恭澍向「友松」洽取經費，可知「友松」當係滬區會計負責人。[2] 按當時滬區負會計之責者為毛宗亮與陳賢榮，而陳賢榮能力較弱，故戴笠曾命毛宗亮「負滬區會計內部之主責」。[3] 另據戴笠電文之慣例，凡致電軍統局內年資相仿之同志，均稱「某某兄」，不稱「某某弟」，而致電張冠夫、毛宗亮二人，則大都稱「弟」，較

1 〈戴笠電友松轉勵行〉（1939 年 11 月 18 日），《戴先生遺訓》，第 2 輯，頁 53。

2 〈戴笠電陳恭澍〉（1939 年 12 月 23 日），《戴笠史料》，國史館 144-010106-0004-038、144-010106-0001-027；〈戴笠電陳恭澍〉（1939 年 12 月 31 日），《戴笠史料》，國史館 144-010106-0001-022。

3 〈戴笠電毛宗亮〉（1939 年 9 月 6 日），《戴笠史料》，國史館 144-010111-0002-003。

少稱「兄」，此因張、毛二人與戴笠有戚誼，且年齡小於戴笠，故戴笠稱「弟」以示親近。查戴笠電文多有稱「友松弟」者，由此推斷，「友松」當係毛宗亮之化名。

戴笠命毛宗亮將電文抄送之「淑嫂」，即田淑君，其夫楊虎即楊嘯天，為國民黨革命元老，曾任上海警備司令，與戴笠為異姓兄弟。上海淪陷後，楊虎轉往後方，田淑君仍留上海，並協助軍統滬區進行特務活動，戴笠正是透過田淑君與「勵行」進行聯絡的。

戴笠此電雖稱「勵行弟」，但據其日後各電改稱「許勵行小姐」、「許小姐」，可知「勵行弟」實為一名與戴笠年齡、地位相差甚多的許姓女子。此電多用口語，這在戴笠電文中並不多見，可知許勵行的文化程度不高。戴笠九個月前曾在香港與許勵行見面，此後許勵行赴滬，戴笠命滬區與她接洽，但滬區迭遭變故，以致「有時失了聯絡」。

現在許勵行「對某事已有辦法」，戴笠鼓勵她「勇敢進行」。按戴笠出於保密考慮，有時在電文中對級別較高的漢奸，如汪精衛、丁默邨等人均稱「某逆」，而不稱「汪逆」、「丁逆」，對刺殺「某逆」的行動則以「某事」代稱，許勵行所稱「對某事已有辦法」即指此類，只不過「某事」係針對何人，此電並無顯示。

田淑君

資料來源：上海第十四傷兵醫院編，《上海第十四傷兵醫院紀念冊》（出版年不詳）。筆者翻攝。

接下來11月21日，戴笠致電滬區區長陳恭澍（化名燕驥）：

> 限一小時到，上海，〇密，燕驥兄親譯：友松所稱許對某逆確已能引入其室，如果實在，吾人應先解決某逆，而後再及雙木也，因兩利相權必取其重。事究如何，盼立即查明電示……[4]

此電顯示，許勵行對此事的辦法是將「某逆」「引入其室」，由此推斷，「某逆」或是好色之徒，另外細檢此電毛筆原件，「某逆」兩字旁有一較小之鉛筆「丁」字，則「某逆」當指丁默邨無疑。戴笠為此特電陳恭澍，囑咐暫緩解決「雙木」，以免打草驚蛇。從戴笠其他電文可

4 〈戴笠電陳恭澍〉（1939年11月21日），《戴笠史料》，國史館144-010106-0003-045。

知，「雙木」當指投入日偽之軍統叛逆林之江。[5]

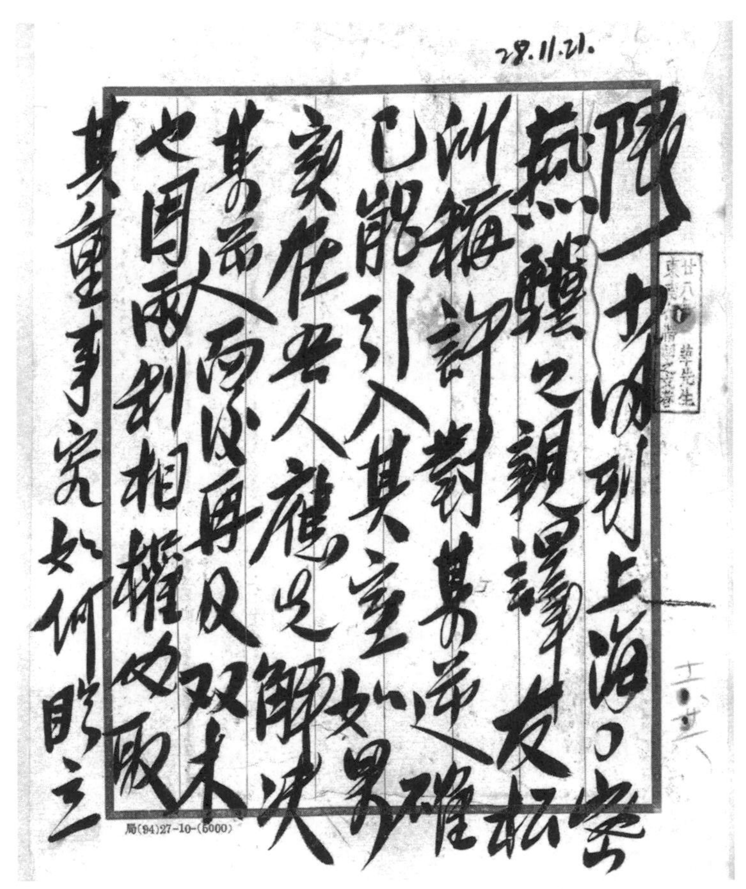

戴笠電陳恭澍毛筆原件，「某逆」旁有紅鉛筆「丁」字

資料來源：《戴笠史料》，國史館 144-010106-0003-045。

5　〈戴笠電陳恭澍轉吳安之〉（1939 年 11 月 19 日），《戴笠史料》，國史館 144-010106-0003-047。

12月21日，中統女特工鄭蘋如刺殺丁默邨失敗。十天後，亦即1940年元旦，戴笠獲悉案情，即迅速致電陳恭澍：

> 限一小時到，上海，◯密，燕驥兄親譯：頃悉丁逆默村上月廿一日在永安公司之被刺係徐恩曾方面之所為，未予當場擊斃，領袖甚為不滿。現丁之傷勢如何，吾人有無再進行可能，許小姐對吾人之工作情緒如何……盼即詳查電示……[6]

軍統與中統工作性質類似，雙方處於競爭關係，長期以來情感不洽，故戴笠常稱中統為「黨方」、「徐恩曾（中統負責人）方面」，以示不屑與彼等為伍。如今中統刺丁行動失敗，蔣中正甚為不滿，於是戴笠對滬區「有無再進行可能」及許勵行「工作情緒如何」均甚為關切，畢竟刺丁一旦成功，便可顯示軍統的工作能力優於中統。

---

6 〈戴笠電陳恭澍〉（1940年1月1日），《戴笠史料》，國史館144-010106-0004-046。

刺丁殉職之鄭蘋如烈士

資料來源：《時代》，5 卷 3 期（1930）。

1 月 12 日，戴笠續電陳恭澍，告以田淑君要離開上海，詢問今後有無其他辦法與許勵行繼續聯絡：

> 限一小時到，上海，〇密，燕驥兄親譯：灰木電奉悉。1、丁默邨於去年十二月廿一日在滬南京路被刺確係事實……此事係黨方所為，因行動人員怕死致失此良機，校座頗不滿也，已面諭徐恩曾今後不必再做行動矣。2、昨據楊嘯天兄告弟云，淑君夫人已定刪日離滬，今後對許小姐聯絡勢必中斷，許膽小愛錢，弟所深知，如吾人對許接濟不斷絕，兄能否有其他方法與取聯絡。據兄觀察許之為人，吾人能否掌握，並盼復及。……[7]

7　〈戴笠電陳恭澍〉（1940 年 1 月 12 日），《戴笠史料》，國史館 144-010106-0004-050。

陳恭澍素來對女性從事特務工作不以為然，他於1月19日復電戴笠，表達了對許勵行的不信任，甚至覺得許勵行由於「浪漫愛錢」，有當漢奸的可能，並詢問能否由他親自與許勵行聯絡。戴笠於次日復電陳恭澍稱：

> ……兄對許小姐之觀察甚對，惟許雖浪漫、愛錢，但漢奸似不願做，加以吾人能按月給與活動費，事成尚有五萬元之獎金，基此數點，尚可繼續運用也。惟兄之徑取聯絡，殊屬不妥！友松亦不可與之往返！派汪芳與取聯絡如何？……[8]

陳恭澍、毛宗亮均為滬區高級幹部，負有重大責任，故戴笠極力反對陳、毛二人與許勵行直接聯絡，以免有失，而令陳恭澍派遣滬區女交通員汪秋芳（化名汪芳）去承擔這項任務。

2月13日，戴笠分別致電「鄧翠弟」和「許小姐」。其電「鄧翠弟」稱：

> ……鄧翠弟親鑒。感、虞兩電均已奉悉，請弟赴港，原擬面商上海方面之工作，圖有所借重也，今弟屢更行期，我因事須他往，目前已不能待弟赴港或來渝矣……弟在滬能否祕密幫助吾人工作，即由汪小姐與

8 〈戴笠電陳恭澍〉（1940年1月20日），《戴先生遺訓》，第3輯，頁317。

弟密切聯絡，並盼弟勿往南洋，如何，盼即復……[9]

其電「許小姐」稱：

……許小姐勵行親鑒……抗戰已近勝利之期，敵軍之崩潰、漢奸之消滅為期不遠，吾輩中國青年男女在此時期為國努力，俟抗戰勝利、大功告成之日，論功行賞，吾輩不至落後。你熱心愛國與幫助我工作之熱情，無論公私，我均感佩萬分，故望你不必計目前金錢之多寡。自二月分起，准每月發給你生活費五百元，你如有必要之需，我當另行設法接濟，因我輩救國非為錢也。丁事如能成功，我決給你五萬元，你目前有生活費五百元，當可足數開支。你雖參加工作，但你之與人交際，我方決不至干預，惟希將交遊之人、交際情形告知吾人耳。你與人交際，萬不可表現你自己有錢之樣子，以免為人注意，反有礙工作也。楊太太暫勿回滬，望你與汪小姐密切聯繫可也……[10]

除上述兩電外，戴笠並專電陳恭澍進行指示：

燕驥兄親譯：田七小姐與許小姐之電，弟已分別答覆

9 〈戴笠電陳恭澍轉鄧翠〉（1940 年 2 月 13 日），《戴笠史料》，國史館 144-010104-0004-073。

10 〈戴笠電陳恭澍轉許勵行〉（1940 年 2 月 13 日），《戴笠史料》，國史館 144-010104-0004-071。

矣，茲將弟對田、許之觀察與吾人運用之目的分別奉告，請注意。1、田頗聰明，對在滬漢奸如周文瑞、尤菊蓀等之眷屬多係青樓之小姊妹。田生活有相當浪漫，聞曾出入於虹口及極司菲爾路之各賭場，對許小姐亦甚熟悉，自淑君離滬後，弟擬以田代吾人聯絡許，策動許，惟田較淑君膽小，體又弱，且不如淑君之慷慨仗義，但對弟有相當信仰，故擬約其來渝一談。現渠屢更行期，足證其意志尚在動搖中也，目前可不必促其來渝，已發之三千元可不必取回。兄可派秋芳與取聯絡，以觀察其究竟。2、許小姐浪漫愛錢，且不懂工作技術，此人實為上海之高等淌白，認識鮑觀澄、李鼎士、周文瑞、尤菊蓀、丁默邨諸逆，如吾人能切實掌握，運用得法，事成許其重金，平日給與相當生活費，實有用處，因渠尚有愛國心也。惟兄不可與渠直接聯絡，至秋芳對之有無把握，請詳詢秋芳電復為盼……[11]

以上三電資訊量極大，尤其戴笠致陳恭澍一電將計畫和盤托出，最值得重視。田淑君離滬後，滬區改派汪芳與許勵行聯絡，但汪芳與許勵行素無淵源，並不能替代田淑君的位置，故戴笠有意運用「對許小姐亦甚熟悉」的「鄧翠弟」亦即「田七小姐」幫助滬區「聯絡許、策動許」。

11 〈戴笠電陳恭澍〉（1940 年 2 月 13 日），《戴笠史料》，國史館 144-010104-0004-070。

「田七小姐」出身青樓，她之所以和許勵行關係密切，係因許勵行「為上海之高等淌白」。「淌白」又作「淌牌」，是舊時上海對私娼的稱呼，這是許勵行真實身分的唯一證明。可惜的是，「田七小姐」「較（田）淑君膽小，體又弱，且不如淑君之慷慨仗義」，她對戴笠雖然「有相當信仰」，但對於投身危險萬分的抗日工作，「意志尚在動搖中」。

或許正是由於「田七小姐」不願幫忙，此後戴笠檔案中未再出現許勵行，滬區最終是否運用許勵行執行了刺殺丁默邨的行動，已經不得而知。不過可以肯定的是，丁默邨死於 1947 年，即便當年滬區有所行動，也是以失敗告終的。

陳恭澍晚年撰寫回憶錄《上海抗日敵後行動》時，鑑於「間諜小說中非有女間諜不可」，特有一番現身說法：

> 我任職期間始終不敢寄重於女同志……女同志在執行任務時雖然有些個占便宜的地方，可是一到緊急關頭，往往就會敗事，檢討其癥結，主要是感情脆弱和意志不堅……中外情報史中，有的女性工作人員，固然留下一些英勇有為、多彩多姿的輝煌紀錄，不過那不是常有和常見的事，不知道要經歷多少年代，在多少人當中，才會偶然出現一個人次。[12]

12　陳恭澍，《上海抗日敵後行動》，頁 122。

陳恭澍這番感慨，或與他奉戴笠之命策動許勵行的經過不無關係。

滬區區長
陳恭澍

資料來源：《軍事委員會委員長侍從室檔案》，國史館 129-010000-0757。

二、所謂「戴笠不敵美人計」之說

2017 年，學界前輩邵銘煌先生出版《和比戰難？八年抗戰的暗流》，大量運用新面世之檔案資料，頗多創見，其中「戴笠不敵美人計」一節，論及軍統、中統刺殺丁默邨事，值得再作討論。

1939 年 12 月前後，中統、軍統在上海爭相刺殺漢奸頭目丁默邨。12 月 21 日，中統女特工鄭蘋如事敗被捕，在此前後，戴笠有多件函電談及中統行動工作。

1940 年元旦電滬區區長陳恭澍：「頃悉丁逆默村上月廿一日在永安公司之被刺，係徐恩曾方面之所為，未予當場擊斃，領袖甚為不滿。現丁之傷勢如何，吾人有無再進行可能……盼即詳查電示。」[13]

13 〈戴笠電陳恭澍〉（1940 年 1 月 1 日），《戴笠史料》，國史館 144-010106-0004-046。

1月12日電陳恭澍：「丁默邨於去年十二月廿一日在滬南京路被刺確係事實……此事係黨方所為，因行動人員怕死致失此良機，校座頗不滿也，已面諭徐恩曾今後不必再做行動矣。」[14]

1月20日批示軍統局內勤單位呈送之報告云：「此案原已面呈委座，擬不再用書面報告，茲中統局既認為此案係彼方所策動，難免其不蒙蔽委座，本局應速將前後經過及策動人吳安之已回來重慶，與楊夫人田淑君已於前天來渝、並不知情等情詳陳委座。」[15]

邵先生徵引上述三件檔案後，曾作如下解讀：

> 刺丁案發，執行者卻是國民黨中統局的幹員，這讓戴笠頗覺意外，且有失面子。
>
> ……
>
> 1月12日，戴笠復電上海區，謂：「丁默邨於去年十二月廿一日在滬南京路被刺確係事實，畢高奎所報無誤，此事係黨方所為，因行動人員怕死，致失此良機，校座頗不滿也，已面諭徐恩曾今後不必再做行動矣。」此處點出中統局主導刺丁案失敗，歸因於行動人員的怕死，恐欠公允。其不反思檢討軍統人員行動的不力，而讓中統搶得先機，才教人納悶……

14　〈戴笠電陳恭澍〉（1940年1月12日），《戴笠史料》，國史館144-010106-0004-050。

15　〈戴笠手令〉（1940年1月20日），《戴笠史料》，國史館144-010104-0002-045。

> 同月 20 日，戴笠再下手令，謂：「此案原已面呈委座，擬不再用書面報告，茲中統局既認為此案係彼方所策動，難免其不蒙蔽委座，本局應速將前後經過及策動人吳安之已回來重慶，與楊夫人田淑君已於前天來渝並不知情等情，詳陳委座。」其中提到一個人，即策動人吳安之。吳氏曾任軍統北平站天津直屬情報組組長，後來到上海。這次被指認為策動人，頗耐人尋味。戰後丁默邨審訊紀錄，針對當年遇刺案，完全未提及吳安之參與其事。由此推測，戴笠可能有作假邀功之嫌，反映他痛失先機造成心理上的不平。
>
> 從刺丁案後戴笠連串不尋常反應，可見鄭蘋如暗殺行動之出人意表。遺憾的是，她出色特工表現不僅沒有獲得戴笠肯定，反而被以「行動人員怕死」一語搪塞了事……[16]

由此可知，邵先生所謂「戴笠不敵美人計」是指在刺殺丁默邨的行動中，中統搶先運用鄭蘋如展開行動，戴笠「痛失先機」，失去了向蔣中正邀功的機會。邵先生進而提出兩個觀點：一、戴笠對於鄭蘋如出色的特工表現，僅以「行動人員怕死」一語搪塞了事，有欠公允，令人遺憾；二、戴笠心理不平，不惜向蔣中正作假邀功，稱刺丁案的策動人是軍統特工吳安之，而非鄭蘋如。

16　邵銘煌，《和比戰難》（臺北：政大出版社，2017），頁 369-371。

首先就題目「戴笠不敵美人計」而言，如筆者前文所述，在鄭蘋如刺丁前後，戴笠也親自策劃高級私娼許勵行設法刺丁，許勵行已經能把丁默邨「引入其室」，故「美人計」並非中統所獨有。且鄭蘋如刺丁未果，蔣中正「甚為不滿」，甚至由此訓斥中統負責人徐恩曾「今後不必再做行動」。筆者以為，似此讓蔣中正喪盡信任的失敗行動，似乎不足以令戴笠感到「痛失先機」甚至「心理不平」。

再就戴笠「行動人員怕死」一語而言，邵先生認為這種說法對鄭蘋如有欠公允，筆者則認為此語並非針對鄭蘋如而發。按司法行政部調查局（中統局後身）編印之《本局歷年殉職殉難烈士事略》內有〈鄭蘋如烈士事略〉一篇，記載刺丁經過如下：

> ……烈士〔鄭蘋如〕與丁逆進入西伯利亞皮貨公司，丁逆機警，有所警覺，遂即取百元付與櫃檯，並謂「大衣做好，送至潘三省宅取款」，語畢，匆匆竄入停於門前之保險汽車，指揮人陳彬同志領導行動同志連發數槍，均擊中車廂玻璃，未能將丁逆狙殺，是誠可惜……[17]

據此可知，當日刺丁之行動人員乃陳彬及中統「行動同志」數人，而非鄭蘋如。戴笠所謂「行動人員怕死」，

17　司法行政部調查局編，《本局歷年殉職殉難烈士事略》（臺北：司法行政部調查局，1957），頁 50-51。

亦是針對陳彬等人而言。當然，戴笠這種說法對陳彬等人是否有欠公允，筆者並無意見。

最後就戴笠手令而言，邵先生認為戴笠手令內勤人員將「策動人吳安之已回來重慶」等情詳陳蔣中正，實則吳安之未參與刺丁案，戴笠有「造假邀功」之嫌。按 1939 年 7 月，軍統滬區區長王天木、書記陳明楚叛變投敵，對滬區造成重大威脅，戴笠電許勵行所謂「我的上海家裡迭遭變故」即針對王、陳叛變而言。為此，戴笠迭令滬區剷除叛逆，並調派北方幹員吳安之赴滬策動，終於 12 月 24 日將陳明楚擊斃於滬西愚園路惠爾登舞場，亦即鄭蘋如刺丁案發生三日後。[18] 由於刺丁與刺陳兩案時間相近，邵先生視為一案，進而認為戴笠有造假邀功之嫌，實為誤讀。

綜上所述，筆者認為所謂「戴笠不敵美人計」之說不能成立。

主持制裁叛逆陳明楚案之
吳安之

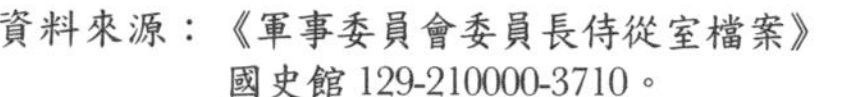
資料來源：《軍事委員會委員長侍從室檔案》，
國史館 129-210000-3710。

18　孫瀟瀟，《軍統對日戰揭祕》（北京：團結出版社，2016），頁 81。

9　章士釗輓戴笠聯的兩種版本

1946 年 3 月 17 日，戴笠墜機殉職，全國各地都為之舉行追悼大會並撰寫輓聯。據沈醉於 1961 年回憶，軍統方面為戴笠編寫榮哀錄時，各地寄來的材料中包括輓聯 5,000 多副，其中「最切合戴笠身分的，一致認為是章士釗先生那一首」，由於事隔十五年，他「只仿佛記得大致是這幾句」：

生為國家，死為國家，
平生具俠義風，功罪蓋棺猶未定；
譽滿天下，謗滿天下，
亂世行春秋事，是非留待後人評。[1]

沈醉的文字刊載於《文史資料選輯》第 22 輯，該文有編者註「據章士釗委員談，此聯係應當時張羣再三堅請始為執筆的。」可見沈醉回憶的輓聯文字雖無原始文獻可憑，且他自己也承認只是一個模糊的印象，但其文字撰成後曾讓原作者章士釗過目，章士釗並未就其內容提出異議。於是此一版本的文字流傳甚廣，不僅坊間的野史雜談

1　沈醉，〈我所知道的戴笠〉，頁 207。

直接抄錄，若干軍統舊人在回憶文字中進行轉述，甚至一些學術論著也加以引用。[2]

實則核對原始文獻，便會發現沈醉的文字與原始版本有出入。沈醉提到的戴笠榮哀錄全名《戴雨農將軍榮哀錄》（以下簡稱《榮哀錄》），係軍統局後身保密局於1947年編印的，該書輓聯部分所載之章士釗輓聯原文為：

功在國家，利在國家，

平生讀聖賢書，此外不求成就；

謗滿天下，譽滿天下，

亂世行春秋事，將來自有是非。[3]

筆者曾經設想，或許保密局認為章士釗的輓聯未盡褒揚之意，遂在編印《榮哀錄》時對其文字有所改動，不過比對過兩種版本的文字，就知道這種設想不成立。原因有二：一、兩個版本的文字均是有褒有貶；二、前申報記者、名作家章君穀來臺後，曾於1969年撰寫〈戴笠的故事〉，回憶公祭戴笠靈堂內懸掛之章士釗輓聯為：

譽滿天下，謗滿天下，

生平讀聖賢書，此外不求成就；

2 見袁景華，《章士釗先生年譜》（長春：吉林人民出版社，2001），頁261。

3 國防部保密局編，《戴雨農將軍榮哀錄》（南京：國防部保密局，1947），無頁碼。

功在國家，利在國家，

亂世行春秋事，身後最有是非。[4]

對比《榮哀錄》原文，可知章君穀把上下聯文字記得錯亂，且將「平生」誤為「生平」、「將來」誤為「身後」、「自」誤為「最」等等，足見其全憑記憶寫出，並無原始文獻可供參考，但其文字卻與《榮哀錄》高度吻合，而無沈醉所謂「平生具俠義風，功罪蓋棺猶未定」等語，可證《榮哀錄》未對章士釗聯進行改動。

由此可見，關於章士釗輓戴笠聯，流傳頗廣的沈醉版本是錯誤的，反倒是《榮哀錄》的原始版本鮮有人知，推究其原因，則與兩種版本的發行過程有直接關係。《榮哀錄》存世不多，後人得見匪易，1949 年後情報局在臺編印《戴雨農先生傳》、《戴雨農先生全集》等書，雖曾重印《榮哀錄》作為附錄，但把「已改變立場者」之文字刪去，章士釗留在大陸，其輓聯亦在被刪之列，所以這個原始版本，後人就很難見到了。[5] 反倒是沈醉的錯誤版本，由於刊在大陸政協的《文史資料選輯》上，一版再版，廣為流傳，造成了後來居上、以假亂真的局面。

4　章君穀，〈戴笠的故事（一）〉，《傳記文學》，第 14 卷第 1 期（1969.1），頁 9。

5　毛鍾書，〈戴笠傳（再修正稿）〉，《忠義會訊》，第 10 期（1997.5），頁 25。

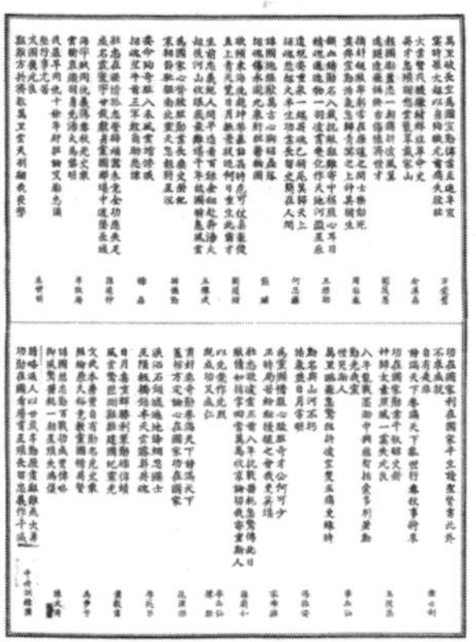

《戴雨農將軍榮哀錄》刊載之章士釗輓戴笠聯原文

資料來源：國防部保密局編印，《戴雨農將軍榮哀錄》（1947）。筆者翻攝。

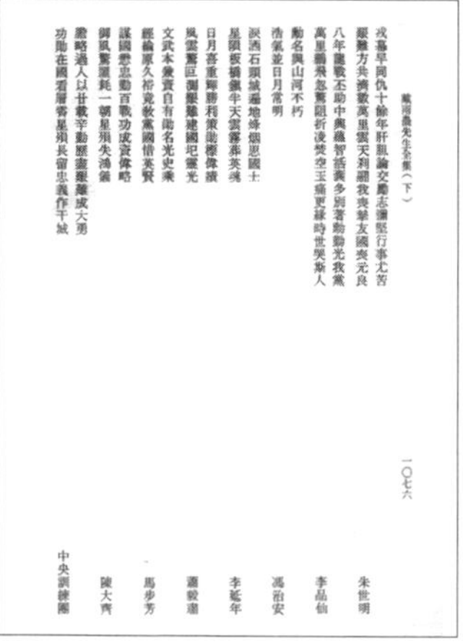

戴雨農先生全集（下）

戎幕早同仇十餘年肝膽論交勵志彌堅行事尤苦
艱難方共濟數萬里雲天利翮我喪摯友國喪元良
朱世明

八年禦戰丕助中興幾智括囊多別著勳勞光我黨
萬里翻飛忽驚阻折淩焚空玉痛更緣時世哭斯人
李品仙

勳名與山河不朽
浩氣並日月常明
馮治安

淚灑石頭城遍地烽烟思國士
星隕板橋側半天雲霧葬英魂
李延年

日月喜重輝勝利策勳標偉績
風雲驚巨變艱難建國罷靈光
蕭毅肅

文武本兼資自有勳名光史乘
經綸原久裕竟教黨國惜英賢
馬步芳

謀國懋忠勤百戰功成資偉略
御風驚殞耗一朝星殞失鴻儀
陳大齊

膽略過人以廿載辛勤歷盡艱難成大勇
功勛在國看層霄星殞長留忠義作干城
中央訓練團

一〇七六

《戴雨農先生全集》重刊《榮哀錄》時，將朱世明至中央訓練團之間章士釗、王陵基、宋希濂、孫蔚如、陳敢、范漢傑等人之文字已盡行刪去

資料來源：國防部情報局編印，《戴雨農先生全集》（1979），頁 1076。筆者翻攝。

後記

2012 年 4 月 1 日，國史館對外界開放「戴笠史料」與「軍情局檔案」全宗，為抗日戰爭史、民國特工史研究翻開新頁。當時我通過國家網路書店購閱國史館編印的《戴笠先生與抗戰史料彙編》，得以首次接觸這批金匱石室之書，雖以《彙編》係選刊性質，難窺全豹，仍覺眼界大開，獲益匪淺。其後國史館出版《不可忽視的戰場：抗戰時期的軍統局》論文集，呂芳上館長在序言中呼籲更多學界朋友投入相關研究，我默識其言，常以此自勉。

2016 年，我以軍統出版品、憶述史料為主要依據，粗略梳理抗戰時期軍統之組織布建及對日作戰情形，出版《軍統抗戰史稿》，該書雖有創獲，終未運用原始檔案，且對戴笠事蹟著墨較少，私心甚以為憾。同年秋，應好友周渝先生之約，為《國家人文歷史》雜誌撰文兩篇，皆以戴笠與軍統為題，嗣經查閱資料，始知現有著作對於戴笠生平之記述尚多缺訛，錯漏舛偽，所在皆是，欲求餖飣獺祭之本猶不可得，詳贍博洽之作則更無論矣。於是慨然於戴笠史事之誣濫，亟思有以正之，竊聞前人修史用功精密者，多先作長編，因決心纂輯戴笠年譜，便利學界研究。豈料構思過度，耳病大發，乃遵醫囑靜養，不復伏案握管，羸臥數月，困不能興。

2017 年初，忽聞國史館已將「戴笠史料」公開上線，乃力疾而起，檢索羽陵酉陽之祕，飽睹蘭臺石渠之遺，興奮之餘，耳病竟瘳。自是竭盡心力，網羅放佚，舉凡戴笠之訓詞、函電、手令、文稿、軼聞、影像，兼及軍統情報、行動、組織、人事、電訊、訓練諸大端，莫不蒐羅整理，銓次本末，審慎考釋，以求其備而存其真。另有諸多亟待發覆之處，格於體例，無法在年譜中呈現，遂作專文考述之，今結集成書，顏之曰《祕檔解讀：戴笠與軍統》。

拙書撰稿期間，曾得到諸多師友的無私幫助。黃埔後人單補生先生、黃埔史料藏家于岳先生、傳記史料藏家谷曉暉先生、軍事史料藏家王仕豪先生、陸軍軍官學校史政顧問丘智賢先生、中國國家博物館藏品保管部李琮先生、近代影像藏家鄒德懷先生、日軍戰史藏家吳京昴先生、廣東民革陳重陽同志、雲南民革石智文同志、首都圖書館歷史文獻中心邸曉平主任、華東師範大學馬雷老師提供珍貴史料，使拙書增色不少；民國軍事史學者胡博、王戡、騰訊歷史頻道諶旭彬、楊津濤、抗戰史研究者何明敏、浙江民革馮杰諸兄經常為我答疑解惑，匡我不逮；姐夫吳達飛先生長期為我提供網路技術支持，使我不必面對線上資源徒呼奈何；好友朱喆曾為我指點迷津，讓我對生活重拾信心。

最令我感動的，是前中國國民黨黨史館副主任、國立政治大學歷史學系教授劉維開老師對我的獎掖關照。2019

年夏，我經岳父郭耕先生之友人林易、劉思彤伉儷介紹，有幸拜識劉老師於北京中關新園，劉老師為民國史權威，享譽兩岸，我以晚生後進，於趨謁之先未嘗不心有惴惴，及至面聆教益，則為其儒雅平易之風範所感染，遂將編纂戴笠年譜之計畫報告，當謬蒙嘉許。古人云：「望之儼然，即之也溫」，其劉維開老師之謂也。嗣後我常向劉老師討教問題，或呈閱新入藏之祕本，劉老師不以我性識愚魯，每不吝指點，訓誨無倦，並介紹其高足楊善堯先生代為查閱資料。迨拙稿完成，劉老師復撥冗批閱，指示意見，又向民國歷史文化學社推薦，旋承社長呂芳上教授及編審委員會慨允出版，終使我得償十年前之夙願。

拙書即將付梓之際，我要特別感謝中國社會科學院榮譽學部委員楊天石先生，先生為學界泰斗，德高望重，我在大學時期經由拜讀先生之著作，始對民國史研究有一知半解，自是浸淫其中，樂此不疲；畢業後，我服務於首都圖書館，曾以接待先生來館講座，幸獲識荊；今蒙先生俯賜序言，並以拙書不無可取，獎飾逾涯，真使我且慚且感。此外，我要感謝匿名審查專家提出很多中肯的學術意見，助我開拓研究思路。感謝民國歷史文化學社林弘毅先生、李佳若小姐、溫心忻小姐、詹鈞誌先生用心編輯校對排版，他們專業負責的工作精神令我印象深刻。

最後，我要感謝愛妻郭爽，她是一位熱愛生活的女性，也是一位稱職的母親，她對家庭瑣事的承擔，對愛子嘉則的悉心撫育，均使我沒有後顧之憂，若非她的辛勞付出，難以想像拙書得以順利完成。

孫瀟瀟
2022 年 4 月 1 日於北京華騰園

參考文獻

一、未刊本

- 蔣中正日記

二、檔案

國史館

- 《軍事委員會委員長侍從室檔案》
- 《國民政府檔案》
- 《國防部軍事情報局檔案》
- 《蔣中正總統文物》
- 《閻錫山檔案》
- 《戴笠史料》

國家發展委員會檔案管理局

- 《國防部史政編譯局檔案》
- 《國防部軍事情報局檔案》

三、報紙

- 《大公報》(天津版、上海版、武漢版、香港版)
- 《申報》
- 《申報》香港版
- 《時報》
- 《益世報》
- 《新華日報》
- 《新聞報》

四、公報

- 國民政府文官處印鑄局編印，《國民政府公報》。
- 國民革命軍總司令部編印，《國民革命軍總司令部公報》。

五、專書

- 上海社會科學院經濟研究所編，《榮家企業史料》，下冊，上海：上海人民出版社，1980。
- 干國勳等著，《藍衣社復興社力行社》，臺北：傳記文學，1984。
- 中央軍事政治學校編，《方教育長言論集》，廣州：中央軍事政治學校，1927。
- 中央陸軍軍官學校編，《中央陸軍軍官學校史稿》，南京：中央陸軍軍官學校，1936。
- 中國國民黨中央執行委員會宣傳部編，《寧死不屈》，出版地不詳：中國國民黨中央執行委員會宣傳部，1938。
- 中國國民黨和平運動殉難同志追悼大會籌備委員會編，《中國國民黨和平運動殉難同志追悼大會專刊》，南京：中國國民黨和平運動殉難同志追悼大會籌備委員會，1940。
- 中國第二歷史檔案館編，《中國國民黨中央執行委員會常務委員會會議錄》，第 3 冊，桂林：廣西師範大學出版社，2000。

- 公安部檔案館編註，《在蔣介石身邊八年——侍從室高級幕僚唐縱日記》，北京：群眾出版社，1991。
- 王正華編註，《蔣中正總統檔案—事略稿本》，第16冊，臺北：國史館，2007。
- 王思誠，《瞻園憶舊》，臺北：展望與探索雜誌社，2003。
- 王思誠，《曠世風雷一夢痕》，臺北：立華出版，1995。
- 王柏齡，《黃埔開創之回憶》，出版項不詳，1988。
- 王蒲臣，《一代奇人戴笠將軍》，臺北：東大圖書，2003。
- 司法行政部調查局編，《本局歷年殉職殉難烈士事略》，臺北：司法行政部調查局，1957。
- 朱敬恆，《大樹將軍：陳繼承先生傳》，臺北：七十年代出版社，1974。
- 朱學範，《我的工運生涯》，福州：福建人民出版社，1991。
- 江山異生（姜超嶽），《我生鴻雪集》，臺北：三民書局，1994。
- 江紹貞，《戴笠和軍統》，北京：團結出版社，2009。
- 行政院國軍退除役官兵輔導委員會計畫委員會編，《生命的光輝》，臺北：國軍退除役官兵輔導委員會，1968。

- 何應欽上將九五壽誕叢書編輯委員會編，《何應欽將軍九五紀事長編》，臺北：黎明文化，1984。
- 吳淑鳳、張世瑛、蕭李居編輯，《不可忽視的戰場：抗戰時期的軍統局》，臺北：國史館，2012。
- 吳淑鳳編註，《蔣中正總統檔案—事略稿本》，第14冊，臺北：國史館，2006。
- 吳淑鳳編註，《蔣中正總統檔案—事略稿本》，第15冊，臺北：國史館，2004。
- 李士璉編校，《張炎元先生集》，臺北：自刊，1987。
- 李士璉編校，《張炎元先生集續編》，臺北：自刊，1993。
- 李世傑，《調查局研究》，臺北：李敖出版社，1988。
- 汪朝光主編，《蔣介石的人際網絡》，北京：社會科學文獻出版社，2011。
- 沈醉，《軍統內幕》，北京：文史資料出版社，1985。
- 沈醉、文強，《戴笠其人》，北京：中國文史出版社，1980。
- 沈醉口述、沈美娟整理，《魔窟生涯——一個軍統少將的自述》，北京：人民文學出版社，1987。
- 周琇環編註，《蔣中正總統檔案—事略稿本》，第8冊，臺北：國史館，2003。
- 周美華編註，《蔣中正總統檔案—事略稿本》，第12冊，臺北：國史館，2006。

- 居亦僑，《跟隨蔣介石十二年》，長沙：湖南人民出版社，1988。
- 林知淵，《政壇浮生錄》，福州：福建人民出版社，1989。
- 邵雍，《中國近代幫會史研究》，上海：上海人民出版社，2011。
- 邵銘煌，《和比戰難》，臺北：政大出版社，2017。
- 軍事委員會調查統計局編，《先烈史略稿》，初輯，重慶：國民政府軍事委員會調查統計局，1946。
- 軍事委員會調查統計局編，《先烈史略稿》，貳輯，重慶：國民政府軍事委員會調查統計局，1946。
- 唐良雄，《戴笠傳》，臺北：傳記文學，1980。
- 唐培吉，《上海抗日戰爭史通論》，上海：上海人民出版社，2015。
- 孫雨聲，《亂世行春秋事：戴笠與中國特工（1897-1936）》，臺北：秀威資訊，2019。
- 孫建中，《國民革命軍陸軍第一軍軍史》，臺北：國防部，2016。
- 孫詒，《復興贅筆：蔣介石事略稿本補遺》，臺北：民國歷史文化學社，2020。
- 孫瀟瀟，《軍統對日戰揭秘》，北京：團結出版社，2016。
- 徐鑄成，《杜月笙正傳》，杭州：浙江人民出版社，1982。

- 徐鑄成著，徐時霖整理，《徐鑄成日記》，北京：三聯書店，2013。
- 秦孝儀主編，《總統蔣公思想言論總集》，第13卷，臺北：中國國民黨中央黨史委員會，1984。
- 袁景華，《章士釗先生年譜》，長春：吉林人民出版社，2001。
- 馬振犢、邢燁，《軍統特務活動史》，北京：金城出版社，2016。
- 馬振犢、邢燁，《戴笠傳》，杭州：浙江大學出版社，2013。
- 高明芳編註，《蔣中正總統檔案—事略稿本》，第18冊，臺北：國史館，2005。
- 國史館編，《國史館現藏民國人物傳記史料彙編》，第7輯，臺北：國史館，1992。
- 國民大會秘書處編，《第一屆國民大會逝世代表傳略》，第1輯，臺北：國民大會秘書處，1980。
- 國防部史政編譯局編，《東路軍北伐作戰紀實》，臺北：國防部史政編譯局，1981。
- 國防部保密局編，《戴先生遺訓》，第1輯，南京：國防部保密局，1948。
- 國防部保密局編，《戴先生遺訓》，第2輯，臺北：國防部保密局，1952。
- 國防部保密局編，《戴先生遺訓》，第3輯，臺北：國防部保密局，1954。

- 國防部保密局編，《戴雨農將軍榮哀錄》，南京：國防部保密局，1947。
- 國防部情報局編，《本局殉職殉難先烈事蹟彙編》，臺北：國防部情報局，1965。
- 國防部情報局編，《忠義救國軍誌》，臺北：國防部情報局，1962。
- 國防部情報局編，《國防部情報局史要彙編》，上冊，臺北：國防部情報局，1962。
- 國防部情報局編，《國防部情報局史要彙編》，中冊，臺北：國防部情報局，1962。
- 國防部情報局編，《國防部情報局史要彙編》，下冊，臺北：國防部情報局，1962。
- 國防部情報局編，《戴雨農先生年譜》，臺北：國防部情報局，初版，1966。
- 國防部情報局編，《戴雨農先生年譜》，臺北：國防部情報局，再版，1976。
- 國防部情報局編，《戴雨農先生傳》，臺北：國防部情報局，1979。
- 張聖才口述、泓瑩整理，《張聖才口述實錄》，桂林：廣西師範大學出版社，2016。
- 張緒心、馬若孟編述，卜大中翻譯，《撥雲霧而見青天：陳立夫英文回憶錄》，臺北：近代中國出版社，2005。
- 張霈芝，《戴笠與抗戰》，臺北：國史館，1999。

- 張學良口述，張之丙、張之宇訪談，《張學良口述歷史訪談實錄》，第 4 卷，北京：當代中國出版社，2014。
- 張學良口述，張之丙、張之宇訪談，《張學良口述歷史訪談實錄》，第 5 卷，北京：當代中國出版社，2014。
- 教育部民眾讀物編審委員會，《抗日英雄故事集》，重慶：教育部民眾讀物編審委員會，1940。
- 曹乃瑨編，《淪陷區域的非人生活》，廣州：新生書局，1938。
- 陳三井訪問，李郁青紀錄，《熊丸先生訪問紀錄》，臺北：中央研究院近代史研究所，1998。
- 陳立夫，《成敗之鑑》，臺北：正中書局，1994。
- 陳紅民，《函電裡的人際關係與政治》，北京：三聯書店，2003。
- 陳恭澍，《上海抗日敵後行動》，臺北：傳記文學，1981。
- 陳恭澍，《北國鋤奸》，臺北：傳記文學，1981。
- 陳恭澍，《藍衣社內幕》，上海：國民新聞圖書，1942。
- 陳訓正，《國民革命軍戰史初稿》，第 2 輯，出版項不詳，1952。
- 陸軍軍官學校編，《陸軍軍官學校校史》，高雄：陸軍軍官學校，1969。

- 陸軍軍官學校編，《陸軍軍官學校第二十一期同學錄（皇城區）》，成都：陸軍軍官學校，1947。
- 勞政武編撰，《從抗日到反獨：滕傑口述歷史》，桃園：淨明文化中心，2015。
- 喬家才，《為歷史作證》，臺北：中外圖書，1985。
- 喬家才，《海隅叢談》，臺北：中外圖書，1985。
- 喬家才，《戴笠和他的同志》，臺北：中外圖書，1985。
- 喬家才，《鐵血精忠傳》，臺北：中外圖書，1985。
- 程一鳴，《程一鳴回憶錄》，北京：群眾出版社，1979。
- 程兆奇，《日本現存南京大屠殺史料研究》，上海：上海人民出版社，2008。
- 馮秀雄、陳容子合編，《阿公歷險奇跡》，南京：新中國出版社，1947。
- 黃美真編，《偽廷幽影錄》，北京：中國文史出版社，1991。
- 黃康永等口述筆記，朱文楚採訪整理，《軍統興衰實錄》，杭州：浙江大學出版社，2014。
- 楊明堂，《從無名英雄到有名英雄——戴雨農先生的奮鬥歷程》，臺北：正中書局，1976。
- 萬墨林，《諜戰上海灘》，臺北：秀威資訊，2013。
- 劉峙，《我的回憶》，臺中：自刊，1966。

- 劉茂恩口述，程玉鳳撰著，《劉茂恩回憶錄》，臺北：學生書局，1996。
- 劉培初，《浮生掠影集》，臺北：正中書局，1968。
- 劉會軍主編，《尋找真實的戴笠》，北京：團結出版社，2011。
- 潘嘉釗等編，《康澤與蔣介石父子》，北京：群眾出版社，1994。
- 蔣京訪問紀錄，李雲漢校閱，《滕傑先生訪問紀錄》，臺北：近代中國出版社，1993。
- 鄧元忠，《國民黨核心組織真相——力行社、復興社暨所謂「藍衣社」的演變與成長》，臺北：聯經出版，2000。
- 鄧文儀，《從軍報國記》，臺北：正中書局，1979。
- 賴淑卿，《國民政府六年禁煙計畫及其成效》，臺北：國史館，1986。
- 錢端升等著，《民國政制史》，上冊，上海：商務印書館，1946。
- 魏斐德，《上海歹土》，上海：上海古籍出版社，2003。
- 魏斐德，《特工教父：戴笠和他的祕勤組織》，臺北：時英出版社，2004。
- 蘇聖雄主編，《諜報戰：軍統局特務工作總報告（1937）》，臺北：民國歷史文化學社，2021。

- 蘇聖雄主編，《諜報戰：軍統局特務工作總報告（1939）》，臺北：民國歷史文化學社，2021。

六、期刊論文

- 〈名律師莊景珂被刺之原因〉，《法治週報》，第 2 卷第 10 期（1934.3）。
- 〈漢奸余大雄之死〉，《戰地》，第 3 卷第 12 期（1939.12）。
- 大美晚報館編，《大美畫報》，第 10 期（1938.9）。
- 干國勳，〈力行社與軍統局〉，《中外雜誌》，第 31 卷第 1 期（1982.1）。
- 干國勳，〈關於所謂復興社的真情實況（上）〉，《傳記文學》，第 35 卷第 3 期（1979.9）。
- 干國勳，〈關於所謂復興社的真情實況（下）〉，《傳記文學》，第 35 卷第 5 期（1979.11）。
- 太平、安平、豐盛保險公司總經理處編，《太安豐保險界》，第 4 卷第 9 期（1938.5）。
- 戈士德，〈胡宗南與戴笠（上）〉，《中外雜誌》，第 31 卷第 2 期（1982.2）。
- 戈士德，〈胡宗南與戴笠（下）〉，《中外雜誌》，第 31 卷第 4 期（1982.4）。
- 戈士德，〈戴笠與周偉龍（上）〉，《中外雜誌》，第 31 卷第 5 期（1982.5）。
- 戈士德，〈戴笠與周偉龍（中）〉，《中外雜誌》，第 31 卷第 6 期（1982.6）。

- 毛人鳳，〈踏著先烈的血跡，大踏步地前進，報效國家、領袖，完成革命第三任務〉，《健行月刊》，第 3 期（1957.10）。
- 毛森，〈往事回憶〉，《傳記文學》，第 77 卷第 1 期（2000.7）。
- 毛鍾書，〈戴笠傳（再修正稿）〉，《忠義會訊》，第 10 期（1997.5）。
- 毛鍾新，〈為戴笠先生白謗辯誣〉，《中外雜誌》，第 30 卷第 2 期（1981.8）。
- 毛鍾新，〈為戴笠先生白謗辯誣——質魏大銘先生〉，《中外雜誌》，第 30 卷第 4 期（1981.10）。
- 毛鍾新，〈罵人與做事的藝術——戴笠別傳之七〉，《中外雜誌》，第 31 卷第 6 期（1982.6）。
- 毛鍾新，〈漂泊西南天地間——戴笠別傳之八〉，《中外雜誌》，第 32 卷第 1 期（1982.7）。
- 毛鍾新，〈九州兵革浩茫茫——戴笠別傳之九〉，《中外雜誌》，第 32 卷第 2 期（1982.8）。
- 毛鍾新，〈戴先生的忠義精神〉，《健行月刊》，第 200 期（1974.3）。
- 毛鍾新，〈戴雨農先生二三事〉，《情報知識》，第 7 卷第 9 期（1966.3）。
- 王兆槐訪問紀錄，《健行月刊》，第 152 期（1970.3）。
- 王禹廷，〈中國調統機構之創始及其經過——專訪中國調統機構創始人陳立夫先生〉，《傳記文學》，

第 60 卷第 6 期（1992.6）。

- 王敬宣，〈臨事而懼好謀而成——戴先生外紀之一〉，《健行月刊》，第 80 期（1953.3）。
- 王蒲臣，〈凡我同志，不可不知〉，《健行月刊》，第 224 期（1976.3）。
- 王蒲臣，〈戴先生在軍校時期的一頁對共鬥爭史〉，《健行月刊》，第 44 期（1961.3）。
- 何志浩，〈中外名人傳（二十六）：戴笠〉，《中外雜誌》，第 61 卷第 5 期（1997.5）。
- 何芝園訪問紀錄，《健行月刊》，第 176 期（1972.3）。
- 阮清源訪問紀錄，《健行月刊》，第 260 期（1979.3）。
- 重慶市檔案館整理，〈軍統十年大事記（1932 年 - 1941 年）〉，《檔案史料與研究》，1993 年第 4 期。
- 徐有威，〈從徐亮的《十年前》看戴笠之早期活動〉，《檔案與史學》，1999 年第 1 期。
- 張炎元，〈偉大堅強與我們的工作〉，《健行月刊》，第 56 期（1962.6）。
- 張冠夫訪問紀錄，《健行月刊》，第 236 期（1977.3）。
- 張柏亭，〈八一三淞滬戰役親歷記〉，《傳記文學》，第 45 卷第 2 期（1984.8）。
- 張柏亭撰，黎東方註，〈八一三淞滬會戰回憶〉，《傳記文學》，第 41 卷第 2 期（1982.8）。
- 章君穀，〈戴笠的故事（一）〉，《傳記文學》，第 14 卷第 1 期（1969.1）。

- 陳長河，〈國民黨政府參謀本部組織沿革概述〉，《歷史檔案》，1988年第1期。
- 陳祖安，〈蔣經國與國防部情報局團體意識之建立——以《健行月刊》為中心（1950-1970）〉，《國史館館刊》，第67期（2021.3）。
- 勞建白，〈以平凡的事記偉大的人〉，《健行月刊》，第200期（1974.3）。
- 喬家才，〈再談戴笠之三〉，《中外雜誌》，第46卷第4期（1989.10）。
- 喬家才，〈抗日情報戰（九）——戴笠將軍和他的同志〉，《中外雜誌》，第22卷第3期（1977.9）。
- 喬家才，〈抗日情報戰（十）〉，《中外雜誌》，第22卷第4期（1977.10）。
- 喬家才，〈抗日情報戰（十三）——戴笠將軍和他的同志〉，《中外雜誌》，第23卷第1期（1978.1）。
- 喬家才，〈為歷史作見證——戴笠未參加北伐東路軍〉，《中外雜誌》，第32卷第6期（1982.12）。
- 喬家才，〈為戴笠辯誣（下）〉，《中外雜誌》，第32卷第1期（1982.7）。
- 喬家才，〈訂正有關戴先生的史料〉，《健行月刊》，第176期（1972.3）。
- 喬家才，〈從羊城暴動到西子風波獄〉，《中外雜誌》，第8卷第5期（1970.11）。

- 喬家才，〈情報珍聞〉，《中外雜誌》，第 47 卷第 6 期（1989.12）。
- 喬家才，〈黃埔建校簡史補正〉，《中外雜誌》，第 38 卷第 1 期（1985.7）。
- 喬家才，〈辯誣〉，《健行月刊》，第 236 期（1977.3）。
- 喬家才，〈鐵血精忠傳（二）〉，《中外雜誌》，第 24 卷第 3 期（1978.9）。
- 喬華塘，〈十人團中的胡天秋〉，《中外雜誌》，第 30 卷第 4 期（1981.10）。
- 喻耀離，〈幾番歷險舊萍蹤〉，《中外雜誌》，第 22 卷第 1 期（1977.7）。
- 費雲文，〈戴雨農其人其事（一）〉，《中外雜誌》，第 19 卷第 3 期（1976.3）。
- 費雲文，〈七十雜憶（下）〉，《中外雜誌》，第 41 卷第 2 期（1987.2）。
- 黃天邁，〈戴笠的生活片段（三）〉，《中外雜誌》，第 43 卷第 1 期（1988.1）。
- 楊紅譯，李雪雲校，〈1938 年上海公共租界巡捕房關於黃道會等團體活動情況的報告〉，《檔案與歷史》，1989 年第 2 期。
- 萬墨林，〈上海三大亨——滬上往事之二〉，《中外雜誌》，第 11 卷第 3 期（1972.3）。

- 趙龍文，〈戴雨農先生〉，《中外雜誌》，第 1 卷第 3 期（1967.5）。
- 劉芳雄訪問紀錄，《健行月刊》，第 236 期（1977.3）。
- 蔡孟堅，〈我與戴笠將軍〉，《中外雜誌》，第 24 卷第 3 期（1978.9）。
- 鄧文儀，〈我的同志好友戴笠（一）〉，《中外雜誌》，第 19 卷第 5 期（1976.5）。
- 鄧展謀，〈一代偉人〉，《健行月刊》，第 176 期（1972.3）。
- 鄭修元，〈一件未完成的鋤奸案〉，《春秋》，第 4 卷第 1 期（1966.1）。
- 鄭修元，〈黃埔同學中最傑出的兩位將軍——胡宗南與戴雨農〉，《春秋》，第 4 卷第 2 期（1966.2）。
- 鄭修元，〈滬濱三次歷險實錄〉，《暢流》，第 41 卷第 6 期（1970.5）。
- 鄭修元，〈隨侍戴雨農先生十三年（上）〉，《春秋》，第 3 卷第 3 期（1965.9）。
- 鄭修元訪問紀錄，《健行》特刊（1984）。
- 魏大銘，〈評述戴雨農先生的事功（上）〉，《傳記文學》，第 38 卷第 2 期（1981.2）。
- 魏大銘，〈評述戴雨農先生的事功（下）〉，《傳記文學》，第 38 卷第 4 期（1981.4）。

七、專書文章

- 文強，〈八一三抗戰中的反間諜鬥爭〉，《抗日風雲錄》，下冊，上海：上海人民出版社，1985。
- 文強，〈戴笠領導的抗日別動隊和反間諜鬥爭〉，《八一三淞滬抗戰》，北京：中國文史出版社，1987。
- 文強、廖宗澤、邢森洲、岳燭遠、徐遠舉等，〈中華復興社的內幕〉，《文史資料存稿選編》，第 13 冊，北京：中國文史出版社，2002。
- 方鼎英，〈我的一生〉，《湖南文史資料選輯》，第 22 輯，長沙：湖南人民出版社，1986。
- 王孔安，〈魂兮千古〉，《唐乃建先生紀念集》，臺南：唐乃建先生紀念集編輯小組，1982。
- 王方南，〈上海淪陷後暗殺大漢奸唐紹儀紀實〉，《文史資料選輯》，第 3 輯，北京：中國文史出版社，1985。
- 王方南，〈我在軍統十四年的親歷和見聞〉，《文史資料選輯》，第 107 輯，北京：中國文史出版社，1987。
- 王安之，〈我在軍統上海區的經歷與見聞〉，《文史資料存稿選編》，第 14 冊，北京：中國文史出版社，2002。
- 王紹謙，〈對《戴笠與軍統局》一文的訂正和補充〉，《江山文史資料》，第 5 輯，江山：江山市文史資料委員會，1985。

- 王惠民，〈胡國振先生的家世與青年時期事業〉，《胡國振先生紀念集》，臺北：出版者不詳，1970。
- 王業鴻，〈戴笠的起家〉，《文史資料存稿選編》，第 14 冊，北京：中國文史出版社，2002。
- 史久煜，〈相高老刺殺唐紹儀真相〉，《嵊州文史資料》，第 1 輯，嵊州：嵊州市文史資料委員會，1999。
- 申元，〈戴笠年譜及其生平事略校勘〉，《衢州文史資料》，第 1 輯（杭州：浙江人民出版社，1986）。
- 申元，〈姜超嶽先生訪談錄〉，《衢州文史資料》，第 15 輯，衢州：衢州市政協學習和文史資料委員會，1997。
- 朱學範，〈上海工人運動與幫會二三事〉，《上海文史資料選輯》，第 54 輯，上海：上海人民出版社，1986。
- 艾經武，〈唐紹儀被暗殺案與趙理君之死〉，《河南文史資料》，第 7 輯，鄭州：河南人民出版社，1989。
- 克倫，〈李百全司令之死〉，《上海一日》，第 1 部，上海：美商華美出版公司，1938。
- 李邦勳，〈情報局和中統軍統前身的錯綜隸屬關係〉，《文史資料存稿選編》，第 13 冊，北京：中國文史出版社，2002。
- 沈醉，〈再談唐紹儀之死〉，《珠海文史》，第 5 輯，珠海：珠海文史政協組，1987。

- 沈醉，〈我所知道的戴笠〉，《文史資料選輯》，第 22 輯，北京：中華書局，1961。
- 沈醉，〈唐紹儀之死〉，《文史資料選輯》，第 109 輯，北京：中國文史出版社，1987。
- 沈醉，〈楊杏佛、史量才被暗殺的經過〉，《文史資料選輯》，第 37 輯，北京：文史資料出版社，1963。
- 沈曉陽、施海根，〈陸伯鴻辦電軼聞〉，《上海文史資料存稿彙編》，第 8 冊，上海：上海古籍出版社，2001。
- 孟丙南，〈西北王胡宗南〉，《文史資料選輯》，第 18 輯，北京：中華書局，1961。
- 岩谷將，〈蔣中正、共產黨、日本軍——二十世紀前半葉中國國民黨情報組織的成立與展開〉，黃自進、潘光哲主編，《蔣介石與現代中國的形塑》，第 2 冊，臺北：中央研究院近代史研究所，2013。
- 胡性階，〈中統沿革〉，《文史資料存稿選編》，第 13 冊，北京：中國文史出版社，2002。
- 胡靖安，〈奮鬥三十七年的我〉，《息烽訓練集》，出版項不詳，1941。
- 范育誠，〈國民政府情報組織的誕生與分化（1928-1938）〉，《薪傳：劉維開教授榮退論文集》，新北：喆閎人文工作室，2020。
- 唐生智，〈關於北伐前後幾件事的回憶〉，《湖南文史資料》，第 6 輯，長沙：湖南人民出版社，1963。

- 夏咏南，〈淞滬警備司令部包庇紅丸毒品案紀略〉，《上海文史資料存稿彙編》，第 12 冊，上海：上海古籍出版社，2001。
- 徐遠舉、郭旭、文強、廖宗澤、岳燭遠、章微寒、邢森洲，〈軍統局、保密局、中美特種技術合作所內幕〉，《文史資料存稿選編》，第 13 冊，北京：中國文史出版社，2002。
- 桑海定，〈我所瞭解的陸連奎〉，《上海文史資料存稿彙編》，第 12 冊，上海：上海古籍出版社，2001。
- 翁養正，〈我所知道的忠義救國軍〉，《建德文史資料》，第 8 輯，建德：建德市文史資料委員會，1991。
- 翁養正，〈唐紹儀被刺真相〉，《建德文史資料》，第 8 輯，建德：建德市文史資料委員會，1991。
- 康澤，〈復興社的緣起〉，《文史資料選輯》，第 37 輯，北京：中華書局，1963。
- 張文，〈中統二十年〉，《中統內幕》，南京：江蘇古籍出版社，1987。
- 張盛吉，〈胡靖安的浮沉錄〉，《江西文史資料》，第 26 輯，南昌：江西人民出版社，1987。
- 張盛吉，〈戴笠早年佚聞二則〉，《文史資料存稿選編》，第 14 冊，北京：中國文史出版社，2002。
- 張鈁，〈國民二軍與鎮嵩軍之戰〉，《洛陽文史資料》，第 7 輯，洛陽：中國人民政治協商會議河南省洛陽市委員會，1990。

- 張愚裁，〈悲壯的一幕〉，《上海一日》，第 3 部，上海：美商華美出版公司，1938。
- 張鳳仁，〈東北海軍的分裂與兩艦歸還建制〉，《遼寧文史資料選輯》，第 4 輯，瀋陽：遼寧人民出版社，1964。
- 張嚴佛，〈抗戰前後軍統特務在西北的活動〉，《文史資料選輯》，第 64 輯，北京：中華書局，1976。
- 掃蕩，〈又一霹靂〉，《上海一日》，第 3 部，上海：美商華美出版公司，1938。
- 章微寒，〈戴笠與軍統局〉，《浙江文史資料選輯》，第 23 輯，杭州：浙江人民出版社，1982。
- 許耀震，〈陳濟棠統治時期的廣東海軍〉，《廣州文史資料》，第 15 輯，廣州：廣東人民出版社，1965。
- 郭旭，〈我所知道的唐縱〉，《上海文史資料存稿彙編》，第 2 冊，上海：上海古籍出版社，2001。
- 郭旭，〈杜月笙與戴笠及軍統的關係〉，《上海文史資料選輯》，第 54 輯，上海：上海人民出版社，1986。
- 郭則傑，〈漢奸吳念中與閩籍特務〉，《文史資料選編》，第 4 卷第 4 冊，福州：福建人民出版社，2004。
- 陳蔚如，〈我的特務生涯〉，《中統內幕》，南京：江蘇古籍出版社，1987。
- 陶蔚然，〈中統概況〉，《文史資料存稿選編》，第 13 冊，北京：中國文史出版社，2002。

- 甯向南，〈餘恨未消話戴笠〉，《文史資料選編》，第 36 輯，北京：北京出版社，1989。
- 程一鳴，〈軍統特務組織的真象〉，《廣東文史資料》，第 29 輯，廣州：廣東人民出版社，1980。
- 粟鼎，〈戴笠之離開黃埔〉，《文史資料選輯》，第 22 輯，北京：中華書局，1961。
- 舒季衡，〈國民黨軍統局在天津的特務活動概況〉，《天津文史資料選輯》，第 26 輯，天津：天津人民出版社，1984。
- 黃康永，〈我所知道的戴笠〉，《浙江文史資料選輯》，第 23 輯，杭州：浙江人民出版社，1982。
- 黃康永，〈軍統特務組織的發展和演變〉，《文史資料存稿選編》，第 13 冊，北京：中國文史出版社，2002。
- 黃雍，〈黃埔學生的政治組織及其演變〉，《文史資料選輯》，第 11 輯，北京：中華書局，1960。
- 葉元璜，〈翁光輝的一生〉，《麗水文史資料》，第 3 輯，麗水：中國人民政治協商會議麗水縣文史資料委員會，1986。
- 劉介魯、吳汝成，〈我們所知道的徐恩曾〉，柴夫編，《中統頭子徐恩曾》，北京：中國文史出版社，1989。
- 劉植根，〈我所知道的周偉龍〉，《湘鄉文史資料》，第 3 輯，湘鄉：中國人民政治協商會議湖南省湘鄉市委員會，1988。

- 鄧葆光，〈我所知道的戴笠和軍統〉，《上海文史資料選輯》，第55輯，上海：上海人民出版社，1986。
- 鄧葆光，〈軍統領導中心局本部各時期的組織及活動情況〉，《文史資料選輯》，第86輯，北京：文史資料出版社，1983。
- 鄭應時，〈潮籍鴉片煙商在上海的活動及其與蔣介石政權的關係〉，《廣東文史資料》，第21輯，廣州：廣東人民出版社，1965。
- 蕭作霖，〈復興社述略〉，《文史資料選輯》，第11輯，北京：中華書局，1960。
- 蕭烈，〈國民革命軍司令部密查組概況〉，《文史資料存稿選編》，第15冊，北京：中國文史出版社，2002。
- 賴祖鎏、劉達生，〈海圻、海琛、肇和三艦的投粵反粵〉，《廣東文史資料》，第7輯，廣州：廣東人民出版社，1962。

八、學位論文

- 楊芸，〈軍統上海抗日鋤奸活動研究——以1939年為中心〉，上海：上海師範大學碩士學位論文，2014。

九、工具書

- 王保民編著，《軍用辭典》，漢口：武漢印書館，1931。

說史敘事 05

祕檔解讀：戴笠與軍統（下）

Top Secret: Tai Li and Bureau of Investigation and Statistics - Section II

作　　者　孫瀟瀟
總 編 輯　陳新林、呂芳上
執行編輯　李佳若
助理編輯　詹鈞誌
封面設計　溫心忻
排　　版　溫心忻

出　　版　開源書局出版有限公司
香港金鐘夏慤道 18 號海富中心
1 座 26 樓 06 室
TEL：+852-35860995

民國歷史文化學社有限公司
10646 臺北市大安區羅斯福路三段
37 號 7 樓之 1
TEL：+886-2-2369-6912
FAX：+886-2-2369-6990

http://www.rchcs.com.tw

初版一刷　2022 年 7 月 31 日
定　　價　新臺幣 400 元
港　幣 110 元
美　元　15 元
I S B N　978-626-7157-30-5
印　　刷　長達印刷有限公司
臺北市西園路二段 50 巷 4 弄 21 號
TEL：+886-2-2304-0488

國家圖書館出版品預行編目 (CIP) 資料
祕檔解讀 : 戴笠與軍統 = Top secret : Tai Li and Bureau of Investigation and Statistics / 孫瀟瀟著 . -- 初版 . -- 臺北市 : 民國歷史文化學社有限公司 , 2022.07

冊 ;　公分 . -- (說史敘事 ; 4-5)

ISBN 978-626-7157-29-9　(上冊 : 平裝). --
ISBN 978-626-7157-30-5　(下冊 : 平裝)

1.CST: 戴笠　2.CST: 傳記

782.886　　111010873